Naturschutz im Aufbruch

Reihe »Geschichte des Natur- und Umweltschutzes«, Band 3
herausgegeben von Joachim Radkau, Hans-Werner Frohn und Thomas Neiss
im Auftrag der Stiftung Naturschutzgeschichte, Königswinter

Frank Uekötter ist wissenschaftlicher Mitarbeiter an der Fakultät für
Geschichtswissenschaft der Universität Bielefeld.

Frank Uekötter

Naturschutz im Aufbruch

Eine Geschichte des Naturschutzes in Nordrhein-Westfalen 1945–1980

Campus Verlag
Frankfurt/New York

Bibliographische Informationen der Deutschen Bibliothek

Die Deutsche Bibliothek verzeichnet diese Publikation in der Deutschen Nationalbibliographie.
Detaillierte bibliografische Daten sind im Internet über http://dnb.ddb.de abrufbar.
ISBN 3-593-37487-0

Satz: Marion Jordan, Frankfurt am Main
Druck und Bindung: KM-Druck, Groß-Umstadt
Gedruckt auf säurefreiem und chlorfrei gebleichtem Papier.
Printed in Germany

Inhaltsverzeichnis

Vorwort

Die vorliegende Studie entstand im Auftrag des Fördervereins Museum zur Geschichte des Naturschutzes in Deutschland. Mein Dank gilt deshalb Dr. Hans-Joachim Dietz als Vorsitzendem des Fördervereins, Dr. Alexander von Plato vom Institut für Geschichte und Biographie der Fernuniversität Hagen sowie den Mitarbeiterinnen und Mitarbeitern der Stiftung Naturschutzgeschichte für ihre Unterstützung und das in mich gesetzte Vertrauen sowie dem Ministerium für Umwelt und Naturschutz, Landwirtschaft und Verbraucherschutz des Landes Nordrhein-Westfalen für die finanzielle Förderung des Projekts. Weiter gilt mein Dank den Mitarbeiterinnen und Mitarbeitern des Hauptstaatsarchivs Düsseldorf, des Zweigarchivs Schloss Kalkum, des Westfälischen Archivamts in Münster, des Staatsarchivs Detmold, des Westfälischen Wirtschaftsarchivs in Dortmund, des Kreisarchivs Altena, der Stadtarchive Bochum und Zülpich sowie der Universitätsbibliotheken Bielefeld und Bochum und der Bibliothek des Bundesamts für Naturschutz in Bonn-Bad Godesberg, die die Erforschung der hiesigen Fallgeschichten zu einer oft auch menschlich angenehmen Arbeit machten. Ein besonderes Wort des Dankes gilt dabei Carl Friedrich Jacobs aus Zülpich, der mir sein Privatarchiv zur Geschichte des Füssenicher Sees zur Verfügung stellte, sowie der Zülpicher Stadtarchivarin Rita Reibold, die die Verbindung zu Herrn Jacobs herstellte. Wesentliche Anregungen verdanke ich einem Workshop, den Franz-Josef Brüggemeier und Jens Ivo Engels im November 2002 an der Universität Freiburg veranstalteten und auf dem ich erste Ergebnisse dieses Forschungsprojekts vorstellen konnte. Mein Dank gilt auch allen weiteren Personen, mit denen ich mich in den vergangenen Monaten über meine Thesen unterhalten habe und die das Manuskript vollständig oder in Auszügen gelesen haben; namentlich seien hier Anna-Katharina Wöbse, Edeltraud Klueting und mein Doktorvater Joachim Radkau genannt. Schließlich gebührt ein besonderes Wort des Dankes meiner Frau Simona Grothues, die mich im Frühjahr 2002 auf einer Reise zu den Orten und Landschaften begleitete, die im Zentrum dieser Studie stehen. Auch wenn sich der Blick des Historikers nahezu zwangsläufig auf die menschliche Auseinandersetzung mit der natürlichen Umwelt richtet – über vollmundige Forderungen nach einer »nicht-anthropozentrischen« Umweltgeschichte, wie sie in der Frühzeit der Umweltgeschichtsforschung des Öfteren zu hören waren, ist die empirische Forschung kommentarlos hinweggegangen[1] –, so darf doch gerade in einer Monographie, die auf Fallstudien beruht, nicht unbeachtet bleiben, dass Natur nicht bloß ein passiver Rahmen menschlichen Handelns ist. Die »Postskripta«, die die Kapitel dieser Arbeit abschließen und wesentlich auf den vor Ort gesammelten Eindrücken basieren, sind deshalb in Wahrheit wesentlich mehr als das: der Versuch, eine Verbindung herzustellen zwischen dem Umgang des Menschen mit seiner Umwelt und der Eigendynamik der Natur. Vor mehr als einem Jahrzehnt formulierte der amerikanische Umwelthistoriker Donald Worster einen nachgerade klassischen Appell an die umwelthistorische Zunft: »It is time we bought a good set of walking shoes, and we cannot avoid getting some mud on them.«[2] Man kann dieses Buch auch als Aufforderung lesen, diesen Satz nicht nur im übertragenen Sinne zu interpretieren.

1 Vgl. Wolfram Siemann, Nils Freytag, Umwelt – eine geschichtswissenschaftliche Grundkategorie, in: Wolfram Siemann in Zusammenarbeit mit Nils Freytag (Hg.), *Umweltgeschichte. Themen und Perspektiven*, München 2003, S. 7–20; S. 7.

2 Donald Worster, Appendix: Doing Environmental History, in: ders. (Hg.), *The Ends of the Earth. Perspectives on Modern Environmental History*, Cambridge u.a. 1988, S. 289–307; S. 289.

Einleitung: Eine stille Macht

Es bedeutet gleich in dreifacher Beziehung eine Provokation, am Anfang einer Monographie, die den Naturschutz in einem deutschen Bundesland vor 1980 erörtert, von einer »stillen Macht« zu reden: empirisch, historiographisch, politisch. Erstens widerspricht eine solche These deutlich dem bislang vorherrschenden Bild, die Naturschutzbewegung sei vor dem ökologischen Zeitalter eigentlich nicht sonderlich erfolgreich gewesen. Zweitens gehört die Zeit zwischen dem Ende des Zweiten Weltkriegs und dem Aufstieg der heutigen Umweltbewegung zu den am schlechtesten erforschten Epochen der deutschen Umweltgeschichte, und provozierende Thesen in schlecht erforschten Themenfeldern beinhalten bekanntlich in besonderem Maße das Risiko des Irrtums. Und drittens scheint eine solche These auch politisch nicht gerade hilfreich zu sein: Ist eine solche Einschätzung nicht Wasser auf die Mühlen all jener Interessengruppen, die heute beständig klagen, der Naturschutz sei viel zu mächtig?

Am leichtesten ist zweifellos der dritte Einwand zu entkräften. Schon ein flüchtiger Blick in die gegenwärtige Literatur zeigt schließlich, dass der Naturschutz heute vor ganz anderen Herausforderungen steht. Vom Naturschutz auf der ganzen Fläche bis zur Eutrophierung der Landschaft, vom Treibhauseffekt bis zur Zersiedelung der Landschaft, vom Kampf gegen eine industrialisierte Landwirtschaft bis zur Schaffung eines europaweiten Biotopverbundes durch die Umsetzung der FFH-Richtlinie reicht die Palette der Themen, die heute auf der Tagesordnung stehen, aber in der Zeit zwischen 1945 und 1980 nicht oder nur ansatzweise Beachtung fanden. Das Risiko einer politischen Instrumentalisierung dürfte da wohl als eher gering zu bewerten sein.

Ernster ist da schon der zweite Einwand zu nehmen. In der Tat ist die Geschichte des Naturschutzes zwischen 1945 und 1980 bislang nur sehr lückenhaft erforscht, was das Formulieren weitreichender Thesen naturgemäß erschwert.[1] Zudem wurde

---

1 Vgl. als Übersicht Frank Uekötter, Umweltbewegung zwischen dem Ende der nationalsozialistischen Herrschaft und der »ökologischen Wende«: Ein Literaturbericht, in: *Historical Social Research* 28 (2003), S. 270–289.

diese Monographie in dem Wissen geschrieben, dass dieses Themenfeld in der jüngsten Zeit wachsendes Interesse findet, so dass sich der Kenntnisstand in den kommenden Jahren wohl erheblich verbessern wird.[2] Und schließlich entstand diese Arbeit im Rahmen eines Forschungsprojekts, das am Ende auf eine umfassende Studie des nordrhein-westfälischen Naturschutzes hinauslaufen soll. Man könnte all dies als Mahnung zur Vorsicht interpretieren: Alle Thesen dieses Buches werden schließlich im Rahmen einer unmittelbar folgenden und wesentlich umfassenderen Untersuchung auf den Prüfstand gestellt werden. Forschungsstrategisch erscheint es jedoch wesentlich ertragreicher, diesen Entstehungskontext genau umgekehrt zu interpretieren: als Aufforderung, eine übergreifende These zu formulieren, an der sich nachfolgende Arbeiten kritisch abarbeiten können. Diesen Weg habe ich mit dieser Monographie eingeschlagen, und die Eingangsfrage ist deshalb als eine Provokation in produktiver Absicht zu verstehen. Dass zukünftige Arbeiten ein wesentlich differenzierteres oder vielleicht auch ganz anderes Bild zeichnen werden, nehme ich dabei bereitwillig in Kauf.

Von den drei erwähnten Einwänden ist zweifellos der erste am ernstesten zu nehmen: Kann man für die These, der Naturschutz habe schon in der frühen Bundesrepublik einen keineswegs unerheblichen Einfluss besessen, tatsächlich überzeugende Belege finden? Die bislang vorliegenden Studien sind schließlich von einem ganz anderen Tenor geprägt: Generell gilt die Nachkriegszeit in der Geschichte der Naturschutzbewegung als eine Art »black age«, das erst durch den Aufstieg der gegenwärtigen Öko-Bewegung ihr Ende gefunden habe. Wolfgang Erz hat die Zeit zwischen 1940 und 1969 beispielsweise als »Latenz-Phase« bezeichnet, auf die seit 1970 eine »Emanzipations-Phase« mit »deutlichen Akzentsetzungen im politischen und programmatischen Bereich« gefolgt sei.[3] Ein ähnliches Bild zeichnet auch Franz-Josef Brüggemeier, der die jüngste Überblicksdarstellung zur Geschichte der Umweltbewegung im 20. Jahrhundert vorgelegt hat.[4] Ist es vor diesem Hintergrund nicht allzu gewagt zu behaupten, der Naturschutz sei schon vor dem Aufstieg der ökologischen Bewegung »eine Macht« gewesen – zumal eine »stille«?

Die Antwort ergibt sich durch eine nähere Erläuterung der Bedeutung, die das Adjektiv »still« im Titel dieser Einleitung hat. Dieses Wort wird hier nämlich nicht in seiner übertragenen, sondern in seiner ursprünglichen Bedeutung verwendet: still im Sinne von ruhig, verhalten. Die »stille Macht« im Sinne des Titels ist deshalb

---

2 Vgl. insbes. Franz-Josef Brüggemeier, Jens Ivo Engels (Hg.), *Natur und Umwelt in Deutschland nach 1945. Probleme, Wahrnehmungen, Bewegungen und Politik* (im Erscheinen).

3 Wolfgang Erz, Naturschutz im Wandel der Zeit. Eine Bewertung, in: *Geographische Rundschau* 39 (1987), S. 307–315; S. 308.

4 Vgl. Franz-Josef Brüggemeier, *Tschernobyl, 26. April 1986. Die ökologische Herausforderung*, München 1998.

keine »graue Eminenz«, die im Hintergrund die Fäden zog, sondern das genaue Gegenteil: eine zaghafte, schüchterne Macht, die vorhandene Handlungsspielräume bei weitem nicht ausschöpfte. Eine solche These lenkt den Blick auf die handlungsprägenden Mentalitäten, die im nordrhein-westfälischen Naturschutz der Nachkriegszeit dominierten. Unter diesem Blickwinkel zeigt sich in den folgenden Fallstudien nämlich ein Prozess der Entfremdung von behördlichen und ehrenamtlichen Naturschützern einerseits und der breiten Öffentlichkeit andererseits. Erstere präsentieren sich in dieser Arbeit überwiegend als Gruppe mit exklusivem Selbstverständnis: Naturschützer sahen sich als eine kleine Minderheit, deren Positionen im Gegensatz zu breiten Trends der Gesamtgesellschaft standen. Gefeiert wurden unberührte Natur, Heimat und Ästhetik, verabscheut hingegen störende Auswirkungen der Industrie- und Konsumgesellschaft auf die freie Landschaft; ein gängiges pejoratives Schlagwort war die »Verrummelung« der Natur. Es war also ein im Grundsatz negatives Gesellschaftsbild, das der behördliche und ehrenamtliche Naturschutz pflegte. Tatsächlich zeigte sich in der Öffentlichkeit jedoch schon in den 50er und 60er Jahren ein wachsendes Interesse an den Belangen des Naturschutzes, das offenkundig ein Komplementärphänomen zum bekannten »Wirtschaftswunder« war. Bereits vor dem Aufstieg der ökologischen Bewegung in den 70er Jahren gab es eine populäre Stimmung, die den Ausgang mancher der folgenden Fallgeschichten beeinflusste; im Einzelfall konnte sich diese Stimmung auch in heftigen öffentlichen Kampagnen manifestieren, die in Motiven und Aktionsformen über den traditionellen behördlichen Naturschutz hinausgingen. Man muss deshalb auch beim Naturschutz – wie kürzlich von Karl Christian Führer, Knut Hickethier und Axel Schildt vorgeschlagen[5] – zwischen einer universellen »Öffentlichkeit« als umfassender Kategorie und separaten »Teilöffentlichkeiten« unterscheiden: Im ersten Fall war Naturschutz das populäre Ideal einer breiten Öffentlichkeit, im zweiten ein Kommunikationsnetzwerk von staatlicher Verwaltung, ehrenamtlichem Beauftragtenwesen und Verbänden. Und mit Blick auf die Weiterentwicklung in den 70er und 80er Jahren drängt sich der Eindruck auf, dass die entstehende Umweltbewegung dieser öffentlichen Stimmung insgesamt gesehen mehr verdankte als dem behördlichen Naturschutz und seinen eher rückwärtsgewandten Idealen.

Der Aufbruch des Naturschutzes in den 50er und 60er Jahren, auf den der Titel dieser Monographie verweist, erfasste also nur einen Teil derjenigen, die sich für den Schutz der Natur engagierten. Genauer gesagt: Der Aufschwung des Naturschutzes vollzog sich *ohne* diejenigen, ja nicht selten sogar *gegen* diejenigen, die eigentlich

5 Karl Christian Führer, Knut Hickethier, Axel Schildt, Öffentlichkeit – Medien – Geschichte. Konzepte der modernen Öffentlichkeit und Zugänge zu ihrer Erforschung, in: *Archiv für Sozialgeschichte* 41 (2001), S. 1–38; S. 11.

qua Amt für den Schutz der Natur verantwortlich waren: nämlich jene, die zum institutionellen Netzwerk des behördlichen Naturschutzes in Nordrhein-Westfalen gehörten. Und das ist nicht zuletzt auch deshalb bemerkenswert, weil eben diese amtlichen Naturschützer seinerzeit einen nicht unwesentlichen Teil ihrer Zeit damit verbrachten, die eigene gesellschaftliche Marginalisierung zu beklagen. Auch wenn der institutionelle Naturschutz der 50er und 60er Jahre mit seiner Kritik an rücksichtslosen Industriebetrieben und naturschutzfeindlichen Konsumgewohnheiten nicht völlig unrecht hatte, übersah er dabei, dass einige gesellschaftliche Entwicklungen auch auf eine Stärkung des institutionellen Naturschutzes hinausliefen. Während sich in der Gesellschaft ein Aufbruch zu neuen Wertvorstellungen und damit eine neue Sympathie für den Schutz der Natur abzeichnete, blieb der amtliche Naturschutz überwiegend Ideen verhaftet, die eigentlich in ein anderes Zeitalter gehörten. So stand sich das Naturschutzestablishment erstaunlich häufig selbst im Weg – zumeist ohne es so recht zu bemerken. Um es als Paradoxon zu formulieren: Ein wesentlicher Feind des amtlichen Naturschutzes in der frühen Bundesrepublik war der amtliche Naturschutz selbst.

Bislang wird die Geschichte des deutschen Naturschutzes überwiegend als Geschichte »von oben« geschrieben: als Geschichte von Gesetzen und Verordnungen, von landesweiten Verbänden und von Schlüsselpersonen wie Ernst Rudorff, Hugo Conwentz und Lina Hähnle. Zweifellos hat eine solche Perspektive ihre Berechtigung, und ohne den Blick auf staatliche und verbandliche Strukturen ist die Geschichte des deutschen Naturschutzes wohl kaum zu verstehen. Inzwischen hat die Favorisierung solcher Themen jedoch zu einem unverkennbaren historiographischen Ungleichgewicht geführt: Bürokratie und Vereinsmeierei dominieren das Bild, während die freie Natur ausgerechnet in der Naturschutzgeschichte bislang kaum vorkommt. Bewusst stehen deshalb ganz konkrete Fallgeschichten im Mittelpunkt dieser Monographie, um so gewissermaßen die Naturschutzgeschichte wieder vom Kopf auf die Füße zu stellen: Nicht Amtsstuben, sondern die Natur sollte im Zentrum der Naturschutzgeschichte stehen. Das mag wie eine banale Forderung klingen, aber die bisherige Literatur zeigt, dass sie das nicht ist.

In einer Studie, die auf Fallbeispielen basiert, kommt der Auswahl der Beispiele naturgemäß eine Schlüsselfunktion zu. Zugleich handelte es sich dabei im vorliegenden Fall um eine Entscheidung, die auf einer durchaus unsicheren Wissensbasis zu treffen war. Natürlich sollte es sich stets um Fallgeschichten von exemplarischem Wert handeln – aber zugleich wird erst die nachfolgende Untersuchung endgültige Klarheit darüber schaffen können, was im nordrhein-westfälischen Naturschutz tatsächlich typisch war. Aus diesem Grund wurden potentielle Fallbeispiele zunächst nicht nach inhaltlichen Kriterien, sondern nach bestimmten äußeren Merkmalen ausgewählt. So schien es etwa geboten, eine geographische Balance zu wahren und eine möglichst gleichmäßige Verteilung der Fallbeispiele über die gesamte Landesfläche anzustreben. Weiter sollten die Fallbeispiele auch die Vielfältigkeit des Landes Nordrhein-Westfalen und die Vielzahl der damit für den Naturschutz verbundenen Herausforderungen dokumentieren. Auseinandersetzungen mit Landwirten sollten ebenso vorkommen wie Konflikte mit industriellen Nutzungsinteressen, die in Nordrhein-Westfalen ihren wohl deutlichsten Ausdruck im Streit um den niederrheinischen Braunkohlenbergbau gefunden haben. Schließlich erschien auch eine gewisse chronologische Balance ratsam zu sein; daher wurde aus jedem Jahrzehnt zwischen 1945 und 1980 wenigstens ein Fallbeispiel gewählt, um zumindest ansatzweise nach Wandlungsprozessen fragen zu können.

Mit diesen Kriterien ließ sich die Zahl der möglichen Fallgeschichten zwar wesentlich eingrenzen, eine endgültige Entscheidung war aber selbstverständlich nicht ohne inhaltliche Gesichtspunkte zu treffen. Sehr bald erwies es sich dabei als äußerst verlockend, dem Unterhaltungswert der einzelnen Geschichten eine prominente Rolle zuzuweisen – denn die Akten der nordrhein-westfälischen Naturschutzbehörden enthalten nicht wenige Vorgänge, die durchaus ihren anekdotischen Reiz besitzen. Da wäre etwa die Geschichte, wie der amtierende Bundeskanzler Konrad Adenauer die Grenzen der eigenen Macht erfahren musste. Als im Frühsommer 1961 die Fahrstraße zum Drachenfels durch ein Unwetter beschädigt wurde, wandte Adenauer sich nicht nur mit einem Schreiben an den Verschönerungsverein für das Siebengebirge, sondern ließ auch über das Kanzleramt Druck auf den nordrhein-westfälischen Kultusminister ausüben – und trotzdem dauerte es ein gutes halbes Jahr, bis die Straße repariert war, da Landwirtschafts- und Kultusministerium hartnäckig um die Übernahme der Kosten feilschten.[6] Eher skurril wirkt hingegen die verwaltungsinterne Debatte über die Bemalung der Fassaden des Schnellen Brüters in Kalkar. Im Rahmen der Überlegungen zu einem landschaftspflegerischen Begleitplan kam man nämlich auch auf die Notwendigkeit einer passenden Farbgebung zu sprechen: »Der Gebäudekomplex sollte durch Wahl der Farben […] in die Landschaft eingebunden werden«, lautete die Zielvorgabe.[7] Das zuständige Dezernat des Düsseldorfer Regierungspräsidenten plädierte dafür, »die beherrschenden Farben der Niederrheinlandschaft« zu verwenden, welche da waren »bis zur Gipfelhöhe von Bäumen ein lichtes Graugrün« und gegen den Horizont ein »lichtes Graublau«. Damit würde das Kernkraftwerk immerhin in optischer Beziehung seine Brisanz verlieren: »Das Überwiegen von lichten graugrünen und lichten graublauen Tönen bei der Gestaltung der Fassaden läßt für den Nahbereich eine gefällige und nicht belästigende Gestaltung zu

6 Vgl. die entsprechenden Vorgänge in Hauptstaatsarchiv Düsseldorf (HStAD) NW 453 Nr. 440.

7 HStAD NW 453 Nr. 306, Regierungspräsident Düsseldorf, Dezernat 51 an den Minister für Ernährung, Landwirtschaft und Forsten des Landes Nordrhein-Westfalen, 27. August 1976, S. 1.

und verbürgt zugleich für den Fernbereich ein dezentes Übergehen des Bauwerkes in Landschaft und Horizont.«[8] Später kam man allerdings nach Betrachtung einiger Schauobjekte zu der Ansicht, »daß das Herausheben von einigen Fassadendetails im Farbton Grün nicht generell zu einer Verbesserung des Gesamteindruckes beiträgt.«[9]

Einige dieser Geschichten werfen durchaus ein erhellendes Schlaglicht auf den Naturschutz zwischen dem Ende des Zweiten Weltkriegs und dem Aufstieg der Umweltbewegung. Wenn etwa ein Bezirksbeauftragter für Naturschutz auf die Idee kam, einen Zuschuss für die Anschaffung eines Lodenmantels zu beantragen und dafür auch noch die Rückendeckung der Landesregierung erhielt – das Rechnungsamt des Regierungspräsidenten hatte die Notwendigkeit der Anschaffung nicht ohne weiteres einsehen wollen und eine »ministerielle Genehmigung« gefordert –, dann sagt das einiges über Selbstbild und Selbstverständnis der zeitgenössischen Naturschützer aus.[10] Aber insgesamt gesehen erschien es nicht nur analytisch unbefriedigend, dem anekdotischen Wert der Fallgeschichten eine größere Bedeutung beizumessen, sondern auch historiographisch unfair; schließlich steht zu vermuten, dass solche Kuriosa keine Besonderheit der Naturschutzverwaltung, sondern eher allgemeines Kennzeichen bürokratischer Organisationen waren. Eine Publikation der Marke »Hier wiehert der Amtsschimmel« würde daher über den Naturschutz nur wenig aussagen, und nicht zuletzt stünde sie auch in der durchaus ambivalenten Tradition kritischer Selbstbespiegelung in Naturschutzkreisen, die sich der Autor dieser Arbeit nur sehr bedingt zueigen machen will. Der fatale Hang der Naturschutzbewegung zur Selbstzerfleischung sollte nicht auch noch in der Naturschutzgeschichte reproduziert werden.

Die Probleme bei der Wahl der Beispiele wurden schließlich auch durch die Unklarheit des Begriffs »Naturschutz« nicht gerade vermindert. Naturschutz im Sinne dieser Studie weist nämlich Überlappungen mit mindestens drei anderen Begriffen auf: Heimatschutz, Landschaftspflege, Landesplanung. Am einfachsten fiel dabei die Abgrenzung beim ersten der drei Begriffe: Heimatschutz ist im Folgenden nur insofern von Relevanz, als er sich auf Naturobjekte bezog. Naturschutz und Landschaftspflege werden hingegen in dieser Studie als eng verbundene, ja im Grunde kaum zu trennende Begriffe verwendet. Theoretisch gibt es zwar einen Unterschied zwischen einem defensiven, konservierenden Naturschutz und einer gestalterisch ausgerichteten Landschaftspflege, aber die folgenden Fallbeispiele legen die Vermutung nahe,

---

8 Ebd., S. 1f.

9 Ebd., Anlage 1 zum Schreiben des Ministers für Arbeit, Gesundheit und Soziales des Landes Nordrhein-Westfalen an den Minister für Ernährung, Landwirtschaft und Forsten des Landes Nordrhein-Westfalen, 24. Oktober 1977, S. 1.

10 HStAD NW 60 Nr. 714 Bl. 56f; Zitat Bl. 56.

dass diese Trennung eher von akademischer als von praktischer Relevanz ist: Auch Naturschutzgebiete müssen »gepflegt« werden, auch Landschaftspflege hat einen prononciert bewahrenden Aspekt. Scharf ist hingegen in dieser Arbeit die Trennung von Naturschutz und Landschaftspflege einerseits und Landesplanung andererseits. Das liegt keineswegs daran, dass die Landesplanung nichts mit Naturschutz zu tun gehabt hätte – einige der folgenden Fallstudien beweisen nachdrücklich das Gegenteil. Vielmehr geht es in dieser Arbeit wesentlich um die Analyse des Naturschutzes als einer Teilöffentlichkeit im erwähnten Sinne, und diese Analyse erfordert notwendigerweise eine klare Eingrenzung dieser Teilöffentlichkeit. Da scheint im vorliegenden Fall am ehesten eine institutionelle Definition sinnvoll zu sein, da nur dann eine hinreichende Kohärenz von Themen, Normen und Werten zu erkennen ist: Naturschutz als ein kommunikatives Netzwerk, zu dem insbesondere die Naturschutzbeamten der staatlichen Verwaltung, die ehrenamtlichen Beauftragten und die einschlägigen Verbände gehörten. »Naturschützer« meint in dieser Arbeit deshalb stets den institutionalisierten, organisierten Naturschutz und keineswegs die Gesamtheit aller Personen, die sich für den Schutz der Natur interessierten.

Am Ende fiel die Wahl auf acht Fallgeschichten aus der Zeit zwischen 1947 und dem Ende der 70er Jahre. Am Anfang steht der Kampf um den Erhalt der Balver Höhle. Da dort im Zweiten Weltkrieg ein Industriebetrieb untergebracht worden war, plante die britische Militärregierung im Spätsommer 1947 die Sprengung der größten Kulturhöhle Deutschlands. Binnen kürzester Zeit formierte sich dagegen eine überraschend breite Protestbewegung, die scheinbar mühelos wissenschaftliche, naturschützerische und heimatschützerische Argumente miteinander verband und die Militärverwaltung von ihrem Vorhaben abbrachte. Das folgende Kapitel behandelt die von Wilhelm Münker gegründete »Arbeitsgemeinschaft gegen die Auswüchse der Außenreklame«, die mit einem Wertekanon aus der Kaiserreichszeit eine Kampagne initiierte, die letztlich zu einer Gegenbewegung zur entstehenden Konsumgesellschaft geriet. Es folgt die Darstellung eines Konflikts im rheinischen Braunkohlenrevier, wo der Übergang zum Tieftagebau in den 50er Jahren besonders eklatante Landschaftsschäden mit sich brachte. Am Beispiel der Kippe Glessen, die zeitweilig der größte Schwarzbau der Bundesrepublik gewesen sein dürfte – als Rheinbraun endlich die Genehmigung erhielt, die Kippe einzurichten, umfasste diese bereits rund 50 Millionen Kubikmeter Abraum –, lassen sich nicht nur die Machtverhältnisse im Städtedreieck Aachen–Köln–Mönchengladbach erläutern, sondern auch die Grenzen der Macht des Bergbaus: Den ursprünglichen Plan, fast den ganzen Königsdorfer Wald zu überkippen, musste Rheinbraun aufgrund des heftigen öffentlichen Protests fallenlassen und so überarbeiten, dass zumindest ein Teil des Waldes erhalten blieb. Das vierte Kapitel thematisiert den Plan eines »Sauerlandrings« im Kreis Meschede, der einen erhellenden Lackmustest für die lokalen und überregionalen Mentalitäten in den späten 60er Jahren darstellt.

Die Auseinandersetzungen zwischen Steinbruchbetrieben und dem Naturschutz lassen sich bis zur Errichtung des ersten deutschen Naturschutzgebiets am Drachenfels bei Königswinter zurückverfolgen. Im nordrhein-westfälischen Teil des Wiehengebirges boomte in der Nachkriegszeit der Steinabbau insbesondere für Zwecke des Straßenbaus, bis die Behörden sich Ende der 60er Jahre zu einem radikalen Kurswechsel entschlossen und den Betrieben weitere Genehmigungen versagten. Zugleich wirft diese Geschichte ein Schlaglicht auf die große Bedeutung landschaftsästhetischer Motive im behördlichen und ehrenamtlichen Naturschutz, denn die Steinbrüche wurden für die Naturschützer erst in dem Moment zu einem brennenden Problem, als der Steinabbau den Kamm des Wiehengebirges zu gefährden drohte. Auch die folgende Darstellung der Entstehungsgeschichte des Naturschutzgebiets Füssenicher See bei Zülpich lässt die merkwürdige Zögerlichkeit des behördlichen Naturschutzes erkennen: Obwohl eigentlich sehr günstige Voraussetzung für die Einrichtung eines Naturschutzgebietes vorlagen, wurde dies vom zuständigen Ministerialrat zunächst abgelehnt mit der Begründung, beim Füssenicher See, einem durch den Braunkohlenabbau entstandenen Restsee, handele es sich nicht um »Natur in ihrer Ganzheit«. Das nächste Kapitel thematisiert am Beispiel des Ammeloer Venns an der deutsch-niederländischen Grenze das Verhältnis von Naturschutz und Landwirtschaft. Deutlich zeigt sich hier, wie schwer es sein konnte, in einem Flurbereinigungsverfahren Naturschutzbelange geltend zu machen. Das letzte Kapitel behandelt einen Fall aus dem Ruhrgebiet, wo Naturschutzbelange von Einwohnern des Bochumer Stadtteils Querenburg dazu instrumentalisiert wurden, den Bau eines Zentralkrankenhauses für den Strafvollzug zu verhindern, den diese Einwohner gewiss nicht nur aus ökologischen Motiven ablehnten.

Dabei ist zu beachten, dass jede dieser Fallgeschichten in Wirklichkeit aus zwei Geschichten besteht: zum einen der Geschichte menschlichen Handelns, in der sich – allgemein gesprochen – die Bürger Nordrhein-Westfalens über den gesellschaftlichen Umgang mit der natürlichen Umwelt stritten, zum anderen aber auch die Geschichte konkreter Orte und Landschaften. 1998 hat David Blackbourn in der Annual Lecture des Deutschen Historischen Instituts London für eine stärkere Berücksichtigung der freien Natur, für einen »sense of place« argumentiert: »What about *real* geographies – if you will pardon that provocative adjective?«[11] Gerade in Anbetracht kulturgeschichtlicher Studien über die soziale Konstruktion von Landschaften warnte Black-

11 David Blackbourn, *A Sense of Place. New Directions in German History*. The 1998 Annual Lecture of the German Historical Institute London, London 1999, S. 15f. Hervorhebung im Original.

bourn davor, die kulturelle und die materielle Dimension der natürlichen Umwelt als sich wechselseitig ausschließende Alternativen zu betrachten: »Let us remember the advantages of keeping our feet on the ground.«[12] Unter den vielfältigen Problemen, die die Einlösung dieses Postulats zu einem durchaus riskanten Unterfangen machen, stellte sich im Rahmen dieser Studie vor allem das Problem der unterschiedlichen Geschwindigkeiten als Kardinalproblem heraus: Verglichen mit der Atemlosigkeit, die das Mensch-Natur-Verhältnis gerade im Industriekapitalismus des 20. Jahrhunderts prägt, ist die Natur von einer geradezu provozierenden Behäbigkeit. So erscheint die Natur im Rahmen der folgenden Fallstudien allzu leicht als statisch, als bloße Staffage für das Drama des menschlichen Konflikts um die Nutzung der Natur; Fernand Braudel sprach in seinem klassischen *La Méditerranée* mit Blick auf die natürliche Umwelt von einer »histoire quasi immobile«.[13] Eine Umweltgeschichte im Wortsinne, die sowohl der natürlichen Umwelt als auch der menschlichen Geschichte gerecht werden will, erfordert deshalb – in Braudel'schen Termini – eine »longue durée« als Komplement zur menschlichen »histoire événementielle«.[14] Die »Postskripta«, die jedes der folgenden Kapitel mit einigen Bemerkungen aus der historischen Distanz abschließen, verstehen sich deshalb nicht als bloßes Anhängsel oder gar als ironisches Aperçu, sondern als zentraler Teil der Analyse: Erst der zeitliche Abstand und der Vergleich des in den Quellen überlieferten Zustands mit der gegenwärtigen Situation erlaubt eine Bewertung, die nicht nur den Zeitgenossen, sondern auch der Natur gerecht wird. Die Subjektivität der Postskripta sei dabei gar nicht erst verhehlt; sie wird all jene, die Natur nicht nur in einem naiven Sinne als Synonym für Flora und Fauna verstehen, auch nicht weiter überraschen. Auch Blackbourns Plädoyer für »a sense of place« ist schließlich in dieser Beziehung doppelbödig, da das englische Wort »sense« sowohl den menschlichen Logos als auch das menschliche Gefühl bezeichnen kann.

Die acht Fallstudien, auf denen diese Arbeit beruht, decken selbstverständlich nicht das ganze Spektrum der Naturschutzarbeit ab. So fehlen in dieser Monographie beispielsweise Fallgeschichten, die Aussagen über die Verunreinigung der Flüsse, den Rückgang der Artenvielfalt oder städtische Parkanlagen erlauben. Aber eine größere Auswahl hätte nicht nur eine allzu arge Überschneidung mit der kommenden zweiten Veröffentlichung im Rahmen dieses Forschungsprojekts zur Folge gehabt, sie hätte auch das Grundproblem des hiesigen Ansatzes nicht auflösen können. Stets

12 Ebd., S. 24.

13 Fernand Braudel, *La Méditerranée et le monde Méditerranéen a l'Époque de Philippe II*, Bd. 1, 5. Aufl. Paris 1982 (1. Aufl. 1949), S. 13.

14 Vgl. Fernand Braudel, Histoire et Sciences sociales. La longue durée, in: *Annales* 13 (1958), S. 725–753; S. 727.

geht es in dieser Arbeit nämlich um Aktivitäten, die den Charakter von Kampagnen trugen; und damit geht zwangsläufig eine erhebliche Beschränkung des historiographischen Blicks einher.[15] Gewiss ist es ein nicht uninteressanter Befund dieser Arbeit, dass es schon so früh so vehemente Naturschutzkampagnen gegeben hat, die zudem oft erstaunlich erfolgreich waren. Aber eine Analyse dieser Kampagnen bliebe unzulänglich, wenn nicht zugleich auch nach den Lücken gefragt würde, die eine solche Betrachtungsweise zwangsläufig mit sich bringt: Und was geschah dort, wo es keine Kampagnen gab? Gerade in der Naturschutzgeschichte ist schließlich stets die Begrenztheit schriftlicher Überlieferungen zu beachten: Arten sterben eben auch dann aus, wenn es niemand protokolliert. Letztlich handelt es sich um das zentrale Problem jeder historischen Untersuchung auf der Grundlage von Akten: Alles, was nicht in den Akten dokumentiert ist, muss letztlich Mutmaßungen überlassen bleiben.

Ausdrücklich sei deshalb betont: Diese Arbeit liefert keine Gesamtbewertung der Effektivität des nordrhein-westfälischen Naturschutzes zwischen 1945 und 1980. Sie bietet eine Schilderung mehrerer Fallgeschichten in diesem Zeitraum unter der Leitfrage nach den allgemeinen Entwicklungslinien, die sich in diesen Fällen spiegeln.

---

15 Im politischen Sprachgebrauch der Gegenwart verbindet sich mit dem Kampagnenbegriff – entsprechend dem Ursprung des Begriffs im militärischen Sprachgebrauch – die Vorstellung einer straff durchorganisierten, zentral geplanten Art von Öffentlichkeitsarbeit. »A political campaign, like a military campaign, requires organization. There must be a general staff responsible for preparing plans and coordinating effort, a chief of staff who directs operations and a hierarchy of commissioned and non-commissioned officers who transmit orders to the rank and file.« (Edward McChesney Sait, Campaign, Political, in: *Encyclopaedia of the Social Sciences* Bd. 3, New York 1962 [1. Aufl. 1930], S. 162–166; Zitat S. 162f. Entsprechend die Verwendung des Wortes in Ulrike Röttger [Hg.], *PR-Kampagnen. Über die Inszenierung von Öffentlichkeit*, 2. Aufl. Wiesbaden 2001.) Von einem solchen Begriffsverständnis müssen im Folgenden zwangsläufig einige Abstriche gemacht werden: Der Unterschied zwischen den geschilderten Kampagnen und den professionell organisierten Umweltkampagnen der Gegenwart, die in den Aktionen von Greenpeace nur ihren extremsten Ausdruck gefunden haben, fällt schließlich nur zu deutlich ins Auge – und ohne den Rückhalt einer auf maximale Öffentlichkeitswirkung ausgerichteten Verbandslandschaft war ein anderes Ergebnis auch kaum zu erwarten. Für das hiesige Thema scheint daher eine weitere Definition des Kampagnenbegriffs ratsam zu sein: Eine Kampagne im Sinne dieser Arbeit ist eine öffentliche, zeitlich begrenzte, auf ein konkretes Ziel hin ausgerichtete politische Tätigkeit, die von einer einzelnen Person oder einer begrenzten, klar identifizierbaren Gruppe von Personen getragen wurde. Ein solches Begriffsverständnis scheint auch heuristisch sinnvoll zu sein: Wenn man Kampagnenpolitik mit Leggewie als »eine Begleiterscheinung der Professionalisierung von Politik« betrachtet (Claus Leggewie, Kampagnenpolitik – eine nicht ganz neue Form politischer Mobilisierung, in: Röttger, *PR-Kampagnen*, S. 145–163; Zitat S. 149), dann geht es in dieser Arbeit um Kampagnen in einer frühen Phase dieses Professionalisierungsprozesses, also gewissermaßen um »proto-professionelle Umweltkampagnen«.

Sie formuliert ihre Thesen stets mit einem explorativen Tenor; gerade die Forschung zur Genese der heutigen Umweltbewegung, derzeit eines der dynamischsten Themenfelder der Umweltgeschichtsforschung, sollte sich hüten, vorschnell in ein volltönendes »Es ist erreicht« zu verfallen.

Sind die gewählten Fallgeschichten typisch? Eine definitive Antwort wird erst in einigen Jahren möglich sein. Aber schon jetzt sei auf der Grundlage der für diese Studie gesammelten Eindrücke eine Vermutung erlaubt, welche da lautet: ja und nein. Die in dieser Monographie versammelten Fallgeschichten sind wahrscheinlich typisch, weil die Recherchen Anlass zu der Vermutung geben, dass in den Archiven noch etliche weitere Kampagnen dieser Art überliefert sind, die unter dem Eindruck der späteren Ereignisse zu Unrecht vergessen wurden. Andernfalls wäre es jedenfalls schwer zu erklären, warum das Problem bei der Auswahl der Fallgeschichten eher die Vielfalt als der Mangel aussagekräftiger Geschichten war. Aber untypisch scheinen diese Fallgeschichten insofern gewesen zu sein, als die praktische Naturschutzarbeit gewöhnlich nicht aus Geschichten der hier geschilderten Art bestand. Charakteristisch für den nordrhein-westfälischen Naturschutz waren weniger die spektakulären Kampagnen als die kleinen Korrekturen, auf die etwa die Arbeitsgemeinschaft gegen die Auswüchse der Außenreklame hinarbeitete. Und noch eines erscheint bemerkenswert: Die in diesem Buch geschilderten Kampagnen verbanden sich nie zu einer allgemeineren Bewegung, sie blieben isolierte Ereignisse von begrenzter zeitlicher Dauer; sobald das gewünschte Ziel erreicht war oder eine weitere Besserung illusorisch erschien, verlor sich der Elan wieder. Hier wird ein zentrales und oft unterschätztes Verdienst der heutigen Umweltbewegung sichtbar: Erst durch Verbände wie den BUND, den NABU, den BHU und zahlreiche andere Organisationen lokaler und überregionaler Art gelang eine Verstetigung der Naturschutzarbeit. Die bis dahin verstreuten Erfahrungen konnten nun miteinander verbunden werden, so dass man nicht stets das Rad von neuem erfinden musste. Und schließlich wurde endlich jenes merkwürdige Zaudern überwunden, das die betont restriktive, »konservative« Ausrichtung der Naturschutzideologie mit sich gebracht hatte. Der Naturschutz emanzipierte sich zu einer lauten, selbstbewussten Macht, die seither aus dem öffentlichen Leben Nordrhein-Westfalens nicht mehr wegzudenken ist.

1. Die Stunde der Heimat: Die geplante Sprengung der Balver Höhle

Wer die sauerländische Stadt Balve in Richtung Norden verlässt und dem Flussbett der Hönne folgt, sieht nach kurzer Zeit auf der rechten Seite ein mächtiges Höhlenportal. Es gehört zu einer unterirdischen Karströhre, die fast 80 Meter lang und bis zu 20 Meter breit ist: die Balver Höhle. Um 1800 war diese Höhle noch fast vollständig mit Kalkschutt und versintertem Lehm gefüllt, die nicht zuletzt aufgrund ihres Reichtums an Kadavern von Klein- und Großtieren als wertvoller Dünger galten und von Landwirten der Umgebung auf die Felder gefahren wurden.[1] Mitte des 19. Jahrhunderts setzte die wissenschaftliche Erforschung der Höhle ein, die im Laufe der Jahrzehnte abertausende prähistorischer Fundstücke zutage förderte, darunter auch den Stoßzahn eines Mammuts, der mit mehr als vier Metern Länge »zu den allergrößten überhaupt bekannt gewordenen Mammutstoßzähnen« zählt; die Balver Höhle gilt als eine der größten mittelpaläolithischen Fundstätten Zentraleuropas.[2] Außerdem wurde schon im 19. Jahrhundert vor der Höhle ein Festplatz angelegt, so dass die Balver Höhle zu einem Veranstaltungsort von nicht nur lokaler Bedeutung wurde: Hier fand der erste Sauerländer Heimattag statt, in der Zwischenkriegszeit wurden die »Balver Höhlenspiele« eingeführt, und natürlich wurde und wird die Balver Höhle auch vom örtlichen Schützenverein genutzt; von überregionaler Bedeutung ist heute vor allem das alljährliche Jazz- und Blues-Festival. Da ist es nur auf den ersten Blick überraschend, dass die Balver Höhle jahrzehntelang außerhalb des Blicks des behördlichen Naturschutzes blieb und erst am 28. Januar 1950 von der Bezirksregierung Arnsberg förmlich unter Naturschutz gestellt wurde.[3] Die Balver Höhle galt der örtlichen Bevölkerung eben nicht nur als ein herausragendes Natur-

---

1 *Handbuch der historischen Stätten Deutschlands.* Dritter Band: *Nordrhein-Westfalen*, 2. Aufl. Stuttgart 1970, S. 52.

2 Klaus Günther, *Die altsteinzeitlichen Funde der Balver Höhle*, Münster 1964, insbes. S. 24, 156; Paul Siegfried, Pleistozäne Säugetiere in westfälischen Höhlen, in: *Jahreshefte für Karst- und Höhlenkunde* 2 (1961), S. 177–191; S. 188 (Zitat).

3 Amtsblatt der Regierung in Arnsberg 1950, Ausgabe A, S. 64f. Dazu auch Wilhelm Lienenkämper, Balver Höhle: Naturschutzgebiet, in: *Naturschutz und Landschaftspflege* 27 (1952), S. 18–19.

objekt, sondern auch als selbstverständlicher Teil des öffentlichen Lebens. Ein ausdrücklicher Schutz per Rechtsverordnung war da im Grunde genommen entbehrlich.

Die Geschichte der Balver Höhle umfasst jedoch auch ein dunkles Kapitel. Im Zweiten Weltkrieg wurde sie nämlich kurzerhand in eine Produktionsstätte verwandelt, da die Höhle als idealer Schutz gegen Fliegerbomben galt. Der 1980 veröffentlichten Balver Stadtgeschichte zufolge arbeiteten dort in einem Zweigwerk der Uerdinger Waggonfabrik »etwa 400 bis 500 russische Frauen und französische Zwangsarbeiter«[4]; nach Berichten der unmittelbaren Nachkriegszeit wurden in der Höhle Ringfedern hergestellt.[5] Über die Arbeitsbedingungen in der Balver Höhle ist nichts näheres bekannt, und das Schicksal der Zwangsarbeiter wurde in den folgenden Konflikten bezeichnenderweise nicht ein einziges Mal angesprochen; aber wer sich die beengten räumlichen Verhältnisse und insbesondere die vermutlich erbärmlichen Lüftungsverhältnisse vergegenwärtigt – die Höhlenöffnung wurde im Rahmen der Umbauarbeiten zugemauert –, der kann sich ein ungefähres Bild von der Lage der Zwangsarbeiter machen. Und dass es ihnen vermutlich nicht ganz so schlecht ging wie den rund 10 000 Menschen, die im Hönnetal für ein geplantes unterirdisches Hydrierwerk der Organisation Todt Stollen in das Kalkgestein graben mussten, war für die Zwangsarbeiter in der Balver Höhle wohl nur ein schwacher Trost.[6]

Zwei Jahre nach Kriegsende waren die in der Höhle aufgestellten Maschinen längst verschwunden, und nur noch die Abschlussmauern und andere Einbauten erinnerten daran, dass in der Balver Höhle für die Rüstungswirtschaft des Dritten Reiches produziert worden war. Im Juli 1947 trafen sich deshalb Vertreter des Reichsbauamtes Dortmund mit dem Amtsdirektor von Balve, um die von der Militärregierung befohlene Beseitigung dieser Einbauten zu besprechen. Dabei kam man überein, dass die Stadt Balve die Arbeiten in eigener Verantwortung durchführen würde und das dabei anfallende Material selbst verwerten solle. Kurz nach dem Beginn der Abbrucharbeiten erhielt die Stadt jedoch von einer Dienststelle der Militärverwaltung die Anweisung, dass die Arbeiten unverzüglich einzustellen seien und »der alte Zustand der baulichen Anlagen innerhalb der Balver-Höhle vorerst unverändert bleiben« solle.[7] Wenig später erschienen zwei belgische und ein englischer Offizier beim Balver Amtsdirektor und erklärten, dass sie allein für die Beseitigung der Anlagen zuständig seien; auf das Angebot der Stadt, die bereits begonnenen Arbeiten unter Leitung und Aufsicht der Offiziere fortzusetzen, reagierten sie nur

---

4 Harald Polenz, *Zur Geschichte des ehemaligen Amtes und der Stadt Balve*, Balve 1980, S. 334.

5 HStAD NW 60 Nr. 693 Bl. 64R; Kreisarchiv des Märkischen Kreises (KMK) A Ba 2037, Amtsverwaltung Balve an den Oberkreisdirektor in Arnsberg, 28. August 1947.

6 Polenz, *Geschichte*, S. 334.

7 KMK A Ba 2037, Amtsdirektor Balve an das Reichsbauamt in Dortmund, 11. August 1947.

ausweichend. Ein paar Tage später kamen die Offiziere erneut nach Balve und fragten nach geologischen Karten für die Höhle. Trotz mehrfacher Nachfragen des Amtsdirektors gaben sie dabei über den Verwendungszweck keine Auskunft. Auch bei ihrem dritten Besuch innerhalb weniger Tage hielten sich die Offiziere gegenüber den städtischen Stellen bedeckt und verlangten ohne Angabe von Gründen die Bereitstellung elektrischer Lampen zur Beleuchtung des Höhlenraumes. Aber im Gespräch mit anderen Personen waren die Offiziere anscheinend weniger zurückhaltend; jedenfalls ging noch an gleichen Tag das Gerücht, sie hätten dem an der Höhle wohnenden Gastwirt eröffnet, er müsse sein Haus wohl räumen, »wenn die Balver-Höhle gesprengt würde«. Sofort entstand, wie Amtsdirektor Rips in einem Vermerk festhielt, »erhebliche Unruhe und Besorgnis in Kreisen der hiesigen Bevölkerung.«[8]

So fuhr Rips zusammen mit Stadtbürgermeister Hertin zur zuständigen militärischen Dienststelle nach Arnsberg, um Klarheit über die kursierenden Gerüchte zu erlangen. Das Ergebnis bestätigte ihre schlimmsten Befürchtungen: Lakonisch erklärte der Leiter der Entwaffnungsstelle, »daß die Balver-Höhle als kriegswirtschaftliche Anlage dem Kontrollrat für Deutschland gemeldet sei, und daß von dort aus eine Beseitigung der Höhle gefordert würde, um für alle Zeiten eine Verwendungsmöglichkeit des Höhlenraumes für kriegswirtschaftliche Zwecke auszuschalten.«[9] Rips und Hertin protestierten energisch: Die Höhle sei ein »Kulturdenkmal«, eine »Fundgrube an steinzeitlichen Geräten« und ein »prähistorisches Wahrzeichen der Stadt Balve«, das geradezu »als einmalig in seiner Art innerhalb des deutschen Raumes« anzusehen sei; außerdem könne »die Höhle keinen eigentlichen Schutz gegen Bombardement bieten […], da sich in dem Höhlenfeld verschiedene Risse befänden und am oberen Kopf der Höhle eine Öffnung festgestellt sei, durch die vor Jahren bereits eine Kuh abgestürzt sei.«.[10] Die Offiziere zeigten sich unbeeindruckt, fragten die städtischen Vertreter, »warum die Stadt Balve die Errichtung eines Rüstungsbetriebes in der Höhle zugelassen habe«, und verwiesen im Übrigen »auf den Dienstweg«.[11] Insgesamt gesehen fanden die Einwände der Stadt, wie Amtsdirektor Rips in seinem Vermerk schrieb, »keinen eigentlichen Widerhall«.[12]

Sofort schickte die Amtsverwaltung Balve ein Schreiben an den Oberkreisdirektor in Arnsberg, um über den Kreis-Residenzoffizier eine Rücknahme des Sprengungsbeschlusses zu erreichen.[13] Aber niemand wollte sich in dieser Sache auf den

8 Ebd., Aktennotiz vom 27. August 1947, S. 1.

9 Ebd., S. 2.

10 Ebd., S. 1f.

11 Ebd., S. 2.

12 Ebd.

13 KMK A Ba 2037, Amtsverwaltung Balve an den Oberkreisdirektor in Arnsberg, 28. August 1947.

Dienstweg beschränken. Einstimmig verabschiedete die Stadtvertretung zu Balve einen Protest gegen die Pläne der Militärregierung: »Vertretung und Bevölkerung der Stadt Balve haben kein Verständnis dafür, daß dieses ehrwürdige Natur- und Kulturdenkmal, diese Fundgrube der prähistorischen Forschung, dieses Wahrzeichen der Stadt Balve und des Hönnetals der Vernichtung anheim fallen soll.« Um den Richtlinien des Kontrollrats zu entsprechen, sei man bereit, »alle Einbauten aus dem Höhlenraum zu beseitigen und die Höhle voll und ganz in ihren ursprünglichen Zustand zu bringen«, und außerdem sei die Kriegsproduktion ja auch nicht allzu dramatisch gewesen: »Ringfedern werden zu allen Zeiten von den verschiedensten Sektoren der Friedenswirtschaft benötigt.«[14] Parallel zu diesen Bemühungen machte auch der örtliche »Bund für Heimat- und Kulturpflege« mobil: die 1921 gegründete »Heimwacht Balve«. Die von der Heimwacht einberufene Protestversammlung meldete sich sogar noch vor der Stadtvertretung zu Wort: »Die Bevölkerung von Balve hat mit größter Bestürzung von dem Beschluß der Militärregierung erfahren«, hieß es in der »Resolution der Balver Bevölkerung«, die die Heimwacht »im Auftrage der Versammelten« an den Ministerpräsidenten des Landes Nordrhein-Westfalen schickte.[15] Von der sprichwörtlichen Zurückhaltung der Sauerländer war in der Resolution nichts zu spüren: »Angesichts der Bedeutung der Balver-Höhle für die wissenschaftliche Welt des In- und Auslandes, wie auch für die verschiedensten kulturellen Äußerungen des Volkslebens, angesichts der besonderen Bedeutung, die das einzigartige Naturdenkmal für das gesamte sauerländische Bergland besitzt, bitten die in einer großen öffentlichen Volksversammlung anwesenden Bewohner von Balve Sie dringend, alles zu tun, um die geplante Zerstörung der Balver-Höhle zu verhindern.«[16]

Zusätzlich verfasste die Heimwacht Balve in Windeseile eine spezielle »Denkschrift«, die in gedruckter Form »die Bedeutung der Balver Höhle aus Anlaß der von der Militärregierung geplanten Sprengung« erläuterte und einen aufschlussreichen Blick auf die Motive der Protestierenden eröffnet. Zunächst wurde darin der Wert der Höhle für die prähistorische Forschung herausgestellt: Die bisherigen Untersuchungen hätten »hochbedeutsame Funde aus der Flora und Fauna der prähistorischen Zeit« sowie auch »hervorragende Zeugnisse ältester menschlicher Kultur« zu Tage gefördert.[17] Die Prominenz dieses Arguments überrascht auf den ersten Blick, denn

---

14 Ebd., Beschluß der Stadtvertretung zu Balve über die beabsichtigte Sprengung der Balver Höhle, 29. August 1947. Zur Verbreitung der Resolution vgl. ebd., Schreiben an den Oberkreisdirektor in Arnsberg, den Regierungspräsidenten, die Landesregierung Düsseldorf, die Kreismilitärregierung Arnsberg 919 und die Bezirksmilitärregierung Arnsberg 917, 29. August 1947.

15 HStAD NW 60 Nr. 693 Bl. 63.

16 Ebd.

17 Ebd. Bl. 64.

Denkschrift

der Heimwacht Balve

über die Bedeutung der Balver Höhle

aus Anlaß der von der Militärregierung geplanten Sprengung.

Die Balver Höhle stellt unter den Höhlen, nicht nur des Sauerlandes, sondern ganz Deutschlands ein einzigartiges Naturdenkmal dar, das in seiner Bedeutung für die wissenschaftliche Welt weit noch über die Grenzen Deutschlands hinausreicht. Ohne Übertreibung muß festgestellt werden, daß sie in ihrem Wert für die wissenschaftliche Erforschung der prähistorischen Zeit auf der gleichen Rangstufe steht als die bekannten schweizerischen, belgischen, französischen und spanischen Höhlen und Fundstätten. Diese Tatsache hebt die Balver Höhle hoch hinaus aus der Enge eines nur heimatlich begrenzten Interessengebietes und macht sie zu einer internationalen europäischen Angelegenheit. —

Seit Jahrhunderten schon hat sich die Wissenschaft mit der Balver Höhle beschäftigt. Auf einer der ältesten geographischen Karten des Herzogtums Westfalen aus dem Jahre 1620 wird neben den Bruchhauser Steinen im Kreise Brilon die Balver Höhle als einzige Besonderheit des Landes erwähnt. Alte Lexika und Handbücher des 18. Jahrhunderts schon weisen immer wieder auf die Bedeutung der Balver Höhle hin.

In den letzten hundert Jahren fanden mehrere wissenschaftliche Durchforschungen und Ausgrabungen in der Balver Höhle statt. Die erste erfolgte 1843 mit staatlicher Finanzierung durch das Bergamt Siegen. Weitere Ausgrabungen geschahen 1844 unter Beteiligung des bedeutenden Gelehrten Prof. Nöggerath, der in der Höhle das Vorhandensein verschiedenartiger Schuttschichten feststellte. Eine Anzahl der bei diesen Grabungen gefundenen Fossilien wanderte in das bereits damals bestehende Museum der Stadt Balve. Die Mehrzahl jedoch kam in die wissenschaftlichen Institute nach Münster, Bonn und Berlin. Einzelne Stücke sollen ihren Weg ins Ausland nach Amerika, Frankreich und England gefunden haben. Anfang der 1860er Jahre hat Bergmeister Hundt, Siegen, den vorderen Teil der Höhle untersucht. Er fand eine Anzahl schöner Feuerstein- und Knochengeräte sowie Tongefäßreste mit Holzkohle. 1866 nahm der Gelehrte von der Mark erfolgreiche Grabungen vor. Diesen Grabungen folgten 1869 Untersuchungen der Höhle durch den bekannten Forscher von Dücker, der bei dieser Gelegenheit u. a. drei Skelette jugendlicher Individuen erwähnt. 1870 erfolgten dann die hochbedeutsamen Grabungen durch den berühmten Berliner Anthropologen Rudolph Virchow. 1871 erfuhr die Höhle während einiger Monate eingehende Untersuchungen durch den bekannten Erforscher der Dechenhöhle Bergrat von Dechen. 1872 leitete Prof. von Schaafhausen weitere Grabungen in der Balver Höhle. Im Winter 1878/79 unternahm die Stadt Balve Räumungsarbeiten in einem Teil der Höhle.

Die bisher durchgeführten Forschungen förderten in der Hauptsache hochbedeutsame Funde aus der Flora und Fauna der prähistorischen Zeit zu Tage, daneben aber auch hervorragende Zeugnisse ältester menschlicher Kultur. –

Abbildung 1: Die Denkschrift der Heimwacht Balve. In Windeseile erstellt, präsentierte sie alle verfügbaren Argumente gegen die geplante Sprengung – mit durchaus pathetischem Unterton.

der wissenschaftliche Wert der Höhle dürfte der lokalen Bevölkerung eher wenig am Herzen gelegen haben. Die Erforschung der Höhle hatten schließlich überwiegend auswärtige Personen und Institutionen vorangetrieben, etwa das Bergamt Siegen und das Landesmuseum für Vor- und Frühgeschichte in Münster, aber auch der Berliner Arzt und Mitbegründer der Deutschen Gesellschaft für Anthropologie, Ethnologie und Urgeschichte Rudolf Virchow, nach dem einer der beiden Höhlenarme benannt wurde.[18] Wenn die Heimwacht dieses Argument trotzdem an den Anfang stellte, dann wohl vor allem deshalb, weil der Konflikt damit »aus der Enge eines nur heimatlich begrenzten Interessengebietes« herausgehoben wurde; die Heimwacht Balve sprach emphatisch von »einer internationalen europäischen Angelegenheit.«[19] Nach der wissenschaftlichen Bedeutung betonte die Heimwacht den »Wert für das Volksleben der Heimat«: Die Balver Höhle sei »die Stätte, wo das Volksleben in Brauchtum und Sitte bei Fest und Feier Form und Gestalt gewann«, eine mit Blick auf die alljährlichen Schützenfeste gewiss etwas pathetische Formulierung.[20] Aber auch »die sagengeschichtliche Bedeutung der Balver Höhle« durfte nach Ansicht der Heimatschützer »nicht unerwähnt bleiben«, schließlich komme der »Felsenhalle in der ganzen westfälischen Sagenwelt mit Recht eine Sonderstellung« zu.[21] Im Übrigen könne man die Ringfedernproduktion »keineswegs als eigentliche Kriegsindustrie« bezeichnen, und schließlich habe sich die Höhle »wegen der großen Feuchtigkeit« für Produktionszwecke als »denkbar ungünstig« erwiesen.[22] Am Ende verwies die Heimwacht Balve sogar allen Ernstes auf den Kölner Dom, der »bei Fliegerangriffen als Wahrzeichen abendländischer Kultur absichtlich geschont« worden sei, und postulierte einen ähnlichen Schutz für »ein in anderer Hinsicht ebenso einmaliges und bedeutsames Natur- und Kulturdenkmal wie die Balver Höhle«.[23]

»Die Weltöffentlichkeit würde es nicht fassen«, lautete der letzte Satz der Denkschrift.[24] Das war natürlich ein wenig hoch gegriffen; jedenfalls gibt es einigen Grund zu der Annahme, dass das Schicksal der Balver Höhle in New York und London nicht Tagesgespräch war. Aber zumindest im regionalen Rahmen erzielte der

---

18 Ausführlich dazu B. Bahnschulte, Die Geschichte der Ausgrabungen, in: Günther, *Funde*, S. 5–10. Zu Virchows Tätigkeit als Prähistoriker vgl. Constantin Goschler, *Rudolf Virchow. Mediziner – Anthropologe – Politiker*, Köln u.a. 2002, S. 179, und Christian Andree, *Rudolf Virchow als Prähistoriker*. Bd. 1: *Virchow als Begründer der Neueren Deutschen Ur- und Frühgeschichtswissenschaft*, Köln und Wien 1976.

19 HStAD NW 60 Nr. 693 Bl. 64.

20 Ebd. Bl. 64R.

21 Ebd.

22 Ebd.

23 Ebd.

24 Ebd.

Hilferuf ein erstaunliches Echo. Der Westfälische Heimatbund in Münster überschlug sich geradezu mit seiner Reaktion: Am 30. August 1947 – ganze drei Tage, nachdem die Amtsverwaltung Balve offiziell von den Plänen der Militärregierung erfahren hatte – schickte er zwei Briefe und ein Telegramm an das Kultusministerium in Düsseldorf, nachdem es ihm »trotz wiederholter Versuche nicht geglückt« war, das Ministerium »schon einmal telefonisch von dem Hilfe-Ruf aus dem Sauerland in Kenntnis zu setzen.«[25] Es gehe um ein »einzigartige[s] Naturdenkmal« und eine »unersetzlich wichtige Fundstätte deutscher Vorgeschichte«, bemerkte der Westfälische Heimatbund in einem seiner Schreiben, außerdem würde die Sprengung »auch in volkskultureller Hinsicht unersetzlichen Schaden hervorrufen«, schließlich habe »die Volkssage diese Höhle als ›Werkstatt Wielands des Schmiedes‹ angesprochen«.[26] Auch der Münsteraner Ordinarius für prähistorische Archäologie und Direktor des dortigen Landesmuseums für Vor- und Frühgeschichte August Stieren meldete sich beim Kultusministerium telefonisch mit der Bitte, »sofort alle Schritte in die Wege zu leiten, um die angeordnete Sprengung der Höhle zu verhindern.«[27] Vermutlich war es auch Stieren zu verdanken, dass der Präsident des Deutschen Archäologischen Instituts Carl Weickert von einer archäologischen Tagung in Bielefeld ein Telegramm an die britische Militärregierung in Berlin schickte: Darin wurde die Balver Höhle als »beduetendste [sic] palaeolithische Fundstelle Nordeuropas« bezeichnet, deren Schutz »internationale Pflicht« sei.[28] Schon vor Stierens Telefonanruf hatte sich die Außenstelle Arnsberg des Landesmuseums für Vor- und Frühgeschichte zu Wort gemeldet und einen ausführlichen Traktat über »die Bedeutung der Balver Höhle für die prähistorische Forschung Europas« verfasst.[29] Auch der Rektor der Münsteraner Universität engagierte sich für das Balver »Naturdenkmal erster Ordnung«: »Niemand in Deutschland und in der Gelehrtenwelt des Auslandes würde für eine Zerstörung dieses Naturdenkmales nur deshalb, weil sich dort vorübergehend ein Rüstungsbetrieb eingenistet hatte, Verständnis aufbringen können.«[30] Und die Hagener *Westfalenpost* erklärte, »die Geschichte« habe »über die Vernichtung von

---

25 HStAD NW 60 Nr. 693 Bl. 71–72, 79; Zitat Bl. 72. Zwei Tage später richtete der Westfälische Heimatbund ein drittes Schreiben an den Kultusminister, um Resolution und Denkschrift der Heimwacht Balve zu überreichen. (Ebd. Bl. 73–75.)

26 Ebd. Bl. 71–71R.

27 Ebd., Aktennotiz vom 1. September 1947 (unpaginiert). Zu Stieren vgl. Uta Halle, *»Die Externsteine sind bis auf weiteres germanisch!« Prähistorische Archäologie im Dritten Reich*, Bielefeld 2002, S. 81f.

28 HStAD NW 60 Nr. 693 Bl. 87–89; Zitat Bl. 87–88.

29 Ebd. Bl. 86.

30 Ebd. Bl. 85.

Abbildung 2: Die Balver Höhle. Undatierte Aufnahme des Westfälischen Heimatbundes.

Abbildung 3: Die Balver Höhle heute. An die Möglichkeit, dass jemand unter der Woche auf die Idee kommen könnte, die größte Kulturhöhle Deutschlands zu besichtigen, hat offenbar niemand gedacht.

Kulturwerten immer ein unbestechliches Urteil gefällt« und hoffte auf eine Entscheidung, die »auch vor dem Urteil der Nachwelt bestehen kann.«[31]

Protest kam auch von einer Tagung des Naturhistorischen Vereins der Rheinlande und Westfalens in Brilon. In ihrer »Entschliessung« kritisierten sie vehement die Absicht der Militärregierung, die Balver Höhle zu sprengen, nur weil »für einige Monate eine kleine Ringfeder-Fertigung in der Höhle untergebracht war«.[32] Die ausdrücklich dokumentierte »Bestürzung« der Teilnehmer stand allerdings in auffallendem Kontrast zu dem kuriosen Kompromissvorschlag, den die Konferenzteilnehmer zugleich formulierten: »Sollte die Vernichtung der Höhle, wie seitens der zuständigen britischen Stelle erklärt wird, auf ausdrückliche Anordnung des Kontrollrats erfolgen, so wird gebeten, die Sprengung wenigstens solange auszusetzen, bis die durch den Krieg unterbrochene Ausgrabung der Höhlenspalten fortgesetzt und zum Abschluss gebracht ist«; an dieser Arbeit sollten »vor allem Vertreter der britischen und französischen Wissenschaft beteiligt« werden.[33] Auch der westfälische Landes-

---

31 *Westfalenpost* Nr. 69 (29. August 1947), S. 3.

32 HStAD NW 60 Nr. 693 Bl. 90.

33 Ebd.

hauptmann Bernhard Salzmann betonte das internationale Interesse an der Erhaltung der Balver Höhle: Eine Sprengung würde »von der vorgeschichtlichen Forschung aller europäischen Länder nicht verstanden« und »aufs höchste bedauert werden«.[34] Noch nachdrücklicher wurde dies von der Bezirksregierung Arnsberg formuliert: »Die gesamte Menschheit, soweit sie in der Wissenschaft vorgedrungen ist, hegt sicher das größte Interesse an der Aufrechterhaltung des Bestandes dieser Forschungsstätte«, ließ sie verlauten.[35] Der emotionalste Appell kam freilich von einem Jugendtreffen des Sauerländischen Gebirgsvereins an der Dechenhöhle bei Iserlohn. »Mit allem Nachdruck« wurden Besatzungsmacht und Landesregierung aufgefordert, »dieses unvergleichliche Natur- und Kulturdenkmal, die für wissenschaftliche Forschung so überaus bedeutungsvolle Fundstätte, diesen Hort heimischer Sagen zu erhalten«, am Ende stand die leidenschaftliche Bitte:

> »Zerstört nicht grundlos, was in friedlicher Forschung unserem
> und anderen Völkern dient,
> zerstört nicht grundlos, was die Gottesnatur uns schenkte,
> zerstört nicht grundlos, was unserer Jugend lieb und heilig ist!«[36]

Man kann sich unschwer vorstellen, dass diese Welle der öffentlichen Empörung der britischen Besatzungsmacht ausgesprochen ungelegen kam. Eine wirklich überzeugende Begründung für die Sprengung hatte sie schließlich nicht: Niemand konnte glauben, dass Deutschlands Fähigkeit zur Kriegsführung von der Existenz der Balver Höhle abhängen würde. Zudem wollte ein solcher Affront so gar nicht zur allgemeinen Entwicklung der Besatzungspolitik in Nordrhein-Westfalen passen, die sich zu diesem Zeitpunkt längst von der militärisch-autoritären Attitüde der ersten Monate verabschiedet hatte.[37] Und überhaupt: Der potentielle Nutzen der Sprengung stand offenkundig in keinem Verhältnis zu der Verbitterung, die ein solcher Schritt weit über den Ortskreis hinaus hervorzurufen drohte. So konnte das nordrhein-westfälische Kultusministerium, das die zahlreichen Protestschreiben fleißig an die Militärregierung weiterreicht hatte, schon bald beruhigende Signale aussenden. Es gebe nach einem Gespräch mit der Militärregierung »berechtigte Aussichten auf positive Erledigung in bewußter Angelegenheit«, hieß es in einem Telegramm des Kultusmi-

---

34 Ebd. Bl. 107.

35 Ebd. Bl. 94R.

36 Ebd. Bl. 102. Zu Stellung und Bedeutung der Wanderjugend im Sauerländischen Gebirgsverein vgl. Susanne Falk, *Der Sauerländische Gebirgsverein. »Vielleicht sind wir die Modernen von Übermorgen«*, Bonn 1990, S. 120–127.

37 Vgl. Gerhard Brunn, Jürgen Reulecke, *Kleine Geschichte von Nordrhein-Westfalen 1946–1996*, Köln u.a. 1996, insbes. S. 26–28.

nisters vom 5. September.[38] Zwölf Tage später war es dann amtlich: »Wie soeben das Hauptquartier der hiesigen Militärregierung mir fernmündlich eröffnete, hat Herr General Robertson mit dem gestrigen Tage entschieden, dass die Balver Höhle nicht gesprengt wird«, hieß es in einem Schreiben des Kultusministeriums vom 17. September 1947, mit dem alle Beteiligten von der erfreulichen Nachricht informiert wurden, verbunden mit der Bitte, »von einer Veröffentlichung dieser Mitteilung vorerst Abstand zu nehmen, da die britische Militärregierung ihrerseits die Presseveröffentlichung in die Wege leitet.«[39] Auch die weiteren Schritte der britischen Besatzungsmacht dokumentierten, dass ihr die ganze Geschichte ziemlich unangenehm war. Zwar drohte der Leiter der Entwaffnungsstelle, dass Balve die Sprengung der Höhle zu gewärtigen habe, wenn die Abbrucharbeiten nicht bis zum 15. November beendet sein würden, aber das war lediglich verbale Kraftmeierei, um die eigene Niederlage nicht noch deutlicher werden zu lassen.[40] Obwohl die Stadt erst Ende Januar 1948 das Ende der Abrissarbeiten vermelden konnte, war von einer drohenden Sprengung nirgends mehr die Rede.[41] Interessanterweise war es die Besatzungsmacht selbst, die sich im Oktober 1947 telefonisch bei der Stadtverwaltung meldete und eine Verlängerung der gesetzten Frist in Aussicht stellte.[42] Offenkundig war die Militärverwaltung geradezu peinlich bemüht, die Sache nunmehr so geräuschlos wie möglich zu beenden.

Der Protest hatte also bei der britischen Besatzungsmacht einen nachhaltigen Eindruck hinterlassen. Und tatsächlich ist es auch aus heutiger Sicht bemerkenswert, wie schnell sich gegen die geplante Sprengung eine Protestbewegung formierte; eigentlich bot das Jahr 1947 – nach Abelshauser das »Entscheidungsjahr der westdeutschen Wirtschaft«[43] – eher ungünstige Rahmenbedingungen für das Entstehen einer solchen Bewegung. Aber aller materiellen Not zum Trotz waren die Bürger Nordrhein-Westfalens offenbar für Ziele des Natur- und Heimatschutzes zu mobilisieren, jedenfalls dann, wenn es um ganz konkrete Ziele ging. Und offenbar gab es auch ein Netzwerk von Beziehungen, das solche Themen aufgreifen konnte und die zuständigen Stellen mit Protestschreiben geradezu bombardieren konnte. Eine Diskreditierung von Belangen des Naturschutzes durch dessen Nähe zum NS-Regime,

38 HStAD NW 60 Nr. 693 Bl. 101.

39 Ebd. Bl. 135. Sir Brian Robertson war der britische Militärgouverneur in Deutschland.

40 KMK A Ba 2037, H. G. Locke, Disarmament Branch Officer, an den Bürgermeister von Balve, 23. September 1947.

41 Ebd., Amtsdirektor an Disarmament Branch, 27. Januar 1948.

42 Ebd., Vermerk des Amtsdirektors, i.V. Dransfeld, 9. Oktober 1947.

43 Werner Abelshauser, *Wirtschaftsgeschichte der Bundesrepublik Deutschland 1945–1980*, Frankfurt 1983, S. 40.

wie sie in der Literatur gelegentlich behauptet wird,[44] ist im Kampf um die Balver Höhle jedenfalls nicht zu konstatieren.

Bemerkenswert ist auch, dass sich im Fall der Balver Höhle die Belange von Heimatschutz und Naturschutz scheinbar mühelos ergänzten. Dabei war dies alles andere als selbstverständlich: Schon in der Zeit des Kaiserreichs hatten sich deutliche Divergenzen zwischen einer stark ästhetisch und kulturell orientierten, politisch konservativen Heimatschutzbewegung und einer eher wissenschaftlich-quantifizierend ausgerichteten Naturdenkmalpflege gezeigt, personifiziert durch den Kontrast zwischen Ernst Rudorff und Hugo Conwentz.[45] Der geschilderte Konflikt um die geplante Sprengung der Balver Höhle legt freilich nahe, dass der Gegensatz zwischen Heimat- und Naturschutz viel von seiner Brisanz verlor, sobald man ihn nicht mehr als Prinzipienkonflikt, sondern in ihren Konsequenzen für den konkreten Einzelfall betrachtete. Gewiss war die Balver Höhle durch die jahrzehntelange Nutzung als Fest- und Versammlungsort mindestens ebenso sehr Kultur wie Natur – nur hatte damit vor Ort offenbar niemand ein Problem. Auch in der Verordnung des Regierungspräsidenten, mit der die Balver Höhle 1950 unter Naturschutz gestellt wurde, war »die Verwendung der Höhle zu Volksfesten« ausdrücklich vorgesehen.[46] Der Münsteraner Provinzialbeauftragte für Naturschutz und Landschaftspflege Fritz Runge klagte zwar 1953, dass der Veranstaltungsbetrieb über den eigentlich zuträglichen Rahmen »beträchtlich hinausgegangen« sei und überhaupt der Zustand der Höhle »viele Mißstände« aufweise – so etwa »mehrere Zapfhähne für Bier« an den Wänden der Höhle –, aber auch Runge vergaß nicht zu betonen, »daß gegen die

---

44 Vgl. etwa Stefan Körner, Kontinuum und Bruch: Die Transformation des naturschützerischen Aufgabenverständnisses nach dem Zweiten Weltkrieg, in: Joachim Radkau, Frank Uekötter (Hg.), *Naturschutz und Nationalsozialismus*, Frankfurt a.M. 2003, S. 405–434; Arne Andersen, Heimatschutz: Die bürgerliche Naturschutzbewegung, in: Franz-Josef Brüggemeier, Thomas Rommelspacher (Hg.), *Besiegte Natur. Geschichte der Umwelt im 19. und 20. Jahrhundert*, 2. Aufl. München 1989, S. 143–157; S. 156f; Ulrich Linse, *Ökopax und Anarchie. Eine Geschichte der ökologischen Bewegungen in Deutschland*, München 1986, S. 38.

45 Dazu ausführlich Andreas Knaut, *Zurück zur Natur! Die Wurzeln der Ökologiebewegung* (Supplement 1 [1993] zum *Jahrbuch für Naturschutz und Landschaftspflege*), Greven 1993; Friedemann Schmoll, *Erinnerung an die Natur. Die Geschichte des Naturschutzes im deutschen Kaiserreich*, Frankfurt a.M. 2004; Konrad Ott, Thomas Potthast, Martin Gorke, Patricia Nevers, Über die Anfänge des Naturschutzgedankens in Deutschland und den USA im 19. Jahrhundert, in: Erk Volkmar Heyen (Hg.), *Naturnutzung und Naturschutz in der Europäischen Rechts- und Verwaltungsgeschichte*, Baden-Baden 1999, S. 1–55.

46 *Amtsblatt der Regierung in Arnsberg* 1950, Ausgabe A, S. 64.

Benutzung der Höhle zu kulturellen Veranstaltungen grundsätzlich keine Bedenken bestehen.«[47]

So gesehen war es durchaus passend, dass der lokale Protest von der Heimwacht Balve angeführt wurde, die in ihrer Denkschrift das ganze Spektrum der Gründe für den Erhalt der Höhle abgedeckt hatte. Und dass in den überlieferten Akten keine Stellungnahme des Naturschutzbeauftragten im Regierungsbezirk Arnsberg Wilhelm Lienenkämper zu finden ist, der ansonsten zweifellos zu den Aktivposten im nordrhein-westfälischen Naturschutz der frühen Nachkriegszeit zählte, findet bei näherer Betrachtung eine einfache Erklärung: Erst im November 1947 wurde Lienenkämper wieder in das Amt eingeführt, das er schon vor 1945 bekleidet hatte.[48] Außerdem hätte Lienenkämper wohl kaum sehr überzeugend gegen die Pläne der Besatzungsmacht protestieren können: Lienenkämper war ein flammender Nationalsozialist gewesen – »der Nationalsozialismus [...] verlangt als Idee und Gesetz die Ganzheit und das Opfer«, hatte Lienenkämper 1938 die Gemeinsamkeiten von Nationalsozialisten und »Naturschutzsoldaten« beschworen[49] –, und die gut zweijährige Vakanz seiner ehrenamtlichen Stelle ging unter anderem auf Verzögerungen in Lienenkämpers Entnazifizierungsverfahren zurück, das erst in zweiter Instanz zu seinen Gunsten ausfiel.[50] Dennoch würde diese Betrachtung unvollständig bleiben, wenn der Protest gegen die Sprengung der Balver Höhle nur als natur- und heimatschützerisches Engagement betrachtet würde. Denn in die Erbitterung der Protestresolutionen mischte sich unterschwellig ein Motiv, das so gar nicht zum drohenden Verlust eines heimatlichen Natur- und Kulturdenkmals passen wollte: Dankbarkeit. Denn wenn man den Kampf um die Balver Höhle einmal unter dem Blickwinkel der Rückwirkungen auf die Protestierenden selbst betrachtet, dann erscheint er geradezu als die ideale Kampagne zur idealen Zeit. Die Heimwacht Balve konnte sich durch den Kampf um ein Symbol der Heimat als Zentrum der dörflichen Gemeinschaft profilieren,[51] der Konflikt zementierte mit der Heimatidee ein Schlüsselkonzept der frühen Nachkriegszeit, das es erlaubte, »das Heimatland nach dem totalen Bankrott der deutschen Nation

47 KMK A Ba 1621, Vermerk über eine Besprechung am 9. April 1953 bezüglich der Frage der Stellung der Naturschutzbehörde zu der Benutzung der Balver Höhle als Festspielraum für musikalische und dramatische Veranstaltungen.

48 HStAD NW 260 Nr. 75 Bl. 203.

49 Wilhelm Lienenkämper, Der Naturschutz vom Nationalsozialismus her gesehen, in: *Sauerländischer Gebirgsbote* 46 (1938), S. 26–28; S. 26, 28.

50 HStAD NW 60 Nr. 712 Bl. 1, 3.

51 Einer Chronik der Heimwacht Balve zufolge war der Kampf um den Erhalt der Balver Höhle die erste nennenswerte Vereinstätigkeit nach dem Ende des Zweiten Weltkriegs. (*Heimwacht Balve 60 Jahre*. Festschrift, hg. von der Heimwacht Balve, Balve o.J. [1981], S. 12.)

wieder repräsentieren zu können«,[52] er bot einen idealen Anlass für eine Kampagne gegen die Besatzungsmacht, ohne dass sich damit ein politisches Risiko verband – und nicht zuletzt konnten die Protestierenden bei dieser Gelegenheit auch sich und anderen beweisen, wie wenig sie eigentlich mit jenem System zu tun hatten, das Deutschland zwölf Jahre lang beherrscht hatte. Schließlich fällt in den Protestschreiben immer wieder demonstrative Kritik am NS-Regime ins Auge, dessen barbarischer Charakter sich auch in seinem Umgang mit der Balver Höhle gezeigt habe. Für Landeshauptmann Bernhard Salzmann war es etwa »eine unverzeihliche Rohheit, als im Kriege ohne Wissen des Landesmuseums für Vor- und Frühgeschichte die alte Kultstätte zu einem Rüstungsbetrieb missbraucht wurde«.[53] Carl Weickert und die übrigen in Bielefeld versammelten Archäologen vergaßen ebenfalls nicht zu betonen, dass der gebotene Schutz der Höhle »durch die barbarischen Einbauten der Nazizeit groeblichst verletzt worden« sei.[54] Und auch in der Denkschrift der Heimwacht Balve wurde die »arge Verschandelung« der Höhle durch die Nationalsozialisten kritisiert, verbunden mit der Klage, dass die heimatliche Bevölkerung »dieser Entwicklung machtlos gegenüber« gestanden habe.[55] Der Kampf um die Balver Höhle war ganz nebenbei auch eine ideale Gelegenheit, die eigene Verachtung für das NS-Regime zu bekunden – ganz gemäß der populären »Trennungslinie zwischen einem dämonisch-übermächtigen Hitler mitsamt seiner kriminellen NS-Führung und den gutgläubigen, in ihrem Pflichtbewusstsein und ihrer ›Gefolgschaftstreue‹ missbrauchten Deutschen.«[56] Die Heimatidee symbolisierte im Nachkriegsdeutschland stets auch »das Leiden eines unschuldigen Deutschland«,[57] und in der Tat reklamierten die Zeitge-

52 Alon Confino, »This lovely country you will never forget«. Kriegserinnerungen und Heimatkonzepte in der westdeutschen Nachkriegszeit, in: Habbo Knoch (Hg.), *Das Erbe der Provinz. Heimatkultur und Geschichtspolitik nach 1945*, Göttingen 2001, S. 235–251; S. 237.

53 HStAD NW 60 Nr. 693 Bl. 107.

54 Ebd. Bl. 88.

55 Ebd. Bl. 64R. Ähnlich ebd. Bl. 90, KMK A Ba 2037, Stadt Schwerte, Der Stadtdirektor an die Militärregierung Iserlohn, 23. September 1947.

56 Peter Reichel, *Vergangenheitsbewältigung in Deutschland. Die Auseinandersetzung mit der NS-Diktatur von 1945 bis heute*, München 2001, S. 67. Vgl. zu diesem Themenkomplex auch Detlef Garbe, Äußerliche Abkehr, Erinnerungsverweigerung und »Vergangenheitsbewältigung«: Der Umgang mit dem Nationalsozialismus in der frühen Bundesrepublik, in: Axel Schildt, Arnold Sywottek (Hg.), *Modernisierung im Wiederaufbau. Die westdeutsche Gesellschaft der 50er Jahre*, Bonn 1993, S. 693–716; Axel Schildt, *Ankunft im Westen. Ein Essay zur Erfolgsgeschichte der Bundesrepublik*, Frankfurt a.M. 1999, Kap. 4; Norbert Frei, *Vergangenheitspolitik. Die Anfänge der Bundesrepublik und die NS-Vergangenheit*, München 1996; Helmut Dubiel, *Niemand ist frei von der Geschichte. Die nationalsozialistische Herrschaft in den Debatten des Deutschen Bundestages*, München und Wien 1999.

57 Confino, This lovely country, S. 243.

nossen im Kampf um die Balver Höhle eine Art Opferstatus, indem sie ohne eigene Schuld für die Taten der Nationalsozialisten zu büßen hatten. Natürlich wurde dieser Aspekt des Protests in den Beschwerden nie offen angesprochen, zumal dies bei der Militärregierung wohl kaum auf Sympathie gestoßen wäre. Aber wenn die Heimwacht Balve in ihrer Denkschrift ostentativ fragte, warum die Höhle »jetzt noch, 2 Jahre nach Beendigung des Krieges, blindlings zerstört werden« solle,[58] dann war der Unterton unverkennbar: Es war an der Zeit, einen Schlussstrich zu ziehen.

Postskriptum

Bernhard Salzmann zufolge zeigte sich der barbarische Charakter des Nationalsozialismus auch darin, dass in der Balver Höhle »die Fundschichten mit einem Zementboden überdeckt wurden«.[59] Wer vor diesem Hintergrund den heutigen Zustand der Balver Höhle betrachtet, macht eine Entdeckung von höchster politischer Brisanz: Auch demokratische Systeme sind dazu imstande, den Boden der Balver Höhle zu versiegeln. Wer nicht an einem Veranstaltungstag zur Balver Höhle kommt, der steht ein wenig ratlos vor einem mannshohen Bretterzaun und sucht vergeblich nach einem Eingang. Vor dem Zaun wartet das Restaurant »Zur Höhle« auf Gäste, hinter dem Zaun liegt ein gepflasterter Platz mit einem einzelnen Baum und einer üppigen Toilettenanlage, an der der Name der örtlichen Schützenbruderschaft prangt; die Höhle selbst verbirgt sich hinter einem Vorhang. An die Möglichkeit, dass Touristen unter der Woche auf die Idee kommen könnten, die größte Kulturhöhle Deutschlands zu besichtigen, hatte offenbar niemand gedacht.

Nach einer Besichtigung der Balver Höhle im Juni 1949 befanden der Landesbeauftragte für Naturschutz und Landschaftspflege Johannes Sigmond, der Bezirksbeauftragte Lienenkämper und ein Regierungsrat der Bezirksregierung Arnsberg, die »direkte Höhlenumgebung« müsse »im einzelnen besser gestaltet werden«.[60] Auch der Westfälische Heimatbund hatte in einem seiner Briefe darauf hingewiesen, dass die Balver Höhle nicht nur durch die britische Besatzungsmacht bedroht war: Es seien »in dieser Gegend Industrieanlagen geplant [...], um deren Abwendung sich der zuständige Oberkreisdirektor [...] bis jetzt zwar mit Erfolg, aber noch nicht sicherem Endergebnis bemüht«.[61] Allzu erfolgreich können diese Bestrebungen freilich

58 HStAD NW 60 Nr. 693 Bl. 64R.

59 Ebd. Bl. 107.

60 HStAD NW 60 Nr. 711 Bl. 17.

61 HStAD NW 60 Nr. 693 Bl. 72.

nicht gewesen sein, denn im Umkreis der Balver Höhle fehlt es heute nicht an gewerblichen Betrieben; direkt gegenüber liegt etwa der Zweckbau der Firma »Nitsche Farben«. Wer vor der Höhle stehend nach rechts dem Berghang folgt, stößt außerdem nach kurzer Zeit auf einen Steinbruch, der vor einiger Zeit stillgelegt wurde und nun langsam von der Vegetation zurückerobert wird. Es war interessanterweise dieser Ort, wo sich bei unserem Besuch so etwas wie ein Naturerlebnis einstellte. Die Balver Höhle selbst – wir konnten einen Blick ins Innere erhaschen, als gerade ein städtischer Lastwagen zum Entladen in die Höhle fuhr – wirkt mit ihrer Bühne, der fest installierten Beleuchtungseinrichtung und den ubiquitären Stromanschlüssen dagegen eher wie ein typischer Veranstaltungsraum mit einer etwas kuriosen Überdachung. Wer sich für Entstehung und Bedeutung der Balver Höhle interessiert, kann beim Verkehrsverein ein Flugblatt bekommen. An der Höhle selbst gibt es noch nicht einmal eine simple Infotafel. An die Prähistorie erinnert hier nur der Name des benachbarten Tanzlokals: »Mammut«.

2. Der »Reklameteufel« und seine Gegner: Die Arbeitsgemeinschaft gegen die Auswüchse der Außenreklame

Hilchenbach war Ende der 40er Jahre ein verschlafenes Städtchen in der Nähe von Siegen. Da konnte es schon mal passieren, dass eine Leuchtreklame ungewöhnlich heftige Reaktionen auslöste. Als nämlich das Kleiderhaus Trainer im Winter 1948/49 eine grüne Leuchtreklame installierte, wandte sich ein Bürger der Stadt voller Empörung an das Kreisbauamt in Siegen, um schärfstens gegen die Verbreitung »dieses neuesten Auswuchses von Reklame-Amerika« zu protestieren. »Da hört sich aber die Gemütlichkeit auf. In diesem Punkte gibt es für mich kein Kompromiß«, klagte der Bürger, der eine Durchschrift seines Schreibens gleich an das Düsseldorfer Kultusministerium weiterreichte. Schließlich galt es unmissverständlich und ein für allemal festzuhalten, »daß solche Reklame für das platte Land passe wie die Schminke auf die Lippen eines westfälischen Mädchens.«[1]

Auf den ersten Blick mochte diese Beschwerde wie das Produkt eines notorischen Querulanten wirken, der wieder einmal ein geeignetes Thema zum Aggressionsabbau gefunden hatte. Aber so war es nicht: Der Autor des Schreibens war Wilhelm Münker, ein Vorkämpfer von nicht nur lokaler Bedeutung in vielfältigen Belangen des Natur- und Heimatschutzes. Am bekanntesten war der 1874 geborene Münker als Mitbegründer und langjähriger Förderer des Deutschen Jugendherbergswerks. Zugleich war Münker als Leiter des Ausschusses zur Rettung des Laubwaldes ein lautstarker Kritiker der »Verfichtung« der deutschen Wälder. Unverkennbar war Münker aber auch von der Lebensreformbewegung der Jahrhundertwende geprägt: Er war Initiator der öffentlichen Badeanstalt von Hilchenbach sowie des Luftbadvereins Hilchenbach, er war ein konsequenter Verfechter einer natürlichen Lebensweise, Vegetarier und Kämpfer gegen das Rauchen und den Alkoholmissbrauch. Nicht zuletzt war Münker auch ein leidenschaftlicher Wanderer, Mitglied im Sauerländischen Gebirgsverein und im Weltbund zum Schutze des Lebens und schließlich

1 HStAD NW 60 Nr. 692 Bd. 1 Bl. 25–26.

Ehrenbürger der Stadt Hilchenbach.[2] Sein Protest gegen die Leuchtreklame des Modehauses Trainer hatte deshalb Gewicht, und er war auch alles andere als eine Eintagsfliege: Schon in der Zwischenkriegszeit hatte Münker gegen die Exzesse der Außenreklame dezidiert Stellung bezogen.[3] In der Nachkriegszeit setzte Münker seine Bestrebungen umstandslos fort, vor allem über eine eigens dafür gegründete Organisation: die Arbeitsgemeinschaft gegen die Auswüchse der Außenreklame.[4]

Es ist im Rückblick bemerkenswert, wie früh Wilhelm Münker seinen Kampf gegen die »Auswüchse der Außenreklame« wieder aufnahm. Schon im Oktober 1948 warnte die Arbeitsgemeinschaft vor kommenden Entwicklungen: »Der Reklameteufel ist nicht tot. Er schlummert nur und wartet sehnsüchtig darauf, sich wieder ein Betätigungsfeld nach dem anderen zu erobern.« Es gelte daher, »zeitig vorzubeugen, damit die Reklamebäume nicht wieder in den Himmel wachsen«.[5] Bedenken, dass seine Kampagne in Anbetracht der zeitgenössischen Notlage weiter Bevölkerungsteile als unzeitgemäß empfunden werden könnte, waren Münker fremd. Für ihn ging es in dem selbst proklamierten »Reklamekrieg«[6] eben nicht um eine Marginalie, sondern um eine Schlüsselfrage der modernen Gesellschaft: »Es wird die Zeit kom-

---

2 Wilhelm Müller-Müsen, Wilhelm Münkers Lebensweg und Lebenswerk, in: Deutsches Jugendherbergswerk (Hg.), *Weg-Weiser und Wanderer. Wilhelm Münker. Ein Leben für Heimat, Umwelt und Jugend*, Detmold 1989, S. 14–23.

3 Wilhelm Müller-Müsen, Der Kampf gegen die Auswüchse der Reklame, in: Deutsches Jugendherbergswerk (Hg.), *Weg-Weiser und Wanderer. Wilhelm Münker. Ein Leben für Heimat, Umwelt und Jugend*, Detmold 1989, S. 88–94; S. 90f. Zur Vorgeschichte von Münkers Kampagne vgl. insbes. Uwe Spiekermann, Elitenkampf um die Werbung. Staat, Heimatschutz und Reklameindustrie im frühen 20. Jahrhundert, in: Peter Borscheid, Clemens Wischermann (Hg.), *Bilderwelt des Alltags. Werbung in der Konsumgesellschaft des 19. und 20. Jahrhunderts. Festschrift für Hans Jürgen Teuteberg*, Stuttgart 1995, S. 126–149; Dirk Reinhardt, *Von der Reklame zum Marketing. Geschichte der Wirtschaftswerbung in Deutschland*, Berlin 1993, insbes. S. 378–386; Friedemann Schmoll, Bewahrung und Vernichtung. Über Beziehungen zwischen Naturschutz und Antisemitismus in Deutschland, in: Freddy Raphaël (Hg.), *»... das Flüstern eines leisen Wehens ...« Beiträge zu Kultur und Lebenswelt europäischer Juden*, Konstanz 2001, S. 345–367; sowie Werner Hellweg, *Die Außenreklame in Stadt und Land*, Hamburg 1919.

4 Die Arbeitsgemeinschaft war allem Anschein nach stets ein Ein-Mann-Unternehmen. Der etwas irreführende Name entstammte vermutlich Münkers Bestreben, die eigene Person hinter der Sache zurücktreten zu lassen. Eine Bemerkung des Naturschutzbeauftragten im Regierungsbezirk Arnsberg Wilhelm Lienenkämper, mit Münker bestens bekannt, lässt jedenfalls erkennen, dass dieser auf die Erwähnung seines Namens oft allergisch reagierte: »Da Herr Münker es nicht liebt, öffentlich genannt zu werden, macht er Rednern, die seinen Namen nennen, meist einen Vorwurf.« (HStAD NW 260 Nr. 75 Bl. 192.)

5 HStAD NW 60 Nr. 693 Bl. 18.

6 HStAD NW 60 Nr. 692 Bd. 1 Bl. 64, 151.

Abbildung 4: Portrait Wilhelm Münkers.

men, wo man die Kultur eines Landes nach dem Grade der Drosselung der Außenreklame beurteilen wird.«[7]

Zunächst spielte in Münkers Argumentation auch die mit der Werbung einhergehende Verschwendung eine Rolle. »Heute sollte man vor allem erkennen und würdigen, daß die nötigen Rohstoffe wie Eisen, Glas, Holz, Emaille, Farbe wahrlich besser für den Wiederaufbau der zerstörten Wohnungen verwandt werden«, mahnte die Arbeitsgemeinschaft gegen die Auswüchse der Außenreklame im Herbst 1948; an Leuchtreklamen kritisierte Münker unter anderem, dass dadurch »der kostbare Strom« vergeudet würde.[8] »Wider die wälderfressende überflüssige Reklame«, lau-

7 HStAD NW 60 Nr. 693 Bl. 18R. Ähnlich HStAD NW 60 Nr. 692 Bd. 2 Bl. 78R.

8 HStAD NW 60 Nr. 692 Bd. 1 Bl. 14R; NW 60 Nr. 693 Bl. 18R.

tete im August 1947 der Titel der ersten Äußerung der Arbeitsgemeinschaft nach dem Krieg, in der auch bemerkt wurde, jede überflüssige Reklame nehme zwangsläufig »irgendeinem wichtigeren Zweck das Papier weg« und sei damit »zugleich ein Sargnagel mehr für den deutschen Wald.«[9] »Jede Tonne Papier, aufgewendet für Markenartikel-Reklame (Schönheits-, Wasch-, Genußmittel usw.) geht notwendigerweise an wissenschaftlichen Büchern, Schulbüchern, Schreibheften, Schreibpapier usw. verloren«, erklärte Münker ein gutes Jahr später noch einmal.[10] Aber mit der Überwindung der unmittelbaren Versorgungskrise der Nachkriegszeit verschwand das Ressourcenargument aus den Äußerungen der Arbeitsgemeinschaft, und ohnehin scheint Münker es eher aus taktischen Gründen erwähnt zu haben. Zentral war aus seiner Sicht schließlich etwas anderes: Für Münker ging es bei der Reklame um nichts weniger als »eine Kulturfrage«.[11]

»Unsittlich und kulturwidrig« – von Anfang an war es dieses doppelte Verdikt, das Münkers Äußerungen prägte.[12] Scheu vor großen Formulierungen hatte Münker offenkundig nicht: Er beschwor »die drohende Gefahr für Seele, Heimatbild und Kultur«, perhorreszierte »den Verfall unserer Volkskultur«, attackierte die Reklame an Autobahnen und Reichsstraßen als »Hohn auf echte Kultur und Naturempfinden«, und die Kölner Leuchtreklame gab Münker nach eigenem Bekunden »einen Stich in die Seele«.[13] Manichäisch unterschied Münker zwischen Kultur und Unkultur: »Im Grunde dreht es sich hier um die Entscheidung zwischen 2 Weltauffassungen«, schrieb er einmal und beklagte, dass man »den Schein über das Sein, die Tünche über das Echte« stelle.[14] Man möge »dem Echten, Gediegenen, Einfachen, Deutschen den Vorzug geben vor Unechtem, Tünche, Rummel, Amerikanischem, dem Sein vor dem Schein«, forderte Münker in einem Brief an das Bauaufsichtsamt von Bonn, und auch in anderen Zusammenhängen finden sich immer wieder solche Gegensatzpaare.[15] Strikt unterschied Münker »zwischen betriebsnotwendiger Werbung und uferloser Übertrumpfungsreklame«, wobei letzteres fast jede Form der Außenwerbung einschloss; selbst die »Anbringung der Geschäftsbezeichnung« an Läden und Lagern war für ihn nur »in angemessener Größe und zurückhaltender Aufmachung«

9 HStAD NW 60 Nr. 692 Bd. 1 Bl. 1, 2R. Vgl. dazu auch Falk, *Der Sauerländische Gebirgsverein*, S. 116.

10 HStAD NW 60 Nr. 692 Bd. 1 Bl. 23.

11 HStAD NW 60 Nr. 692 Bd. 2 Bl. 58.

12 HStAD NW 60 Nr. 693 Bl. 18R. Ähnlich NW 60 Nr. 692 Bd. 1 Bl. 67; ebd. Bd. 2 Bl. 58, 137R; Wilhelm Münker, Landschaft und Außenreklame, in: *Naturschutz und Landschaftspflege* 26 (1951), S. 35–36; S. 36.

13 HStAD NW 60 Nr. 692 Bd. 2 Bl. 78R; ebd. Bd. 1 Bl. 163, 13R; ebd. Bl. 242.

14 HStAD NW 60 Nr. 692 Bd. 1 Bl. 68.

15 Ebd. Bl. 152. Ähnlich ebd. Bl. 28, 113, 128.

akzeptabel.[16] Der von Münker beklagte »unsittliche Zwang« bestand eben nicht in der Gestaltung der Reklame, sondern im Prinzip: »Der Kernpunkt«, so Münker in einem Schreiben an die Deutsche Reichsbahn, liege »in dem Streben der Außenreklame, den Menschen immer wieder zu zwingen, etwas zu sehen, was er gar nicht sehen will.«[17]

Nur vor diesem Hintergrund wird verständlich, warum Münker seinen Kampf gegen die Außenreklame mit einer derartigen Verbissenheit führte. Von der Sache her hätte eine eher moderate Ausrichtung nahe gelegen, da Heimatschützer und Unternehmer schon in den 20er Jahren zu einer Art Arbeitskompromiss zusammengefunden hatten, der sich auch in den 30er Jahren trotz schärfer werdender Attacken aus dem Lager der Heimatschützer im Großen und Ganzen bewährt hatte.[18] Gerade die Werbewirtschaft hatte schließlich ein genuines Interesse daran, die potentielle Kundschaft nicht durch unpopuläre Werbeformen zu verschrecken. Es sollte »das gemeinsame Streben aller Hüter der Natur, der Landschaft und der baulichen Ordnung sowie aber auch der Vertreter der Werbewirtschaft sein, die Außenwerbung so zu beeinflussen, daß sie vom urteilsfähigen Durchschnittsbetrachter zustimmend aufgenommen wird«, umriss etwa eine Gesellschaft für Ordnung in der Außenwerbung den von ihr propagierten »Schlichtungsversuch im Reklamestreit«.[19] Aber derlei interessierte Münker nicht, er setzte von Anfang an auf Konfrontation und scherte sich nicht um mögliche Kompromisse. »Jede schwächliche Kompromisselei ist vom Übel, geht auf Kosten der Heimat, auf Kosten der Natur«, konstatierte er in einem seiner Rundschreiben; bei anderer Gelegenheit kritisierte Münker »die Lauheit und Ahnungslosigkeit der meisten Behörden.«[20] »Wider den Kleinglauben« lautete der Titel eines Pamphlets, in dem Münker den schwankenden Mut im »Lager der Abwehr« beklagte und empört feststellte, man mache sich »hie und da […] sogar Kopfzerbrechen darüber, ob ein Reklameschild in der Landschaft unbedingt gröblich verunstalten müsse.«[21] Denn in dieser Beziehung war Münker unerbittlich: In der freien Landschaft sollte Werbung überhaupt nicht erlaubt sein, in den Städten nur unter strengen Auflagen; Markenreklame war für ihn grundsätzlich unzulässig. »Keinerlei Reklame in der Landschaft! Keine Fremdreklame im Ortsbild!«, postulierte die Arbeitsge-

---

16 HStAD NW 60 Nr. 692 Bd. 2 Bl. 65R; NW 60 Nr. 693 Bl. 18.

17 HStAD NW 60 Nr. 692 Bd. 1 Bl. 35. Ähnlich ebd. Bl. 2, 67, 87, NW 60 Nr. 692 Bd. 2 Bl. 58, 137R.

18 Reinhardt, Reklame, S. 384–386.

19 Staatsarchiv Detmold D 41 Nr. 150, Störende Werbung im öffentlichen Raum. Herausgegeben von der Gesellschaft für Ordnung in der Außenwerbung, Bonn o.J.

20 HStAD NW 60 Nr. 692 Bd. 1 Bl. 90R; ebd. Bd. 2 Bl. 41.

21 HStAD NW 60 Nr. 692 Bd. 2 Bl. 26.

meinschaft gegen die Auswüchse der Außenreklame im August 1952.[22] Ein knappes Jahr später legte Münker die Latte sogar noch höher: »Reklame, die darauf verzichtet Informationen und Ratschläge für den Verbraucher zu geben (Beispiele: Rezeptbücher, Waschvorführungen, Photolehrgänge, Ankündigungen günstiger Angebote usw.) ist abzulehnen, weil sie der Wettbewerbssituation eines Käufermarktes nicht durch Preiskonkurrenz, sondern durch Konkurrenz des Reklamegeschreis gerecht zu werden versucht!«[23] Und in jedem Fall war ein Sieg nur denkbar, wenn Staat und Öffentlichkeit ihre Kräfte bündeln würden: »Der Reklamekampf kann nur gewonnen werden durch straffes Anziehen der behördlichen Zügel einerseits und weitestgehende Aufklärung andererseits.«[24]

Es war also in erster Linie ein Kampf um Kultur und Moral, den Münker mit seiner Arbeitsgemeinschaft führte. Nichts dokumentiert dies besser als Münkers Äußerungen zu den wirtschaftlichen Aspekten der Frage; denn auch solche Dinge sah Münker vorzugsweise durch eine moralische Brille. Zu den Gewinnen, die etwa die Bundesbahn als Werbeträger machen konnte, bemerkte Münker lapidar, »daß der Erlös aus einer kulturwidrigen und Ärgernis erregenden Einrichtung kein gutes Geld ist«.[25] Folgerichtig sprach sich Münker deshalb auch gegen die Besteuerung der Außenreklame aus. »Die Besteuerung bedeutet die grundsätzliche Sanktionierung einer an sich unerwünschten Erscheinung«, schrieb Münker. »Es wäre ein Schöpfen aus unreiner Quelle.«[26] Münker differenzierte zudem zwischen den unterschiedlichen Gegenständen der Reklame – nach Kriterien, die nur zu deutlich seine persönliche Lebens- und Gedankenwelt widerspiegelten. »Anzeigen für Theater, Konzerte, öffentliche oder gemeinnützige Veranstaltungen scheiden bei dieser Betrachtung selbstredend völlig aus«, erklärte Münker apodiktisch.[27] Ganz anders sah die Sache aus, wenn es um »Schönheits-, Wasch-, Genußmittel und dergleichen« ging: Das waren für Münker »alles Dinge, deren Vordringlichkeit keiner bejahen wird«.[28] Und überhaupt: »Sollte es einen Menschen geben, der nicht wüßte, daß man Benzin und Kraftöle an der Zapfstelle, Rasierklingen, Waschmittel u. dgl. beim Einzelhändler kauft?«[29] Bedenkenlos dekretierte Münker, was als legitimes Bedürfnis zu gelten hatte und was nicht: »Die Suggestivreklame verursacht […] eine Fehllenkung der Bedürfnisse zum Schaden des wirklichen und echten Bedarfs«, hieß es im Mittei-

---

22 HStAD NW 60 Nr. 692 Bd. 2 Bl. 77. Ähnlich Münker, *Landschaft und Außenreklame*, S. 36.

23 HStAD NW 60 Nr. 1673 Bl. 4.

24 HStAD NW 60 Nr. 692 Bd. 1 Bl. 95.

25 Ebd. Bl. 15R. Ähnlich ebd. Bd. 2 Bl. 7.

26 HStAD NW 60 Nr. 692 Bd. 2 Bl. 65R. Ähnlich ebd. Bl. 25R, NW 60 Nr. 692 Bd. 1 Bl. 81.

27 HStAD NW 60 Nr. 692 Bd. 1 Bl. 2.

28 Ebd. Bl. 15R.

29 Ebd. Bl. 2.

lungsblatt der Arbeitsgemeinschaft gegen die Auswüchse der Außenreklame vom Mai 1953.[30] In ähnlicher Manier erinnerte Münker bei Gelegenheit auch daran, dass »Sparen und Kapitalbildung die oberste Losung sein sollte«.[31]

Aber Münker war wohl Realist genug, um zu erkennen, dass es auf Dauer nicht genügen würde, nur moralisch zu argumentieren und auf das Entstehen einer »anständigen Werbegesinnung« zu hoffen.[32] Und so versuchte sich Münker an einem intellektuellen Unterfangen, das aus heutiger Sicht geradezu aberwitzig wirkt: dem Nachweis, dass Werbung auch ökonomisch unsinnig war. Das Ergebnis seiner Überlegungen las sich dann so: »Als Bindeglied zwischen Produktion (Angebot) und Verbrauch (Nachfrage) steht die Reklame zwei Größen gegenüber, die zwar infolge von Kaufkraftschwankungen, Mangellagen usw. veränderlich sind, jedoch auf keinen Fall – gesamtwirtschaftlich gesehen – durch die Reklame in ihrer Größenordnung beeinflußt werden können. Reklame kann also nicht die Größe der Gesamtnachfrage verändern, sondern lediglich die auf die einzelnen Produzenten entfallenden Anteile an der Nachfrage verändern.«[33] Versatzstücke dieser Theorie finden sich in Münkers Äußerungen immer wieder: Außenwerbung könne »lediglich eine Verlagerung im Anteil an einer an sich festliegenden Absatzmenge bewirken«, hieß es etwa in einem Rundbrief der Arbeitsgemeinschaft »zum wirtschaftlichen Bedürfnis der Fremdreklame im öffentlichen Raum«.[34] Aber die stetige Wiederholung konnte Münkers Denkfehler doch nur notdürftig überdecken: Dass Bedürfnisse nicht statisch waren, sondern auch geweckt werden konnten – diese Einsicht blieb dem Asketen Münker fremd.

Geradezu mustergültig spiegelten sich Münkers Wertvorstellungen in seiner Kritik an der Kommerzialisierung des Weihnachtsfestes. Mit der für ihn typischen Mischung aus Trauer und Zorn konstatierte Münker, dass zunehmend »das Weihnachtsgemüt dem Krämergeist« weichen müsse: »Aus der Krippe zu Bethlehem wurde die Geschäftskrippe, der Weihnachtsbaum zum Dezemberbaum, der Engel zum Kundenfänger, die christliche Adventszeit zum Jahrmarkt. […] Aus dem Evangelium der Liebe [wurde] das Evangelium der Reklame und des Goldenen Kalbes. […] Die Weisen aus dem Morgenland würden glauben, in ein Irrenhaus gekommen zu sein und schleunigst Reißaus nehmen ob dieser ›Stillen Nacht, Heiligen Nacht‹.«[35] »Volle 4 Wochen dauert dieser Zauber«, klagte Münker im Dezember 1951; ein halbes Jahr

30 HStAD NW 60 Nr. 1673 Bl. 3R.
31 HStAD NW 60 Nr. 692 Bd. 2 Bl. 29R.
32 So HStAD NW 60 Nr. 692 Bd. 1 Bl. 90R.
33 HStAD NW 60 Nr. 1673 Bl. 3R.
34 HStAD NW 60 Nr. 692 Bd. 2 Bl. 29–29R. Vgl. ebd. Bd. 1 Bl. 67, 87.
35 HStAD NW 60 Nr. 692 Bd. 2 Bl. 59.

später sprach er abfällig von »diesem kulturwidrigen Getue«.[36] Außerdem meinte Münker, »daß jede Übersteigerung der Weihnachtskäufe ihre wirtschaftliche Kehrseite hat. Statt stärkstens gebremst zu werden, wächst die Genußsucht, die Übersättigung von frühauf, sinkt der Sparsinn«.[37] In den 60er Jahren kritisierte Münker auch die bekannt üppige Weihnachtsbeleuchtung in Essen, da die Lichtwochen »aus den ›heiligen Tagen‹ eine ganze Reihe ›unheiliger Wochen‹« machten: »Statt sich – wie früher – an diesen Tagen der Besinnlichkeit hinzugeben, bekunden Christen wochenlang vor- und nachher, wie bedenklich sie ausgerechnet an diesem ihrem höchsten Feste zum Krämervolk herabgesunken sind.«[38]

Das Horrorszenario, das Münker umtrieb, hatte einen Namen: Amerika. »Wir gehen mit Riesenschritten auf amerikanische Zustände los«, mahnte er im Dezember 1951, und das war keine vereinzelte Äußerung.[39] Immer wieder attackierte Münker »die Verkrämerung des öffentlichen Raumes nach amerikanischem Beispiel«, die »amerikanische Übertrumpfungsreklame« oder die »marktschreierische und verunstaltende Anpreisung nach amerikanischer Prägung«.[40] »Reklame-Amerika ist das Ideal, dem alle nacheifern«, klagte Münker; dem Bonner Stadtbauamt erklärte er, es stehe »ganz allgemein zur Entscheidung, ob wir nach einem Jahrzehnt noch ein deutsches oder ein amerikanisches Städtebild haben werden.«[41] Aber die Kritik an den Amerikanern, »von denen ja all dieser Zauber herrührt«[42], war stets nur Mittel zum Zweck: Es war kein blinder Hass, der Münker antrieb, Amerika war vielmehr die Chiffre für die kalte, moderne, materialistische Welt, vor der sich Münker fürchtete. So war es denn auch kein Widerspruch, dass Münker gelegentlich auch im positiven Sinne auf das sonst so beharrlich verfemte »Dollaramerika«[43] verwies. »Selbst in Amerika wächst der Widerstand ständig«, schrieb Münker im April 1952 an Bundesfinanzminister Fritz Schäffer, und an anderer Stelle berichtete Münker erfreut von amerikanischen Boykottaufrufen gegen »Markenfirmen, die sich am Heimatbild vergingen«.[44] »In Amerika gibt es für die Reklame kaum Schranken«, klagte Münker in einem Aufsatz in *Naturschutz und Landschaftspflege* – nachdem er im vorher-

36 Ebd. Bl. 53, 67.

37 HStAD NW 60 Nr. 692 Bd. 2 Bl. 59R.

38 Staatsarchiv Detmold D 41 Nr. 150, Arbeitsgemeinschaft gegen die Auswüchse der Außenreklame, Der Deutsche Städtetag wendet sich gegen den Weihnachtsrummel, 2. November 1965, S. 2.

39 HStAD NW 60 Nr. 692 Bd. 2 Bl. 56.

40 Ebd. Bl. 77, NW 60 Nr. 692 Bd. 1 Bl. 143, 87R.

41 HStAD NW 60 Nr. 692 Bd. 1 Bl. 90, 127.

42 Ebd. Bl. 68.

43 So Münker, *Landschaft und Außenreklame*, S. 35.

44 HStAD NW 60 Nr. 692 Bd. 2 Bl. 65R, 78R.

gehenden Absatz noch auf Mark Twain als Kritiker der »Übertrumpfungsreklame« verwiesen hatte.[45] Als sich in den 60er Jahren die amerikanische Umweltbewegung zu regen begann, war in einer von Münkers Postillen sogar vom »Vorbild Amerika« die Rede.[46]

Abbildung 5: Fotografie aus dem Bildanhang von Wilhelm Münkers *Noch mehr Aussenreklame?*, Rubrik »Schlechte Beispiele«.

45 Münker, *Landschaft und Außenreklame*, S. 35.

46 HStAD NW 453 Nr. 648, Arbeitsgemeinschaft gegen die Auswüchse der Außenreklame, Vorbild Amerika, 29. Juni 1965.

Wer sich in der Geschichte des deutschen Naturschutzes auskennt, dem dürften Münkers Motive bekannt vorkommen. Das emphatische Feiern des Wahren, Gediegenen und Echten, der Gegensatz von Schein und Sein, Kultur und Naturempfinden als Waffen gegen einen schnöden Materialismus, Mäßigung statt Luxuskonsum, dazu die Wendung gegen die amerikanische »Zivilisation« – all dies beschreibt ziemlich genau jene emotionale Gemengelage, aus der um die Jahrhundertwende der deutsche Natur- und Heimatschutz entstand.[47] Da passte es ins Bild, dass Münker gelegentlich auch die Überreizung der Nerven ins Spiel brachte: »Kann es [...] für Augen und Nerven gut sein, wenn sie, statt Entspannung zu finden, draußen immer wieder neuen Reizen durch mehr oder weniger knallige Anpreisungen ausgesetzt sind«, lautete eine Frage Münkers, die deutlich vom Neurasthenie-Diskurs des Kaiserreichs geprägt war.[48] Bis in die Formulierungen hinein entsprach Münkers Kampagne den naturschützerischen Stereotypen der Jahrhundertwende; einzig der Antisemitismus, der sich im Natur- und Heimatschutz traditionell eng mit der Reklamekritik verbunden hatte, fehlte in seinen Äußerungen.[49] Letztlich war und blieb Wilhelm Münker, der im Gründungsjahr der Bundesrepublik seinen 75ten Geburtstag feierte, von den Wertvorstellungen der Kaiserreichszeit geprägt. Mit seiner Arbeitsgemeinschaft focht Münker in der frühen Bundesrepublik eine Kampagne, die eigentlich in ein anderes Zeitalter gehörte.

Umso erstaunlicher ist, dass die Arbeitsgemeinschaft gegen die Auswüchse der Außenreklame auf ein breites Echo traf. Münker war nämlich beileibe nicht der einzige Natur- und Heimatschützer, den in der frühen Nachkriegszeit die Sorge über den Aufschwung der Außenwerbung umtrieb. Der Naturschutzbeauftragte für die ehemalige Rheinprovinz Johannes Sigmond äußerte etwa im Juli 1948 die Befürchtung, »dass wirtschaftlich interessierte Kreise neuerdings eine in jedem Falle verunstaltende Tätigkeit an den großen Straßen wieder aufnehmen.«[50] Auch der Landesbeauftragte für Naturschutz und Landschaftspflege im ehemaligen Lande Lippe klagte 1949 über »die Unsitte, weiße, rote, grüne, gelbe und blaube [sic] Plakate in der freien Landschaft an Bäumen usw. innerhalb des Landschaftsgebietes Teutoburger Wald anzubringen«.[51] Das badische Kultusministerium stellte bedauernd fest, es gebe

---

47 Vgl. dazu Knaut, *Zurück zur Natur*, und Schmoll, *Erinnerung*.

48 HStAD NW 60 Nr. 692 Bd. 2 Bl. 29. Ähnliche Bezüge ebd. Bl. 137R, und Staatsarchiv Detmold D 41 Nr. 150, Arbeitsgemeinschaft gegen die Auswüchse der Außenreklame, Der Deutsche Städtetag wendet sich gegen den Weihnachtsrummel, 2. November 1965, S. 2. Zum Neurastheniediskurs vgl. Joachim Radkau, *Das Zeitalter der Nervosität. Deutschland zwischen Bismarck und Hitler*, München und Wien 1998.

49 Vgl. Schmoll, *Bewahrung*, S. 353–361.

50 HStAD NW 60 Nr. 692 Bd. 1 Bl. 11.

51 Ebd. Bl. 60.

»keine reklamefreie Spähre [sic] mehr«, die Evangelische Arbeitsgemeinschaft zur Säuberung des öffentlichen Lebens in Stuttgart erkannte »eine ganz ernste Gefahr nicht nur für das Landschaftsbild, sondern auch für die seelische Gesundheit und schöpferische Lebendigkeit des deutschen Menschen«, und für den Niedersächsischen Heimatbund war »der Kampf gegen die Auswüchse der Aussenreklame [...] nur *ein* Frontabschnitt im Kamp[f] gegen die Vermassung und gegen die immer noch zunehmende Heimatlosigkeit in der Welt«.[52] »In der Ablehnung solchen Unterfangens sind sämtliche Heimatschützer und Landschaftspfleger eines Sinnes«, erklärte Hans Klose als Direktor der Reichsstelle für Naturschutz mit Blick auf eine aggressive Werbekampagne der Fordwerke, und das war offenbar nicht völlig aus der Luft gegriffen.[53] Die deftigste Mahnung stammte freilich – wie kaum anders zu erwarten – vom Bayerischen Landesverein für Heimatpflege. »Reklamegebrüll – ins Optische übersetzt – ist zu einer wahren Landplage geworden«, erklärte der Verein in seinem »Merkblatt für landschaftsgebundenes Bauen« und sagte, was gesagt werden musste: »Hemmungslose Außenreklame ist eine Kulturschande, stellt sie doch denjenigen, den sie anschreit, auf dieselbe Kulturstufe mit primitiven Negerstämmen, deren Angehörige sich noch durch lautes Gebrüll beeinflussen lassen.«[54]

So wurde Münker und seiner Arbeitsgemeinschaft schon bald Lob von vielen Seiten zuteil. »Möge Ihre Stimme gehört werden, bevor es zu spät ist und die stille deutsche Landschaft an den großen Straßen zu einem Tummelplatz wilder Reklamebretter und schreiender Geschmacklosigkeit wird«, schrieb Luis Trenker in einem Brief an Münker, der die Zusendung sogleich unter dem vielleicht nicht völlig passenden Rubrum »Dichterstimmen zur Außenreklame« veröffentlichte.[55] Auch Wilhelm Röpke, Vordenker der sozialen Marktwirtschaft, erklärte in einem Schreiben an Münker, es gebe »keine Sache, der ich begeisterter zustimme als der Ihrigen«, und der Architekt Walter Gropius wurde von der Arbeitsgemeinschaft mit den Worten zitiert: »Ihr Wirken ist ein höchst wichtiges.«[56] »Die Außenreklame in der Stadt und auf dem Lande hat sich in letzter Zeit in einem solchen Maße und in so aufdringlicher Form ausgebreitet, daß es notwendig ist, mit den zur Verfügung stehenden gesetzlichen Mitteln gegen die Übertreibungen der öffentlichen Werbung einzuschreiten«, hieß es in einem Schreiben des Verbandsdirektors des Siedlungsverbands

52 HStAD NW 60 Nr. 692 Bd. 2 Bl. 100; ebd. Bd. 1 Bl. 162, 123. Hervorhebung im Original. Vgl. auch Falk, *Der Sauerländische Gebirgsverein*, S. 136, 138.

53 HStAD NW 60 Nr. 692 Bd. 1 Bl. 47.

54 HStAD NW 60 Nr. 1673 Bl. 20R.

55 HStAD NW 60 Nr. 692 Bd. 2 Bl. 64.

56 Ebd. Bl. 62R; Staatsarchiv Detmold D 41 Nr. 151, Nachrichtendienst der Arbeitsgemeinschaft gegen die Auswüchse der Außenreklame vom Juni/Juli 1961, S. 8.

Abbildung 6: Karikatur aus Münkers *Noch mehr Aussenreklame?*

Ruhrkohlenbezirk an die Stadt- und Kreisverwaltungen des Ruhrgebiets, in dem am Ende auch auf »die Bestrebungen der ›Arbeitsgemeinschaft gegen die Auswüchse der Aussenreklame‹« hingewiesen wurde.[57] »Die ›Arbeitsgemeinschaft gegen die Auswüchse der Außenreklame‹ habe ich ständig mit einschlägigen Nachrichten versorgt«, berichtete der lippische Landesbeauftragte für Naturschutz und Landschaftspflege Oskar Suffert stolz in seinem Tätigkeitsbericht für das Rechnungsjahr 1951/52.[58] Als die Arbeitsgemeinschaft 1953 behauptete, »daß dort, wo [...] ›Reklame-Güterwagen‹ auf Strecken fahren, die durch Landschafts-Schutzgebiete führen, die Möglichkeit gegeben sei, wegen gröblicher Verunstaltung der Landschaft einzuschreiten«, wies Suffert den Naturschutzbeauftragten für den Kreis Detmold sogar schriftlich darauf hin, dass die Bahnlinie Detmold-Horn an das Landschaftsschutzgebiet Teutoburger Wald grenzte.[59] Der nordrhein-westfälische Landwirtschaftsminister und spätere Bundespräsident Heinrich Lübke kritisierte »häßliches und wildes Plakatieren« in der freien Landschaft und forderte, die Behörden sollten »weiteres Unheil vermeiden und zur Pflege unseres schönen deutschen Heimatbildes beitragen.«[60] Und auch das Düsseldorfer Kultusministerium begegnete Münkers Kampagne mit großem Wohlwollen. Zeitweise hatte es geradezu den Anschein, als sei Hilchenbach eine Außenstelle des Kultusministeriums: Immer wieder erhielt Münker Abschriften behördeninterner Vorgänge, zum Teil mit dem Hinweis, man »wäre dankbar, wenn Sie [...] gutachtlich Stellung nehmen würden.«[61] Auch finanziell griff das Kultusministerium der Arbeitsgemeinschaft unter die Arme; allerdings vermochten die Zuschüsse Münkers Kosten bei weitem nicht zu decken.[62] Und auch nach außen hin ließ das Kultusministerium seine Sympathie für Münkers Arbeitsgemeinschaft erkennen. Auf einer Tagung der staatlichen Naturschutzstellen Nord-

57 HStAD NW 60 Nr. 692 Bd. 1 Bl. 137, 140.

58 HStAD NW 60 Nr. 713 Bl. 58. Zu Suffert vgl. Willi Oberkrome, Suffert und Koch. Zum Tätigkeitsprofil deutscher Naturschutzbeauftragter im politischen Systemwechsel der 1920er bis 1950er Jahre, in: *Westfälische Forschungen* 51 (2001), S. 443–462, und Halle, *Externsteine*, S. 79f.

59 Staatsarchiv Detmold D 41 Nr. 150, Der Landesbeauftragte für Naturschutz und Landschaftspflege im ehemaligen Lande Lippe an den Beauftragten für Naturschutz und Landschaftspflege im Kreise Detmold, 25. August 1953.

60 Staatsarchiv Detmold D 41 Nr. 150, Der Landesbeauftragte für Naturschutz und Landschaftspflege im ehemaligen Lande Lippe, 14. Juni 1951.

61 HStAD NW 60 Nr. 692 Bd. 1 Bl. 42. Vgl. u.a. ebd. Bl. 145, 151, NW 60 Nr. 692 Bd. 2 Bl. 37, 53.

62 HStAD NW 60 Nr. 692 Bd. 1 Bl. 22–24, 28, ebd. Bd. 2 Bl. 8, 17, 54, NW 60 Nr. 1673 Bl. 10, 12–13, 19, 60, 64.

rhein-Westfalens im November 1950 erhielt Münker Gelegenheit, persönlich für den Bezug seiner Flugschrift »Reklame-Kultur?« zu werben.[63]

Man kann getrost davon ausgehen, dass Münker in dieser Runde auf breite Zustimmung traf. Als im September 1949 auf einer Arbeitstagung deutscher Landes- und Bezirksbeauftragter für Naturschutz und Landschaftspflege das Gespräch auch auf die »Werbezeichen in der freien Landschaft« kam, sah niemand einen Bedarf an inhaltlicher Diskussion: »Über die Einstellung des Naturschutzes zu diesem Unwesen brauche ich nicht mehr zu sprechen«, hieß es in der Wortmeldung eines rheinland-pfälzischen Beauftragten.[64] Vereinzelt führte diese Einstellung auch zu systematischen Kampagnen: »Mit bemerkenswertem Eifer ist man gegenwärtig in ganz Westfalen dabei, Reklameauswüchse zu bekämpfen«, hieß es in einem Bericht der Tageszeitung *Die Welt* über den »Kreuzzug gegen Reklame«. Im Einzelnen wurde etwa über den Kampf des 70-jährigen Schulrats a.D. Josef Preising berichtet, der als Kreisbeauftragter für Naturschutz und Landschaftspflege den Kreis Borken »reklamefrei« gemacht habe, außerdem befänden sich die Landkreise Ahaus, Altena, Recklinghausen und Münster sowie das ehemalige Land Lippe »an der Spitze der Erfolgreichen«.[65] »In sämtlichen Kreisen des Reg[ierungs-]Bezirkes Münster scheint mit der Beseitigung der häßlichen Reklametafeln in der freien Landschaft begonnen worden zu sein«, hieß es 1952 im Beschlussprotokoll einer gemeinsamen Besprechung der Sachbearbeiter bei den Kreisverwaltungen und der Kreisbeauftragten für Naturschutz und Landschaftspflege im Regierungsbezirk Münster, und auch die untere Naturschutzbehörde im niederrheinischen Kreis Rees sowie die Kreisstelle für Naturschutz und Denkmalpflege in Monschau hatten entsprechende Maßnahmen im Blick.[66] Und nur selten fanden sich von den einschlägigen Stellen kritische Bemerkungen wie die des Landeskonservators von Nord-Rheinland, »dass überspannte Forderungen u.U. nur den gegenteiligen Erfolg haben, indem die Genehmigungsbehörde, namentlich in den grösseren Städten, die Bestrebungen des Heimatschutzes nicht mehr ernst nehmen und darüber hinweggehen.«[67]

Die Flugschrift »Reklame-Kultur?«, die Ende 1950 herauskam und 1952 bereits in dritter erweiterter Auflage erschien, stellte so etwas wie die Krönung der Münker'schen Kampagne dar.[68] Am Ende mehr als 200 Seiten umfassend, präsentierte

63 HStAD NW 60 Nr. 692 Bd. 1 Bl. 95.

64 HStAD NW 60 Nr. 709 Bl. 64R.

65 Die Welt Nr. 250 (25. Oktober 1951), S. 3.

66 HStAD NW 60 Nr. 709 Bl. 25 (Zitat); NW 60 Nr. 703 Bl. 24; NW 60 Nr. 707 Bl. 112.

67 HStAD NW 60 Nr. 692 Bd. 1 Bl. 116.

68 Wilhelm Münker, *Reklame-Kultur? Heimatpflege oder Verkrämerung des öffentlichen Raumes*, Hilchenbach 1950. Die dritte Auflage erschien unter dem Titel *Noch mehr Aussenreklame?*. (Wilhelm Münker, *Noch mehr Aussenreklame?*, 3. erw. Aufl. Hilchenbach 1952.)

»Reklame-Kultur?« das ganze Spektrum seiner Überlegungen; juristischen Fragen wurde dabei aufgrund der zeitgenössischen Rechtsunsicherheit besondere Beachtung geschenkt.[69] Die Resonanz war geradezu überwältigend. Der Bielefelder Bezirksbeauftragte für Naturschutz Heinz Kuhlmann, der schon vorher »die sich immer mehr ausbreitende Reklameseuche« beklagt hatte[70], lobte die »mannhafte Schrift«, die »wie eine Bombe eingeschlagen« habe, und auch der schon erwähnte Naturschutzbeauftragte im Regierungsbezirk Arnsberg Wilhelm Lienenkämper freute sich über die Schützenhilfe im »Abwehrkampf gegen die Landschaftsattentäter«: »Die Schrift gehört auf den Schreibtisch jeder Behörde und Dienststelle, auf den Tisch der Stadt- und Gemeindväter, in die Bücherei der Heimatschutz- und Wandervereine«, schrieb Lienenkämper und orderte gleich 100 Exemplare.[71] Der Westfälische Heimatbund sah in der Flugschrift »ein sehr willkommenes Werkzeug« und gelobte, »diese Aufgabe, die ihm seit seinem Bestehen am Herzen lag, jetzt mit doppeltem Eifer wieder auf[zu]greifen, wo die Markenartikelreklame im Begriff steht, unser Land immer stärker aus reinem Profitstreben heraus zu verunstalten.«[72] Auch in Süddeutschland fand Münkers Buch seine Leser: Das Badische Landeskulturamt in Freiburg hielt es für »eine ausgezeichnete Informationsquelle über das Wesen der Reklame, ihre Entartungserscheinungen, die einschlägigen rechtlichen Bestimmungen, die Rechtsprechung und das Schrifttum«, die Regierung von Schwaben in Augsburg glaubte, »daß wir durch diese gediegene Leistung ein kräftiges Stück vorankommen werden«, und auch das Badische Landesamt für Naturschutz und Landschaftspflege erhoffte sich von der Schrift »einen Auftrieb« in der laufenden Arbeit; für »besonders wertvoll« hielt das Badische Landesamt übrigens den Abschnitt über die wirtschaftlichen Aspekte, »der den Wahn zerstört, daß diese Außenreklame ›volkswirtschaftlich notwendig‹ sei.«[73] Für Hans Schwenkel von der Württembergischen Landesstelle für Naturschutz und Landschaftspflege war die Flugschrift ein »Mahnruf an das Gewissen aller, denen an der Erhaltung unserer Kultur gelegen ist«, und Hans Klose befand, dass die Schrift »ohne Furcht und Tadel ist, ein ganzes Arsenal und allerbeste Grundlage für den Abwehrkampf, der uns aufgezwungen ist. Selbstverständlich muß

---

69 Einige Jahre später veröffentlichte die Arbeitsgemeinschaft ein Rechtsgutachten, das die juristische Lage gegen Ende der 50er Jahre skizzierte. (Alfons Schmidt-Tophoff, *Die Rechtsgrundlagen für die Überwachung und die Regelung der Außenwerbung*, Hilchenbach 1958.)

70 Staatsarchiv Detmold D 41 Nr. 150, Der Bezirksbeauftragte für Naturschutz und Landschaftspflege im ehem. Regierungsbezirk Minden Kuhlmann an den Landesbeauftragten für Naturschutz und Landschaftspflege Sigmond, 9. Juli 1950.

71 HStAD NW 60 Nr. 1673 Bl. 32R, 31R (Zitate); NW 60 Nr. 712 Bl. 63. Vgl. auch Wilhelm Lienenkämper, *Schützt die Natur – Pflegt die Landschaft*, Hiltrup bei Münster 1956, S. 107.

72 HStAD NW 60 Nr. 692 Bd. 1 Bl. 121R.

73 Ebd. Bl. 121, 120.

sie in die Hände aller kommen, die mit dem Naturschutz zu tun haben.«[74] »Die Reklame ist oft ein Attentat auf den guten Geschmack selbst primitiver Beschauer, und die Reklame verschandelt oft die Landschaft«, schrieb der nordrhein-westfälische Landtagsabgeordnete und frühere Reichsminister des Innern Carl Severing, und auch Carl Friedrich von Weizsäcker konnte Münkers Kampagne unterstützen, da »wir uns durch gedankenlose Benützung technischer Hilfsmittel allmählich in einen Zustand versetzen, in dem wir nicht ohne äußere Reize leben und handeln können.«[75] Schließlich wurde Münker auch von dem Fabrikbesitzer Adolf Hollweg aus Plettenberg im Sauerland gelobt: »Immer noch mehr Menschen müßten zu der Erkenntnis kommen, daß mit der Gottesnatur keine Schinderei getrieben werden soll.«[76]

War eine derartige Kampagne fortschrittsfeindlich? Zumindest das *Jahrbuch für Außenwerbung* war dieser Meinung und veröffentlichte 1955 eine Polemik gegen die »Münker-Mucker«. Münker reagierte, vermutlich auf Anraten von Vertrauten, mit einer Beleidigungsklage und bekam damit vor Gericht auch Recht: Das *Jahrbuch der Außenwerbung* durfte Münkers Arbeitsgemeinschaft fortan nicht mehr unterstellen, »daß sie gegen jeden wirtschaftlichen Fortschritt sind.«[77] Darauf legten Naturschützer traditionell besonderen Wert, jedenfalls finden sich solche Bemerkungen in der Literatur mit auffallender Häufigkeit. Immer wieder schworen die Naturschützer aller grundsätzlichen Fortschrittsfeindschaft und jedem Antiindustrialismus demonstrativ ab. Schon Ernst Rudorff vergaß in seiner berühmten Philippika gegen die Naturzerstörung in den *Preußischen Jahrbüchern* nicht den Hinweis, die Errungenschaften der Moderne seien »trotz des Fluches der Unschönheit, der auf ihnen lastet, [...] von so außerordentlicher Tragweite, daß jeder Widerstand, der sich im Allgemeinen gegen sie auflehnen wollte, ohne Gnade an der Gewalt der Thatsachen zerschellen müßte.«[78] Hugo Conwentz schrieb in seiner Denkschrift von 1904 sogar emphatisch, der Aufschwung der Industrie sei »in hohem Grade erfreulich und von nationaler Bedeutung«.[79] Und auch Wilhelm Lienenkämper konstatierte im Schlusswort von *Grüne Welt zu treuen Händen* nachdrücklich, Naturschutz und Landschaftspflege seien »weder gegenwartsfremd noch wirtschaftsfeindlich«: »Wir wollen [...] nicht

74 Ebd. Bl. 120, 120R.

75 Ebd. Bl. 120R.

76 Ebd.

77 Staatsarchiv Detmold D 41 Nr. 150, Arbeitsgemeinschaft gegen die Auswüchse der Außenreklame, Ein drittes Gerichtsurteil, 28. Dezember 1955, S. 2.

78 Ernst Rudorff, Ueber das Verhältniß des modernen Lebens zur Natur, in: *Preußische Jahrbücher* 45 (1880), S. 261–276; S. 269f.

79 Hugo Conwentz, *Die Gefährdung der Naturdenkmäler und Vorschläge zu ihrer Erhaltung. Denkschrift, dem Herrn Minister der geistlichen, Unterrichts- und Medizinal-Angelegenheiten überreicht*, Berlin 1904, S. 69.

die romantische Postkutsche wieder hervorholen, sondern voll und ganz in unserer Zeit leben.«[80] Der Hintergrund dieser Zitate ist nicht ohne weiteres klar: Waren das nur taktische Äußerungen, entstanden aus der Einsicht, dass dem Naturschutz im Industriezeitalter allenthalben Widerstand entgegenschlug? Ganz von der Hand zu weisen wäre das nicht, schon 1911 hatte sich schließlich auf Betreiben einiger industrieller Verbände in Berlin eine »Kommission zur Beseitigung der Auswüchse der Heimatschutzbestrebungen« gebildet.[81] Aber vermutlich waren es doch mehr als taktische Motive, die die Naturschützer zu den erwähnten Äußerungen trieben, denn diese Zitate waren unprovoziert, und vor allem ist deutlich zu erkennen, dass sie den Personen keineswegs leicht fielen. Wilhelm Lienenkämper hatte 1947 in einem Vortrag vor den Kreisbeauftragten seines Regierungsbezirks seine wahren Gefühle gegenüber dem industriellen Fortschritt in eine Reihe eindringlicher rhetorischer Fragen verpackt: »Ist aber nicht die Vergottung der Technik, der Größenwahn des Menschen und der zunehmende Schwund der Ehrfurcht modernes Heidentum? Sind wir denn glücklicher geworden, seitdem wir den Schleier der Schöpfung lüfteten; seitdem wir klug sein wollen wie Gott und wissen was Gut und Böse ist? Ist uns nicht zu Mute wie bei der Vertreibung aus dem Paradiese?«[82] Hier zeigt sich, dass das Memento, Naturschutz sei nicht fortschrittsfeindlich, nur die halbe Wahrheit war. Zwar dokumentierten die Zitate die nüchterne Einsicht, dass der Anspruch des Naturschutzes Grenzen haben musste und deshalb Kompromisse mit anderen, konfligierenden Interessen zu schließen waren – aber zugleich spiegelten sie ein Unwohlsein, ja einen grundsätzlichen Unwillen, diese Grenze genauer zu definieren oder überhaupt darüber zu reden.[83]

Auch wenn man Münkers Kampagne deshalb nicht ohne weiteres als antimodernistisch oder fortschrittsfeindlich titulieren sollte, so ist doch unverkennbar, dass sie sich gegen eine Grundtendenz der zeitgenössischen Gesellschaft richtete – nur hatte Münker mit seinem Kampf gegen den Zeitgeist offenbar selbst einen Nerv der Zeit getroffen. Sein Kampf gegen die Außenreklame war einer der Kristallisationspunkte einer von Weltschmerzgefühl und Kulturpessimismus bestimmten Grundstimmung, die die Zeit um 1950 prägte und die über den Aufstieg des Massenkonsums in dieser

80 Wilhelm Lienenkämper, *Grüne Welt zu treuen Händen. Naturschutz und Landschaftspflege im Industriezeitalter*, Stuttgart 1963, S. 181.

81 Knaut, *Zurück zur Natur*, S. 263.

82 Hauptstaatsarchiv Düsseldorf NW 260 Nr. 75 Bl. 201.

83 Vgl. zu diesem Thema Frank Uekötter, Sieger der Geschichte? Historisches über das merkwürdige Verhältnis des Naturschutzes zu seinem eigenen Erfolg, in: *Schriftenreihe des Deutschen Rates für Landespflege* Heft 75 (2003).

Zeit allzu leicht in Vergessenheit gerät.[84] Axel Schildt hat »Technik«, »Massengesellschaft« und »Entfremdung« als Fixpunkte im kulturkritischen Diskurs der frühen Nachkriegszeit identifiziert[85] – da stand die Außenwerbung ziemlich genau im Schnittpunkt der bestimmenden Themen. Umso bemerkenswerter ist jedoch, dass Münker selbst sich nie als Vorkämpfer einer breiten öffentlichen Kampagne präsentierte. Mit Vorliebe kultivierte er vielmehr das Bild des einsamen Mahners: »Es ist ungefähr alles still. Man fragt sich, ob es überhaupt Zweck hat, noch einen Finger zu rühren«, hieß es in einem seiner Rundschreiben.[86] Das ist umso merkwürdiger, als Münker seine Arbeitsgemeinschaft zugleich durch den Rekurs auf das Interesse der Öffentlichkeit legitimierte: »Der öffentliche Raum gehört der Gesamtheit«, betonte Münker wiederholt.[87] Aber die von Münker gemeinte Öffentlichkeit blieb schemenhaft, und seine Äußerungen ergaben ein unklares Bild: Da stellte er einmal fest, dass den »denkenden Menschen« »auf Schritt und Tritt [...] die Zeichen absinkender Kultur« verfolgten – um wenig später zu betonen, in der Bevölkerung sei »der Sinn für das Echte, Gediegene, das Notwendige und Ehrwürdige noch keineswegs erloschen.«[88] Der hier erkennbare Widerspruch wurde von Münker nie aufgelöst; womöglich war er ihm noch nicht einmal bewusst. Die Gesellschaft, auf die sich Münker berief, war zugleich die Gesellschaft, an der er litt.

Postskriptum

In einem Buch des Deutschen Jugendherbergswerks über Wilhelm Münker findet sich an prominenter Stelle die Behauptung, dass Münker »seiner Zeit weit voraus« gewesen sei.[89] Das ist natürlich, wie so vieles im Leben, eine Frage der Perspektive. Der Wertehorizont des Wilhelm Münker war, wie geschildert, seiner Zeit gewiss nicht voraus: Deutlich waren die Äußerungen der Arbeitsgemeinschaft gegen die Auswüchse der Außenreklame von den Wertvorstellungen der Jahrhundertwende geprägt, und dass seine Kampagne zumindest in einer latenten Spannung zum gleich-

84 Vgl. Axel Schildt, *Moderne Zeiten. Freizeit, Massenmedien und »Zeitgeist« in der Bundesrepublik der 50er Jahre*, Hamburg 1995, S. 324; Jost Hermand, *Grüne Utopien in Deutschland. Zur Geschichte des ökologischen Bewußtseins*, Frankfurt 1991, S. 118.

85 Schildt, *Moderne Zeiten*, S. 326.

86 HStAD NW 60 Nr. 692 Bd. 1 Bl. 87.

87 Ebd. Bl. 67, 90R. Ähnlich ebd. Bl. 57, 87.

88 HStAD NW 60 Nr. 692 Bd. 1 Bl. 163; ebd. Bd. 2 Bl. 59R.

89 Anton Graßl, Seiner Zeit weit voraus, in: Deutsches Jugendherbergswerk (Hg.), *Weg-Weiser und Wanderer. Wilhelm Münker. Ein Leben für Heimat, Umwelt und Jugend*, Detmold 1989, S. 6.

zeitigen Aufstieg des Massenkonsums stand, hat Münker allem Anschein nach noch nicht einmal ansatzweise realisiert. Selbst die *Sauerland-Zeitung* stellte 1983 in ihrem Bericht über das 25-jährige Jubiläum der Wilhelm-Münker-Stiftung die ängstliche Frage, ob man in der Festveranstaltung »nicht nur in Sonntagsreden ein Denkmal poliert [habe], mit dem sich fossile Vorstellungen verbinden, die heute kein Mensch mehr ernsthaft vertreten kann«.[90] Andererseits bedarf es durchaus keiner reaktionären Gesinnung, um Werbung in der freien Landschaft unschön zu finden. Außenreklame ist heute ganz im Münker'schen Sinne intensiv reguliert, und das mit gutem Grund. Manchmal erscheinen die Argumente der Arbeitsgemeinschaft sogar in der Tat modern – dann nämlich, wenn sie an die Globalisierungskritiker der Gegenwart erinnern: Reklame sei »geeignet, die Marktübersicht des Verbrauchers zu verwirren, statt zu verbessern, indem dieser mit suggestiven Mitteln zu einem Fabrikat psychologisch hingezwungen wird«, schrieb Münker[91] – Naomi Klein, Autorin von *No Logo*, würde dem gewiss zustimmen.[92] In Münkers Kritik der Essener Lichtwochen findet sich auch der Hinweis, die Veranstaltung sei »Ärgernis erregend für die notleidenden und hungernden Völker«[93] – auch das ein Gesichtspunkt, der nichts von seiner Bedeutung eingebüßt hat. Wenn die Kritik eines John Kenneth Galbraith oder eines Vance Packard an der Weckung artifizieller Bedürfnisse durch die Werbung Ende der 50er Jahre ein großes Echo fand, dann lag das gewiss nicht zum geringsten an den Vorarbeiten von Leuten wie Wilhelm Münker.[94]

Den Globalisierungsgegnern wird heute oft Weltfremdheit vorgeworfen. Mit solcher Kritik sah sich auch schon Wilhelm Münker konfrontiert. »Was will dieser Herr Münker heute noch im Zeitalter der Motorisierung«, fragte Carl Hundhausen, Krupp-Manager und Autor des Buchs *Werben oder Beherrschen*,[95] in einem Brief an das Düsseldorfer Kultusministerium und erklärte, dass Münker »sein Domizil besser im Afrikanischen Busch nehmen würde als in einem der dichtestbesiedelten Gebiete der

90 *Sauerland-Zeitung* Heft 5 (August/September 1983), S. 26.

91 HStAD NW 60 Nr. 1673 Bl. 3R.

92 Naomi Klein, *No Logo! Der Kampf der Global Players um Marktmacht. Ein Spiel mit vielen Verlierern und wenigen Gewinnern*, München 2001.

93 Staatsarchiv Detmold D 41 Nr. 150, Arbeitsgemeinschaft gegen die Auswüchse der Außenreklame, Der Deutsche Städtetag wendet sich gegen den Weihnachtsrummel, 2. November 1965, S. 2.

94 Vgl. John Kenneth Galbraith, *Gesellschaft im Überfluß*, München und Zürich 1959 (engl. Originalausgabe 1958), insbes. S. 171–174; Vance Packard, *Die geheimen Verführer. Der Griff nach dem Unbewussten in Jedermann*, Düsseldorf und Wien 1958 (engl. Originalausgabe 1957).

95 Carl Hundhausen, *Werben oder Beherrschen. Über Wesen und Bedeutung der Wirtschaftswerbung*, Essen 1950.

Welt.«[96] Es ist natürlich eine Frage der persönlichen Einstellung, ob und inwiefern man eine solche Kritik teilt. Bemerkenswert ist aber, dass Münker – und, so möchte man hinzufügen, auch manche Globalisierungskritiker von heute – diesen Vorwurf gar nicht als ehrenrührig, ja eher sogar als Kompliment betrachtete. »Nur wenige haben den Mut gegen den Strom zu schwimmen«, konstatierte Münker in einem seiner Rundschreiben.[97] Nicht selten drängt sich der Eindruck auf, dass Münker seine einsame Stellung geradezu als Lustgewinn betrachtete, ganz nach dem Motto: Hilchenbach gegen den Rest der Welt. Wilhelm Münker steht exemplarisch für einen Naturschutz, der sich dann am wohlsten fühlte, wenn er mannhaft gegen den Zeitgeist Stellung beziehen konnte. Und darin besteht wohl der problematischste Teil des intellektuellen Erbes von Wilhelm Münker.

---

96 HStAD NW 60 Nr. 692 Bd. 2 Bl. 27.

97 HStAD NW 60 Nr. 692 Bd. 1 Bl. 87R.

3. Im Kampf mit den Herren der Landschaft: Der Konflikt um den Königsdorfer Wald im rheinischen Braunkohlenrevier

Seit den fünfziger Jahren dringt der Bergbau im rheinischen Braunkohlenrevier in immer größere Tiefen vor.[1] Die ökologischen Folgen beschäftigen die nordrhein-westfälische Landespolitik bis heute: Landschaftszerstörung und Rekultivierung, Kanalisierung von Flüssen und Grundwasserabsenkungen und weitere Probleme stehen nach wie vor auf der Tagesordnung, von den Konsequenzen der Braunkohlennutzung – Stichwort Treibhauseffekt – einmal ganz zu schweigen.[2] Eines der Probleme sind die riesigen Abraumhalden, die überall dort entstanden, wo anfallende Erdmassen nicht direkt in ausgekohlten Tagebauen verfüllt werden konnten. Eine dieser Halden entstand Mitte der 50er Jahre etwa acht Kilometer nordwestlich von Frechen zwischen den Gemeinden Königsdorf und Oberaußem: die Kippe Glessen.

Für die Einrichtung einer solchen Hochhalde gab es in Nordrhein-Westfalen nach dem Gesetz über die Gesamtplanung im Rheinischen Braunkohlengebiet von 1950 ein festes Verfahren. Solche Pläne wurden vom Braunkohlenausschuss beschlossen, der sich aus Vertretern staatlicher und kommunaler Behörden, der Landwirtschaft, der Industrie und des Gewerbes und der Arbeitnehmer zusammensetzte und vom Kölner Regierungspräsidenten geleitet wurde, um dann von der nordrhein-westfälischen Landesregierung für verbindlich erklärt zu werden.[3] Das entsprechende Verfahren für die Kippe Glessen wirkte zunächst ziemlich unkontrovers: Der Teilplan

---

1 Vgl. H. Pieper, W. Raack, Deutsche Braunkohle – Rheinische Braunkohle, in: *Westdeutsche Wirtschafts-Monographien*, Folge 2: Braunkohle, Köln 1962, S. 6–15; S. 9; Arno Kleinebeckel, *Unternehmen Braunkohle. Geschichte eines Rohstoffs, eines Reviers, einer Industrie im Rheinland*, Köln 1986, Kap. 22.

2 Vgl. Theodor Kraus, Der Braunkohlenbergbau und die niederrheinische Landschaft, in: *Westdeutsche Wirtschafts-Monographien*, Folge 2: Braunkohle, Köln 1962, S. 17–26; Johann Paul, Die nordrhein-westfälische Braunkohlenpolitik und der Übergang zum Tieftagebau in den 1950er Jahren, in: *Geschichte im Westen* 12 (1997), S. 61–78; ders., Risikodebatten über den Tieftagebau im rheinischen Braunkohlenrevier seit den 1950er Jahren, in: *Technikgeschichte* 65 (1998), S. 141–161.

3 Vgl. Herbert Reiners, *Landschaft im Wandel. Braunkohlenbergbau im Rheinland.* Teil 1: Rechtsgrundlagen des Braunkohlenbergbaus in Nordrhein-Westfalen, Hannover 1979, Kap. 2.

Kippe Glessen wurde am 19. Juli 1955 vom Braunkohlenausschuss bei einer Enthaltung ohne Gegenstimme beschlossen, danach lag er vier Wochen aus, ohne dass Einwendungen erhoben wurden.[4] Auch in einer interministeriellen Besprechung im Dezember 1955 wurden keine grundsätzlichen Bedenken gegen das Projekt geäußert. Nur der Landwirtschaftsminister wünschte sich genauere Informationen über den zukünftigen Landverbrauch und forderte, »eine Abraum- und Lößbilanz aufzustellen«.[5] Sonderlich elanvoll ging man freilich nicht an die Erfüllung dieser Forderung: Ein Vermerk vom August 1957 konstatierte, dass die Lößbilanz »seitens des Oberbergamts jetzt in Arbeit genommen« worden sei, es würde aber wohl »noch eine gewisse Zeit dauern, bis diese fertiggestellt ist.«[6] Der Landwirtschaftsminister blieb jedoch stur: ohne Lößbilanz keine Zustimmung zur Verbindlichkeitserklärung und damit keine rechtsgültige Genehmigung.

Es spricht Bände über die Realitäten im rheinischen Braunkohlenrevier der 50er Jahre, dass die Bergbautreibenden trotz dieser Situation schon einmal damit begannen, auf der vorgesehenen Fläche Abraum zu deponieren. Man könne »eine weitere Aufschiebung der Verbindlichkeitserklärung dieses Teilplanes nicht mehr für tragbar« halten, ermahnte der nordrhein-westfälische Ministerpräsident seinen Landwirtschaftsminister im Oktober 1957, da bereits »die Arbeiten an der Kippe Glessen im Gange sind«[7]; tatsächlich lagen zu diesem Zeitpunkt schon 20 Millionen Kubikmeter Löß zwischen Königsdorf und Oberaußem.[8] Statt einer Antwort übermittelte der Landwirtschaftsminister einige Monate später die ersten Berichte über Schäden, die vermutlich mit einer Störung der Grundwasserverhältnisse durch die Glessener Hochhalde in Zusammenhang standen: Aus der Ortschaft Sinthern wurden überflutete Keller gemeldet, außerdem zeigte sich, »daß landwirtschaftliche Nutzflächen, die nie unter Wasser oder stauender Nässe gelitten haben, heute bei geringen Niederschlägen völlig unter Wasser stehen und derartig in Mitleidenschaft gezogen sind, daß sie landwirtschaftlich nicht mehr genutzt werden können.«[9]

---

4 HStAD NW 310 Nr. 292, Aktenvermerk vom 20. März 1956, S. 1.

5 Ebd.

6 Ebd., Aktenvermerk vom 13. August 1957, S. 1.

7 Ebd., Der Ministerpräsident des Landes Nordrhein-Westfalen, Landesplanungsbehörde, an den Minister für Ernährung, Landwirtschaft und Forsten des Landes Nordrhein-Westfalen, 16. Oktober 1957.

8 Ebd., Der Minister für Wirtschaft und Verkehr des Landes Nordrhein-Westfalen an den Ministerpräsidenten des Landes Nordrhein-Westfalen, Landesplanungsbehörde, 10. Oktober 1957.

9 Ebd., Der Minister für Ernährung, Landwirtschaft und Forsten des Landes Nordrhein-Westfalen an den Ministerpräsidenten des Landes Nordrhein-Westfalen, Landesplanungsbehörde, 18. August 1958.

Es war bezeichnenderweise der Braunkohlenausschuss, der im Oktober 1958 Bewegung in die festgefahrenen Verhandlungen brachte – mit einem neuen Teilplan, der eine Erweiterung der Kippe Glessen vorsah. Statt der ursprünglich geplanten 70 Millionen Kubikmeter sollte die Hochhalde nun Platz für 110 Millionen Kubikmeter Abraum bereithalten. Im Endzustand sollte die Halde eine Fläche von 291 Hektar bedecken, von der vor Beginn der Verkippung 246 Hektar forstwirtschaftlich und 45 Hektar landwirtschaftlich genutzt waren. Nach der gesetzlich vorgeschriebenen Rekultivierung sollte die landwirtschaftliche Nutzfläche 134 Hektar, die forstwirtschaftliche dagegen nur noch 157 Hektar betragen.[10] Diesmal gingen immerhin sechs Einwendungen beim Braunkohlenausschuss ein, die vor allem den Anstieg des Grundwassers und die damit verbundenen Schäden beklagten; daneben wurden auch Entschädigungsansprüche formuliert. Der Verlust einer erheblichen Waldfläche wurde in keiner der Einwendungen thematisiert.[11]

Wieder begann der Prozess der Verbindlichkeitserklärung, und der Ministerpräsident lud zu einer interministeriellen Besprechung. Darin wartete der Landwirtschaftsminister mit einer Aufsehen erregenden Mitteilung auf: Nach seinen Feststellungen sei »die Grenze der zur Verbindlichkeit anstehenden Haldenfläche ostwärts bereits um 100 m in den Staatsforst überschritten«.[12] Auch der Vertreter der Bergbauabteilung des Ministeriums für Wirtschaft und Verkehr hatte brisante Neuigkeiten: Ihm sei »in einem kürzlich eingegangenen Schreiben des Bergbautreibenden mitgeteilt worden [...], daß die ursprünglich zur Aufkippung vorgesehenen Abbaumassen sich nunmehr von 110 Mio. cbm auf 470 Mio. cbm gesteigert hätten«.[13] Das war eine offenkundige Brüskierung der Landesregierung, und entsprechend las sich dann auch das Protokoll der Sitzung: »In der Diskussion wurde mit aller Schärfe zum Ausdruck gebracht, daß es den Bergbautreibenden nicht überlassen werden könne, auf Grund einer Verbindlichkeitserklärung oder eines Betriebsplanes festgelegte Grenzen ohne Genehmigung zu überschreiten. Im Übrigen müsse vom Bergbau eine Planung auf weite Sicht erwartet werden.«[14] Die Verbindlichkeitserklärung wurde kurzerhand zurückgestellt, der Ministerpräsident forderte vom Braunkohlenausschuss »eine abschließende Klärung des Gesamtproblems über die Unterbringung der Abraum-

10 Ebd., Landesplanungsgemeinschaft Rheinland, Bezirksstelle Köln, Erläuterungen zum Teilplan 4/3 – Kippe Glessen –, 20. Oktober 1958, S. 1.

11 Ebd., Auszug aus der Niederschrift über die 23. Sitzung des Braunkohlenausschusses am 16. Juli 1958, sowie die anliegenden Schreiben.

12 Ebd., Vermerk über die interministerielle Besprechung am 8. Dezember 1958, S. 1.

13 Ebd.

14 Ebd., S. 2.

massen.«[15] Und das Oberbergamt Bonn erhielt ein harsches Schreiben des Kölner Regierungspräsidenten, er könne sich »schon aus grundsätzlichen Erwägungen unter keinen Umständen damit einverstanden erklären, dass die RAG [Rheinische Aktiengesellschaft für Braunkohlenbergbau und Brikettfabrikation] die Beschlüsse des Braunkohlenausschusses unbeachtet lässt.«[16]

Schon bald zeigte sich aber, dass eine solche Position im rheinischen Braunkohlenrevier sehr viel leichter zu formulieren als durchzuhalten war. Die Frage des Ministerpräsidenten, ob und in welchem Umfang die Kippmassen über die beantragten 110 Millionen Kubikmeter hinausgehen würden, konnte der Kölner Regierungspräsident als Vorsitzender des Braunkohlenausschusses nur ausweichend beantworten: »Eingehende Erörterungen« mit den zuständigen Bergämtern hätten »ergeben, dass diese Fragen z. Zt. nicht beantwortet werden können«, und das würde sich auch in absehbarer Zukunft nicht ändern, da die Antwort zum einen »von noch unbekannten abbautechnischen Faktoren« abhänge, zum anderen »von einer Klärung der gesamten Abraum- und Kippen-Bilanz für die Tagebaue Fortuna, Frechen und Hambach, die ebenfalls noch aussteht.«[17] Auch die Überschreitung der vorgeschlagenen Grenzen wurde von den nachgeordneten Behörden als wenig dramatisch dargestellt: Es handele sich, so das Oberbergamt Bonn treuherzig, um »einen von der Rhein-AG. nicht absichtlich herbeigeführten und von ihr auch nicht vorausgesehenen Bergschaden [...], der durch eine Kippenrutschung verursacht wurde.«[18] Und dann war da noch die Macht der Fakten, die den Handlungsspielraum der Politik minimierte. Ein interner Bericht vom April 1959 verdeutlichte die vorhandenen Alternativen: »Die Herbeiführung eines gesetzlichen Zustandes würde entweder die Zulassung des Betriebsplanes oder die Einstellung des Betriebes der Kippe Glessen erfordern.«[19] Im letzteren Fall müsse wohl eines der drei Großfördergeräte im Tagebau Garsdorf stillgelegt werden, wodurch sich die tägliche Kohleförderung um 30–35 000 Kubikmeter verringern würde; in der Folge sei »mit der Möglichkeit von Rückwirkungen auf die Belieferung der angeschlossenen Brikettfabrik und des Kraftwerks sowie auch der Brikettfabriken im Raume von Frechen mit Kohle« zu rechnen.[20] Der Be-

---

15 HStAD NW 310 Nr. 292, Der Ministerpräsident des Landes Nordrhein-Westfalen, Landesplanungsbehörde, an den Regierungspräsidenten als Vorsitzenden des Braunkohlenausschusses, 11. Dezember 1958.

16 Ebd., Regierungspräsident Köln an das Oberbergamt Bonn, im Dezember 1958.

17 HStAD NW 310 Nr. 293, Der Regierungspräsident als Vorsitzender des Braunkohlenausschusses an den Ministerpräsidenten des Landes Nordrhein-Westfalen, 26. Februar 1959.

18 Ebd., Oberbergamt Bonn an den Regierungspräsidenten in Köln, 22. Dezember 1958.

19 Ebd., Latten an Ewers, 16. April 1959, S. 3.

20 Ebd., S. 3.

richt enthielt auch den aktuellen Füllstand der Kippe Glessen, die nach wie vor keine rechtsgültige Genehmigung besaß: 45 Millionen Kubikmeter.[21]

Der Ministerpräsident tat in Anbetracht der Lage das Unvermeidliche: Er blies zum Rückzug und leitete mit Schreiben vom 21. April 1959 die Verbindlichkeitserklärung ein. Nach eingehender Prüfung der Sachlage sei die »grundsätzliche Vereinbarung, daß hinsichtlich der Zulassung von Betriebsplänen in der nächsten Zeit größte Zurückhaltung geübt werden solle, nicht mehr zutreffend«, erklärte der Ministerpräsident zur Begründung. In der ursprünglichen Fassung seines Schreibens hatte dies noch anders geklungen: Die vereinbarte Zurückhaltung werde »im Falle der Kippe Glessen [...] nicht zu halten sein« – aber diese Formulierung hätte die Kapitulation der Politik wohl doch zu offenkundig werden lassen.[22] Sicherheitshalber verzichtete der Ministerpräsident auf eine erneute interministerielle Besprechung und holte die Zustimmung der Ressortminister im Umlaufverfahren ein. Auch der Landwirtschaftsminister gab der Kippe Glessen nun zähneknirschend seinen Segen, knüpfte seine Zustimmung allerdings an eine Reihe von Bedingungen; außerdem erinnerte er daran, »daß ein Gesamtplan über die Gestaltung des fraglichen Gebiets, insbesondere über die Landinanspruchnahme und ihren Ausgleich sowie über die land- und forstwirtschaftliche Rekultivierung, bisher noch nicht vorliegt.«[23] Am 10. August 1959 wurde die Kippe Glessen durch die Veröffentlichung der Verbindlichkeitserklärung im nordrhein-westfälischen Gesetz- und Verordnungsblatt endlich legalisiert.[24]

So war die Geschichte der Kippe Glessen bereits ein Lehrstück über die Machtverhältnisse im rheinischen Braunkohlenrevier, als plötzlich ein neues Thema auf die Tagesordnung kam: die drohende Vernichtung eines Waldes. Bis dahin hatten andere Dinge die Agenda beherrscht: der Verlust agrarischer Nutzfläche, der wohl den Landwirtschaftsminister zu seiner ablehnenden Haltung bewogen hatte, die Grundwasserschäden in den östlich der Kippe gelegenen Dörfern – und natürlich die grundsätzliche Attitüde der Bergbaubetreiber, die in dem gesetzlich vorgesehenen Genehmigungsverfahren offenkundig nicht mehr als eine lästige Formalie sahen. Was bislang ein relativ übersichtlicher Streit zwischen Landwirten und Bergwerksbe-

21 Ebd., S. 2.

22 HStAD NW 310 Nr. 293, Der Ministerpräsident des Landes Nordrhein-Westfalen, Landesplanungsbehörde, an den Minister für Wirtschaft und Verkehr des Landes Nordrhein-Westfalen, 21. April 1959, S. 1.

23 Ebd., Der Minister für Ernährung, Landwirtschaft und Forsten des Landes Nordrhein-Westfalen an den Ministerpräsidenten des Landes Nordrhein-Westfalen, Landesplanungsbehörde, 3. Juli 1959, S. 2.

24 *Gesetz- und Verordnungsblatt für das Land Nordrhein-Westfalen* Ausgabe A Jg. 13 Nr. 30 (10. August 1959), S. 133.

treibern gewesen war, verwandelte sich nun in einen Dreieckskonflikt: Bergbau gegen Landwirtschaft gegen Naturschutz.

Es war passenderweise die Schutzgemeinschaft Deutscher Wald, die als erste den drohenden Verlust eines Waldstücks thematisierte. In der Generalversammlung des Kreisverbands Stadtkreis Köln, Landkreis Köln und Bergheim am 7. Oktober 1960 »wurde von den Mitgliedern des Kölner Raumes und des Raumes zwischen Brühl und Bergheim/Erft mit Nachdruck darauf hingewiesen, daß die Bevölkerung dieser Gebiete nicht länger darüber im Unklaren gelassen werden kann, ob der Groß-Königsdorfer Staatswald über die bereits für eine Halde in Anspruch genommene Fläche hinaus überkippt werden soll.« Vorausgegangen war eine gemeinsame Exkursion durch das Braunkohlengebiet, die auf auffallend großes Interesse gestoßen war und nach Einschätzung der Schutzgemeinschaft »das zunehmende Interesse der stark anwachsenden Bevölkerung an den Rekultivierungsfragen« bewies. Vor allem die Bedrohung des Königsdorfer Forstes hatte dabei das Interesse der Teilnehmer auf sich gezogen: Die Schutzgemeinschaft berichtete, die »Beunruhigung in der Bevölkerung« sei bereits »besonders groß, weil es sich um die einzige geschlossene Waldfläche im Gebiete von Lövenich, Groß-Königsdorf, Glessen und Brauweiler handelt, die bisher vom Braunkohlenbergbau verschont geblieben ist«, außerdem sei »der Groß-Königsdorfer Wald ein beliebtes Ausflugsziel der Kölner Bevölkerung.« Noch war die Schutzgemeinschaft allerdings bereit, über eine Erweiterung der Kippe mit sich reden zu lassen. Im Schlussabsatz ihres Schreibens an den Ministerpräsidenten stellte sie lediglich die Frage, ob mit einer Erweiterung gerechnet werden müsse, und fügte etwas ominös hinzu: »Gegebenenfalls müßten im Gebiete nördlich der Bundesstraße nach Aachen zusätzlich neue Forsten angelegt werden.«[25]

Wenig später meldete sich in dieser Angelegenheit auch die Gemeinde Brauweiler zu Wort. »Mit ernster Besorgnis« verfolgte die Gemeinde – immerhin Sitz der RWE-Schaltzentrale – die laufenden Ereignisse: »Gerüchte laufen um, wonach die Kippe von 110 auf 400 Millionen Kubikmeter Abraum erweitert werden soll.« Anders als die Schutzgemeinschaft sprach sich die Gemeinde Brauweiler, nur wenige Kilometer östlich der Kippe Glessen gelegen, klar gegen jede Erweiterung aus: »Angesichts der Waldarmut in unserem Industrieballungsgebiet kommt dem Königsdorfer Wald eine so überragende Bedeutung zu, daß seine Vernichtung einen nicht wiedergutzumachenden Verlust bedeuten würde.«[26] Regierungsvertreter signalisierten

25 HStAD NW 310 Nr. 293, Schutzgemeinschaft Deutscher Wald, Kreisverband Stadtkreis Köln, Landkreis Köln und Landkreis Bergheim (Erft) an den Ministerpräsidenten des Landes Nordrhein-Westfalen, Landesplanungsbehörde, 25. Oktober 1960.

26 Ebd., Gemeinde Brauweiler, Der Gemeindedirektor an den Regierungspräsidenten als obere Naturschutzbehörde in Köln, 3. Januar 1961.

vorsichtig ihre Unterstützung: In einer Besprechung mit Bürgermeistern und Gemeindedirektoren der Gemeinden Brauweiler und Lövenich erklärte der Kölner Regierungspräsident, bislang gebe es keinen Antrag auf Erweiterung, versprach jedoch, »die beteiligten Gemeinden unverzüglich zu unterrichten, falls sich an dieser Lage etwas ändern sollte.«[27] Die Rheinische Braunkohlenwerke AG (Rheinbraun), die Ende 1959 aus der Rheinischen Aktiengesellschaft für Braunkohlenbergbau und Brikettfabrikation hervorgegangen war und nach der Übernahme von drei anderen Bergbauunternehmen rund 95 Prozent der rheinischen Braunkohlenproduktion auf sich vereinigte,[28] gab sich unterdessen unbeirrt: Am 20. Februar 1960 bestätigte das Oberbergamt, dass Rheinbraun weiterhin eine Erweiterung der Kippe plante; dunkel wies das Oberbergamt bei dieser Gelegenheit auf den »Zusammenhang zwischen Kippenerweiterung und Stillegung von Kraftwerken und Brikettfabriken« hin.[29] So sah eigentlich alles nach einem baldigen Showdown im Kampf um den Königsdorfer Wald aus. Doch mehr als ein Jahr lang geschah nun das, was nach Lage der Dinge am allerwenigsten zu erwarten war: nichts.

Eine explizite Begründung für den Stillstand des Verfahrens enthalten die überlieferten Akten nicht.[30] Aber insgesamt gesehen kann doch kein ernsthafter Zweifel bestehen, dass sich dahinter eine Taktik von Rheinbraun verbarg. Denn eins war klar: Die Zeit arbeitete für den Bergbau. Nichts deutet jedenfalls darauf hin, dass Rheinbraun seine Planungen mit Blick auf die Glessener Hochhalde überdacht hätte. Im Gegenteil: Am 11. April 1960 beschwerte sich Rheinbraun beim Ministerpräsidenten über dessen Schreiben an den Vorsitzenden des Braunkohlenausschusses vom August 1959, in dem der Ministerpräsident erklärt hatte, »daß eine weitere Vergrößerung der Kippe Glessen keine Aussicht auf Verbindlichkeitserklärung hat.« Nachdem Rheinbraun bislang das Ausmaß seines Respekts vor formalen Genehmigungsverfahren in jeder nur wünschenswerten Deutlichkeit unter Beweis gestellt hatte, präsentierte sich die Gesellschaft nun ungeniert als Hüterin des rechtsstaatlichen Verfahrens: »Wir halten es nicht für zulässig, durch einen derartigen Erlaß die Entscheidung über einen etwaigen Antrag des Braunkohlenausschusses auf Verbindlichkeitserklärung vorwegzunehmen.«[31] Fürs erste beharrte der Ministerpräsident auf seiner Position: Eine Zustimmung zu einer nochmaligen Erweiterung würde »nicht mehr zu

---

27 Ebd., Vermerk der Landesplanungsgemeinschaft Rheinland vom 11. Oktober 1962, S. 2.

28 Kleinebeckel, *Unternehmen Braunkohle*, S. 254, 256.

29 HStAD NW 310 Nr. 293, Vermerk der Landesplanungsgemeinschaft Rheinland vom 11. Oktober 1962, S. 2.

30 Eine Anfrage des Verfassers beim Zentralarchiv der Rheinbraun AG, dessen Bestände in dieser Frage hätten Klarheit schaffen können, blieb unbeantwortet.

31 HStAD NW 310 Nr. 293, Rheinische Braunkohlenwerke Aktiengesellschaft an den Ministerpräsidenten als Landesplanungsbehörde des Landes Nordrhein-Westfalen, 11. April 1960.

erreichen sein, wenn andere Möglichkeiten der Unterbringung des Abraums bestehen.«[32] Die Frage war nur: Gab es solche Alternativen überhaupt?

Ein Bericht des Kölner Regierungspräsidenten vom Oktober 1962 diskutierte verschiedene Optionen der Abraumdeponierung, darunter sogar einen Transport zum Tagebau Vereinigte Ville bei Brühl über eine Distanz von etwa 17 Kilometern hinweg; völlig ausweglos erschien die Lage also noch nicht. Aber zugleich dokumentierte dieser Bericht auch das Bewusstsein der Behörde, dass sie letztlich erpressbar war: Es sei möglich, so der Regierungspräsident, dass der Antrag auf Erweiterung der Kippe Glessen zu einem Zeitpunkt gestellt würde, »wo es für Dispositionen zur Vermeidung einer Kippenerweiterung, die langfristig getroffen werden müssten, zu spät ist und wo die Aufrechterhaltung einer vergrösserten Kohlenförderung im Tagebau Fortuna zwecks Sicherstellung einer bestimmten Stromerzeugung so zwingend geworden ist, dass niemand eine Drosselung dieser Leistung wegen fehlenden Kippraumes verantworten kann.«[33] Auch dem Minister für Landesplanung, Wohnungsbau und öffentliche Arbeiten – zum 1. Mai 1961 war die Zuständigkeit für die Landesplanung vom Ministerpräsidenten an dieses Ressort übergegangen[34] – schwante, dass sich hier schon bald fatale Sachzwänge entwickeln könnten. Und so schrieb Ministerialdirigent Norbert Ley, Abteilungsleiter im Ministerium für Landesplanung, Wohnungsbau und öffentliche Arbeiten, am 3. Januar 1963 einen vertraulichen Brief an Direktor Vink vom Rijksdienst voor het Nationale Plan Bureau in Den Haag: Mit Blick auf »Deichbauten in der Rheinmündung« sei ihm »der Gedanke gekommen, ob vielleicht an dem im Braunkohlengebiet frei werdenden Abraum [...] dortseits Interesse vorhanden sein könnte« – vergebens: Die Niederländer interessierten sich nur für Kies, und auch den wollten sie nur in begrenzten Mengen.[35]

Zu diesem Zeitpunkt gab es im Übrigen noch immer keinen förmlichen Antrag auf Erweiterung der Kippe Glessen. Selbst das Wirtschaftsministerium empfand das langsam als Skandal: Es empfehle sich, »Rheinbraun mit aller Deutlichkeit auf die Folgen einer verspäteten Antragstellung hinzuweisen«, erklärte es im Dezember

---

32 Ebd., Der Ministerpräsident des Landes Nordrhein-Westfalen, Landesplanungsbehörde, an die Rheinische Braunkohlenwerke AG, 17. Mai 1960.

33 Ebd., Der Regierungspräsident als Vorsitzender des Braunkohlenausschusses an den Minister für Landesplanung, Wohnungsbau und öffentliche Arbeiten des Landes Nordrhein-Westfalen, 17. Oktober 1962, S. 2f.

34 Horst Romeyk, *Kleine Verwaltungsgeschichte Nordrhein-Westfalens*, Siegburg 1988, 265.

35 HStAD NW 310 Nr. 293, Ministerialdirigent Dr. Ley beim Minister für Landesplanung, Wohnungsbau und öffentliche Arbeiten des Landes Nordrhein-Westfalen an Direktor J. Vink, Rijksdienst voor het Nationale Plan Bureau, 3. Januar 1963.

1962 in einem Schreiben an den Minister für Landesplanung.[36] Diesem riss daraufhin endgültig der Geduldsfaden. Am 8. Januar 1963 schrieb der Minister für Landesplanung, Wohnungsbau und öffentliche Arbeiten an den Kölner Regierungspräsidenten als Vorsitzenden des Braunkohlenausschusses: »Auch wenn noch kein entsprechender Antrag der Braunkohlenindustrie vorliegt, halte ich den Zeitpunkt für gekommen, die Planungen in dieser Angelegenheit nunmehr in Angriff zu nehmen [...]. Das Ziel der Planung muß sein, eine Erweiterung der Kippe Glessen nach Möglichkeit zu vermeiden oder einzuschränken.«[37] Am 19. Februar 1963 traf sich deshalb der Arbeitskreis Kippe Glessen des Braunkohlenausschusses im Rathaus von Brauweiler zu seiner ersten Sitzung.[38] Und schnell wurde klar: Dies war kein Genehmigungsverfahren wie jedes andere. Der Unmut der breiten Öffentlichkeit war inzwischen unüberhörbar.

Einer der ersten Proteste stammte wiederum von der Schutzgemeinschaft Deutscher Wald, die diesmal eindeutig für die Erhaltung des Königsdorfer Waldes eintrat und außerdem ihre Vermutung bestätigt sah, »daß die Braunkohle diesen Plan trotz gegenteiliger Äußerungen von langer Hand vorbereitet hat.«[39] Auch die Gemeinden Brauweiler und Lövenich meldeten erneut ihren Protest an, genauso wie die unmittelbar östlich der Kippe gelegenen Dorfgemeinschaften Glessen und Dansweiler.[40] Aber der Unmut ging nun eindeutig über die unmittelbare Nachbarschaft hinaus. So beschloss etwa der Rat der Gemeinde Pulheim im Mai 1963, »dem Protest der Nachbargemeinden des Landkreises Köln zur beabsichtigten Verkippung des Groß-Königsdorfer Waldes durch den Braunkohlentagebau beizutreten«, nachdem zuvor schon die zum Amt Pulheim gehörende Gemeinde Geyen einen solchen Beschluss

---

36 Ebd., Der Minister für Wirtschaft, Mittelstand und Verkehr des Landes Nordrhein-Westfalen an den Minister für Landesplanung, Wohnungsbau und öffentliche Arbeiten des Landes Nordrhein-Westfalen, 19. Dezember 1962, S. 2.

37 Ebd., Der Minister für Landesplanung, Wohnungsbau und öffentliche Arbeiten des Landes Nordrhein-Westfalen an den Regierungspräsidenten in Köln als Vorsitzenden des Braunkohlenausschusses, 8. Januar 1963.

38 Ebd., Niederschrift über die 1. Sitzung des Arbeitskreises Kippe Glessen am 19. Februar 1963.

39 Ebd., Schutzgemeinschaft Deutscher Wald, Kreisverband Stadtkreis Köln, Landkreis Köln und Landkreis Bergheim (Erft) an Ministerpräsidenten Dr. Franz Meyers, 29. März 1963.

40 HStAD NW 310 Nr. 294, Entschließung des Rats der Gemeinde Lövenich vom 3. April 1963; ebd., Schreiben der Gemeinde Brauweiler, Der Gemeindedirektor, 4. März 1964; HStAD NW 310 Nr. 293, Resolution der Bevölkerung der Ortschaft Dansweiler vom 25. März 1963; ebd., Dorfgemeinschaft Glessen an den Ministerpräsidenten des Landes Nordrhein-Westfalen, 29. April 1963.

gefasst hatte.[41] Auch der Kölner Oberstadtdirektor Max Adenauer bat den nordrhein-westfälischen Ministerpräsidenten Meyers, »einem Projekt entgegenzutreten, das [...] für die in diesem Raume lebende Millionenbevölkerung als unzumutbar bezeichnet werden muß.« Außerdem hegte Adenauer den gleichen Verdacht wie die Schutzgemeinschaft: »Dieser Plan dürfte nach meiner Vermutung nicht erst in letzter Zeit entstanden sein.«[42] Im Landtag buhlten die Vertreter der Parteien um die Gunst der empörten Bürger: Nachdem der SPD-Abgeordnete Schirrmacher am 25. April 1963 in einer Kleinen Anfrage um Auskunft darüber bat, »welche Maßnahmen [...] die Landesregierung durchzuführen [gedenkt], um das Erholungsgebiet Königsdorfer Wald im Kölner Raum zu erhalten«, kamen aus der CDU-Fraktion vier Tage später gleich zwei Anfragen zu diesem Thema; nur die FDP meldete sich erst ein knappes Jahr später schriftlich zu Wort.[43] Es gab auch beeindruckende Initiativen von Einzelpersonen: Der Kölner Diplom-Volkswirt Heinz-Dieter Mundorf, Mitglied des geschäftsführenden Vorstands des Rheinischen Mittelstandsausschusses der CDU, schickte dem Ministerpräsidenten 3 000 Einzelprotestschreiben sowie eine Petition mit den Unterschriften von rund 1 750 Bürgern aus 60 Gemeinden des rheinischen Braunkohlengebiets. Außerdem verwies Mundorf auf die Protestschreiben der Sülz-Klettenberger Bürgergesellschaft, des Allgemeinen Bürgervereins Köln-Zollstock, des Bürgervereins Köln-Longerich und der Interessengemeinschaft der Bürger von Neu-Müngersdorf, die Berichterstattung der lokalen und überregionalen Presse sowie die »vielen öffentlichen Protestversammlungen, die u.a. in Dansweiler, Großkönigsdorf und Brauweiler stattgefunden haben« und nachdrücklich dokumentierten, »welche außerordentliche Erregung und welchen großen Widerspruch die Absicht der Rheinischen Braunkohlen Werke AG. hervorgerufen bzw. gefunden hat«.[44] Im April 1963 erklärte Mundorf in einem Brief an Landwirtschaftsminister Gustav Niersmann, der Protest scheine »mittlerweile die Form einer Lawine angenommen zu haben, die schwerlich in den Griff zu bekommen ist.«[45]

---

41 HStAD NW 310 Nr. 294, Amt Pulheim, Der Amtsdirektor an den Ministerpräsidenten des Landes Nordrhein-Westfalen, 20. Juni 1963; HStAD NW 452 Nr. 235, Amt Pulheim, Der Amtsdirektor an den Minister für Landwirtschaft und Forsten, 19. März 1963.

42 HStAD NW 310 Nr. 293, Der Oberstadtdirektor von Köln an den Ministerpräsidenten Dr. Franz Meyers, 8. April 1963.

43 Landtag Nordrhein-Westfalen, Fünfte Wahlperiode, Band 1, Drucksachen Nr. 120 (Zitat), 123, 126; HStAD NW 310 Nr. 486, FDP-Fraktion im Landtag Nordrhein-Westfalen, Der Vorsitzende, Walter Möller an den Ministerpräsidenten des Landes Nordrhein-Westfalen, 17. März 1964.

44 HStAD NW 310 Nr. 294, Heinz-Dieter Mundorf und Bodo Jost an Ministerpräsident Meyers, 16. Mai 1963.

45 Ebd., Heinz-Dieter Mundorf an den Minister für Ernährung, Landwirtschaft und Forsten, 23. April 1963.

Dabei lohnt es sich, die angeführten Argumente mit jenen zu vergleichen, die anderthalb Jahrzehnte zuvor im Kampf um den Erhalt der Balver Höhle vorgebracht worden waren. Hatte seinerzeit noch der Schutz der geliebten Heimat bis hin zur sagengeschichtlichen Bedeutung der Balver Höhle im Zentrum gestanden, tauchten solche Argumente nun deutlich seltener auf. Eine tragende Rolle spielten sie offenkundig nur für die Dorfgemeinschaften Glessen und Dansweiler, die unmittelbar an den bedrohten Wald grenzten. »Der Wald, der vor allem in seinen herrlichen alten Buchenbeständen noch den Charakter des so viel besungenen deutschen Waldes hat, ist in unserem Bewußtsein als wesentlicher Bestandteil unserer Heimat fest verankert«, hieß es in dem Schreiben der Dorfgemeinschaft Glessen.[46] Auch die Resolution der Bevölkerung der Ortschaft Dansweiler wetterte »gegen diesen Ungeist, der bedenkenlos und aus rein kommerziellen Erwägungen unserer Heimat das letzte Stück Wald nehmen will und sich dabei nicht scheut, Gesundheit und Eigentum der hier lebenden Menschen zu gefährden«: »Der Wald mit seinem über 100-jährigen Buchenbestand ist für die Bewohner der umliegenden Dörfer mehr als nur eine Waldfläche, er ist für sie ein Stück Heimat, dessen Vernichtung sie schmerzlich treffen würde.«[47] Aber schon in Lövenich war der Heimatbezug deutlich schwächer, obwohl keine fünf Kilometer zwischen dem Stadtrand und dem Königsdorfer Wald lagen: »Es geht nicht an, daß den wirtschaftlichen Interessen der Braunkohlenindustrie die letzten Bestände des heimatlichen Waldes geopfert werden«, hieß es in der Entschließung des Rats der Gemeinde Lövenich.[48] Heimat war hier nur noch ein Adjektiv, dem offenbar noch nicht einmal besonderes Gewicht zukam. In den übrigen Dokumenten fehlte das Wort zumeist ganz.[49]

Häufiger wurde da schon auf den Wert des Königsdorfer Waldes für die Reinhaltung der Luft verwiesen. Das überrascht nur auf den ersten Blick: Seit den 50er Jahren gab es in Nordrhein-Westfalen eine intensive öffentliche Debatte über die

46 HStAD NW 310 Nr. 293, Dorfgemeinschaft Glessen an den Ministerpräsidenten des Landes Nordrhein-Westfalen, 29. April 1963.

47 Ebd., Resolution der Bevölkerung der Ortschaft Dansweiler vom 25. März 1963.

48 HStAD NW 310 Nr. 294, Entschließung des Rats der Gemeinde Lövenich vom 3. April 1963, S. 2.

49 Interessanterweise findet sich in den eingesehenen Akten kein Protestschreiben des Rheinischen Vereins für Denkmalpflege und Heimatschutz, der schon 1953 mit der Denkschrift »Das Rheinische Braunkohlengebiet – eine Landschaft in Not!« an die Öffentlichkeit getreten war. Dabei hatte Alwin Seifert in seinem für diese Denkschrift verfassten Gutachten unumwunden gefordert, dass Hochhalden »nur als vorübergehender Zustand genehmigt werden« sollten. (Alwin Seifert, Gutachten über die Wiederherstellung einer gesunden Kulturlandschaft in den vom Braunkohlentagebau umgestürzten Gebieten zwischen Köln und Aachen, in: *Das Rheinische Braunkohlengebiet – eine Landschaft in Not! Denkschrift des Rheinischen Vereins für Denkmalpflege und Heimatschutz*, Neuß 1953, S. 86–104; S. 87.)

Bekämpfung der Luftverschmutzung.[50] Gerade in dem Gebiet zwischen Köln und Aachen hatte der Protest gegen die Emissionen der Braunkohlenindustrie eine lange Tradition; der Kölner Oberbürgermeister Konrad Adenauer plante um 1930 sogar eine städtische Klage gegen diese Luftverschmutzer.[51] Von daher war es nur folgerichtig, dass der bedrohte Wald auch unter diesem Gesichtspunkt in den Blick genommen wurde. »Die Vernichtung des Waldes würde die östlich des Waldes gelegenen Ortschaften bis hin zur Stadt Köln eines wirksamen Staub- und Rußfilters gegen die Immissionen der Industrie des Erfttales berauben«, befürchtete beispielsweise die Bevölkerung von Dansweiler.[52] Auch die Gemeinde Brauweiler kritisierte, dass die Ortschaften östlich der Kippe »den Wald als wirksamstes Staub- und Rußfilter entbehren« müssten.[53] Sogar der nordrhein-westfälische Innenminister betonte in einer ungewöhnlichen Intervention in den Aufgabenbereich des Ministers für Landesplanung, dass »dem Königsdorfer Wald eine erhebliche staubvermindernde und – bei entsprechendem Anfall von radioaktivem Fall out, der auch heute noch nicht ausgeschlossen werden kann – gleichzeitig radioaktivitätsvermindernde Wirkung« zukam, wobei zu bedenken ist, dass seinerzeit nicht das Innenressort, sondern das Arbeitsministerium für die Luftreinhaltung zuständig war.[54] Der in dieser Beziehung eindringlichste Protest kam von dem Kölner Kinderarzt Dietrich Zschocke, der eine Verbindung zwischen den Krankheiten seiner Patienten und der Verkippung des Waldes herstellte: »Gerade in der vergangenen Woche hatte ich wieder mehrere Kinder mit schwerem Asthma in meiner Sprechstunde, und es ist nicht leicht, die angstvollen Augen dieser nach Luft ringenden Kinder zu sehen.«[55]

Auch die Veränderung der Grundwasserverhältnisse spielte in einigen Protestschreiben eine Rolle. »Bereits nach Anlegung der jetzigen Kippe mit ihren 110 Millionen cbm Abraum kam es im Gebiet der Gemeinde Brauweiler zu einer Hochwas-

---

50 Vgl. Frank Uekötter, *Von der Rauchplage zur ökologischen Revolution. Eine Geschichte der Luftverschmutzung in Deutschland und den USA 1880–1970*, Essen 2003, Kap. 16–18.

51 Vgl. Bundesarchiv Berlin-Lichterfelde R 36/1284, Der Oberbürgermeister von Köln an den Deutschen Städtetag, 21. Februar 1930, und Landesarchiv Berlin Rep. 142/9 Acc. 5/24-30 Bd. 1, Stadtarzt Dr. med. Leinbrock, Gesundheitsamt der Stadt Köln an den Beigeordneten Dr. Vonessen, 22. August 1949.

52 HStAD NW 310 Nr. 293, Resolution der Bevölkerung der Ortschaft Dansweiler vom 25. März 1963.

53 Ebd., Gemeinde Brauweiler, Der Gemeindedirektor an den Regierungspräsidenten als obere Naturschutzbehörde in Köln, 3. Januar 1961.

54 HStAD NW 310 Nr. 294, Der Innenminister des Landes Nordrhein-Westfalen an den Minister für Landesplanung, Wohnungsbau und öffentliche Arbeiten des Landes Nordrhein-Westfalen, 23. April 1963, S. 1.

55 Ebd., Dietrich C. Zschocke an den Ministerpräsidenten des Landes Nordrhein-Westfalen, 22. Mai 1963.

serkatastrophe von bis dahin nicht gekannten Ausmaßen«, warnte die Bevölkerung von Dansweiler, auch Lövenich befürchtete »größere Schäden an Grundstücken und Gebäuden«, und Brauweiler bezeichnete den bedrohten Wald als einen »Stabilisator des Wasserhaushalts«.[56] Eine zentrale Rolle spielte dieser Aspekt freilich in keinem dieser Schreiben. Auch genuine Naturschutzargumente finden sich in den überlieferten Dokumenten nur selten und auch dann nur merkwürdig verhalten; die Mahnung der Schutzgemeinschaft Deutscher Wald, es könne doch nicht angehen, »daß man das einzigartige Naturdenkmal des Königsdorfer Waldes vom forstwirtschaftlichen Standpunkt aus betrachtet«, gehörte in dieser Hinsicht schon zu den emphatischeren Bekenntnissen.[57] Und offen von Naturliebe zu sprechen trauten sich erst recht nur die wenigsten. Bezeichnenderweise war es keiner der korporativen Akteure, sondern der zitierte Kinderarzt Zschocke, der in seiner Klage auch »die Ehrfurcht vor einem Stück gewachsener Natur« erwähnte – der Sicherheit halber verpackt in die rhetorische Frage, ob »man einmal auch emotionale Motive erwägen darf«.[58]

Das wichtigste und in fast allen Beschwerden erwähnte Thema war jedoch der Wert des Königsdorfer Forstes als Erholungsgebiet. Schon die Schutzgemeinschaft Deutscher Wald hatte dieses Thema von Anfang an in den Mittelpunkt gestellt: »Immer mehr Menschen« suchten »ein Gegengewicht gegen den gesundheitlichen Verschleiß des modernen Arbeitstempos«.[59] Auch die Gemeinde Brauweiler sah im Königsdorfer Wald eine »einzigartige Erholungsstätte«: »Angesichts der Waldarmut in unserem Industrieballungsgebiet kommt dem Königsdorfer Wald eine so überragende Bedeutung zu, daß seine Vernichtung einen nicht wiedergutzumachenden Verlust bedeuten würde.«[60] »Dieses über 500 ha große Gebiet mit seinen ausgedehnten alten Hochwaldbeständen ist an arbeitsfreien Tagen während des ganzen Jahres das Ziel vieler Erholung suchender Spaziergänger, besonders auch aus dem Kölner Stadtgebiet«, hieß es in der Entschließung des Lövenicher Gemeinderats, und auch

---

56 HStAD NW 310 Nr. 293, Resolution der Bevölkerung der Ortschaft Dansweiler vom 25. März 1963; NW 310 Nr. 294, Entschließung des Rats der Gemeinde Lövenich vom 3. April 1963; NW 310 Nr. 293, Gemeinde Brauweiler, Der Gemeindedirektor an den Regierungspräsidenten als obere Naturschutzbehörde in Köln, 3. Januar 1961.

57 HStAD NW 310 Nr. 293, Schutzgemeinschaft Deutscher Wald, Kreisverband Stadtkreis Köln, Landkreis Köln und Landkreis Bergheim (Erft) an Ministerpräsident Dr. Franz Meyers, 29. März 1963, S. 2.

58 HStAD NW 310 Nr. 294, Dietrich C. Zschocke an den Ministerpräsidenten des Landes Nordrhein-Westfalen, 22. Mai 1963.

59 HStAD NW 310 Nr. 293, Schutzgemeinschaft Deutscher Wald, Kreisverband Stadtkreis Köln, Landkreis Köln und Landkreis Bergheim (Erft) an den Ministerpräsidenten des Landes Nordrhein-Westfalen, Landesplanungsbehörde, 25. Oktober 1960.

60 Ebd., Gemeinde Brauweiler, Der Gemeindedirektor an den Regierungspräsidenten als obere Naturschutzbehörde in Köln, 3. Januar 1961.

die Einwohner von Glessen fürchteten um diese Form der Freizeitbeschäftigung: »Der Naturwald ist für uns die einzige Möglichkeit, auf ausgedehnten Spaziergängen Erholung und Erbauung zu finden.«[61] Für die Kölner war dies ohnehin der zentrale Punkt des ganzen Konflikts. »Unsere Großstadtbevölkerung [...] wehrt sich entschieden dagegen, daß die wenigen Wälder geopfert werden, die ihr in der näheren Umgebung als Stätten der Erholung noch verblieben sind«, schrieb der Vorsitzende der Kölner CDU-Stadtverordnetenfraktion an Ministerpräsident Meyers.[62] Und auch Max Adenauer bangte vor allem um den »für Köln als Erholungsgebiet so wichtigen Königsdorfer Wald«.[63]

Ohne die Bedeutung des Königsdorfer Forstes als Naherholungsgebiet wäre es deshalb wohl nie zu dem Aufschrei der Empörung und der resultierenden Kampagne gekommen. Und darin liegt wohl auch die Erklärung, warum die Bedrohung des Waldes zunächst nicht thematisiert wurde und erst um 1960 ins Zentrum der öffentlichen Debatte rückte. Der Kampf um einen bedrohten Wald mag auf den ersten Blick unpassend wirken in einer Zeit, die gemeinhin mit Fortschrittseuphorie und Wachstumsglauben in Verbindung gebracht wird.[64] Tatsächlich handelt es sich dabei aber keineswegs um eine Bewegung gegen den Zeitgeist, sondern ganz im Gegenteil um ein Komplementärphänomen zum Wirtschaftswunder. »Unsere Bevölkerung möchte für Stunden dem Gewühl und dem Lärm, unter denen sie ihren Alltag verbringt, sich entziehen. Dieses Bestreben tritt in unseren Tagen bei verkürzter Arbeitszeit und verlängertem Wochenende immer deutlicher hervor«, schilderte die Schutzgemeinschaft Deutscher Wald die Motive, die letztlich dem Protest zugrunde lagen.[65] Selbst der Aufstieg des Automobils zum Massenverkehrsmittel wurde deshalb von der Schutzgemeinschaft auch unter naturschützerischen Gesichtspunkten ausdrücklich gelobt: »Die fortschreitende Motorisierung fördert den Drang der Menschen ins Freie

61 HStAD NW 310 Nr. 294, Entschließung des Rats der Gemeinde Lövenich vom 3. April 1963; NW 310 Nr. 293, Dorfgemeinschaft Glessen an den Ministerpräsidenten des Landes Nordrhein-Westfalen, 29. April 1963.

62 HStAD NW 310 Nr. 486, Stadtverordnetenfraktion der Christlich-Demokratischen Union, Der Vorsitzende, Köln an den Ministerpräsidenten des Landes Nordrhein-Westfalen, 23. April 1963.

63 HStAD NW 310 Nr. 293, Der Oberstadtdirektor von Köln an den Minister für Wiederaufbau, 8. April 1963.

64 So etwa Arne Andersen, *Der Traum vom guten Leben. Alltags- und Konsumgeschichte vom Wirtschaftswunder bis heute*, Frankfurt a.M. 1997.

65 HStAD NW 310 Nr. 293, Schutzgemeinschaft Deutscher Wald, Kreisverband Stadtkreis Köln, Landkreis Köln und Landkreis Bergheim (Erft) an den Ministerpräsidenten des Landes Nordrhein-Westfalen, Landesplanungsbehörde, 25. Oktober 1960, S. 2.

und in die Natur.«[66] Erst eine spätere Generation von Naturschützern würde auf die Idee kommen, dass es hier auch eine gewisse Spannung gab.

So sah sich Rheinbraun plötzlich mit einer breiten Phalanx von Gegnern konfrontiert. Die Gesellschaft reagierte darauf zunächst in der gewohnten Weise: durch die Demonstration ihrer Macht. In der zweiten Sitzung des schon erwähnten Arbeitskreises Kippe Glessen versuchten die Vertreter von Rheinbraun, ihre Muskeln spielen zu lassen. Nachdem sie das Thema jahrelang hatten ruhen lassen, setzten sie die Beteiligten nun massiv unter Zeitdruck: »Bis Ende 1964 würden die 120 Mio m^3, für die die Kippe genehmigt sei, verkippt sein«, erklärte Rheinbraun in der Besprechung am 8. April 1963.[67] Außerdem ließ ein Vertreter der Firma durchblicken, er sei davon ausgegangen, dass die Genehmigung der Erweiterung keine Probleme bereiten würde. Damit war der Eklat perfekt: Wütend fragten einige Mitglieder des Arbeitskreises, wieso Rheinbraun nach den eindeutigen Worten des Ministerpräsidenten zur Verbindlichkeitserklärung dieser Ansicht gewesen sein könne.[68] Das scheint Rheinbraun zumindest insofern beeindruckt zu haben, als sich die Gesellschaft in einem wenig später verfassten Schreiben bemühte, die Sache als großes Missverständnis zu präsentieren. Das las sich dann im Originalton so: »In der Öffentlichkeit ist des öfteren der falsche Eindruck entstanden, der Glessener Wald würde auf einmal abgeholzt und überkippt. Um diesen Irrtum im einzelnen aufzuklären, haben wir auch hierzu eine übersichtliche Darstellung angefertigt. [Diese] läßt […] erkennen, daß der alte Wald nur allmählich in Anspruch genommen wird. Größere Teile werden noch für einen längeren Zeitraum erhalten bleiben.«[69] Dass der Unmut der Öffentlichkeit nach dieser Klarstellung nicht verschwand, hat vermutlich noch nicht einmal Rheinbraun verwundert.

Auch der Gesamtbetriebsrat von Rheinbraun sah sich in der Folge zu einer Stellungnahme veranlasst. »Die in der Öffentlichkeit geführte Diskussion über die Erweiterung der Glessener Kippe hat u.E. derartig unsachliche Formen angenommen, daß wir als Gesamtbetriebsrat der ›Rheinische Braunkohlenwerke Aktiengesellschaft‹ dazu Stellung nehmen mußten«, erklärte der Gesamtbetriebsratsvorsitzende

---

66 Ebd.

67 HStAD NW 310 Nr. 293, Niederschrift über die 2. Sitzung des Arbeitskreises Kippe Glessen am 8. April 1963, S. 2.

68 Ebd., S. 2f.

69 HStAD NW 310 Nr. 293, Rheinische Braunkohlenwerke Aktiengesellschaft an Ministerialrat Dr. Dalldorf, Ministerium für Landesplanung, Wohnungsbau und öffentliche Arbeiten, 22. April 1963.

Achnitz im Mai 1963.[70] Zwar hätte der Betriebsrat »volles Verständnis dafür, daß es Bürger gibt, die sich in unseren von der Industrie geprägten Gemeinden dafür verwenden, daß der Wald als Erholungsgebiet erhalten bleibt.« Im vorliegenden Fall könne jedoch »nicht von einer Vernichtung des Waldes gesprochen werden«, schließlich würden »erhebliche Teile des alten Waldbestandes durch die abschnittweise Inanspruchnahme noch ca. 15 Jahre der Allgemeinheit zur Verfügung stehen« und »abgeholzte Waldflächen [...] Zug um Zug durch Neuaufforstung bereits verkippter Flächen ersetzt«. Unter Verweis auf »den strengen Winter 1962/63« wurde der Betriebsrat sodann grundsätzlich: »Wir wenden uns [...] entschieden dagegen, daß Dinge, die für das gesamte Revier und darüber hinaus für die Bevölkerung und Wirtschaft der Bundesrepublik von entscheidender Bedeutung sind, nur unter dem Blickwinkel – wenn auch noch so verständlicher – lokaler Interessen gesehen werden.« Im Übrigen sei prinzipiell zu kritisieren, dass »in zunehmendem Maße dem Braunkohlenbergbau Schwierigkeiten gemacht werden, so daß unsere Arbeitsplätze und damit die Existenzgrundlage von Tausenden von Familien bedroht werden.«[71] Der Vorstand dürfte die Äußerungen seines Betriebsrats mit Freuden vernommen haben. Aber schon bald wurde deutlich, dass Rheinbraun mit der Methode »Dreistigkeit siegt« diesmal nicht durchkommen würde. Die Herren der Landschaft mussten Konzessionen machen.

In einer Ausschusssitzung im September 1963 unterbreitete Rheinbraun folglich einen Kompromissvorschlag: Demnach sollte »bei unveränderter Kippenhöhe der Fuss der erweiterten Kippe Glessen im Südosten um etwa 580 m zurückgenommen werden, so dass ein 86 ha grosser Waldstreifen unberührt bleibt.« Als Ausgleich sollte im Nordosten der Kippe »eine ca. 81 ha grosse landwirtschaftlich genutzte Fläche von geringerer Bodengüte in die Kippenerweiterung einbezogen werden.«[72] Aber auch damit kam der Bergbau nicht durch: Gut einen Monat später offerierte er eine neue Variante, die insgesamt rund 150 Hektar Waldfläche von der Verkippung verschonte und die dann auch beschlossen und für verbindlich erklärt wurde; nach Angaben von Rheinbraun betrugen die Mehrkosten gegenüber dem ursprünglichen Antrag etwa 9,25 Millionen DM.[73] Diese Konzession ist um so höher zu bewerten,

---

70 HStAD NW 310 Nr. 294, Rheinische Braunkohlenwerke Aktiengesellschaft, Der Gesamtbetriebsratsvorsitzende an den Minister für Landesplanung, Wohnungsbau und öffentliche Arbeiten, 13. Mai 1963.

71 Ebd., Stellungnahme des Gesamtbetriebsrates der »Rheinische Braunkohlenwerke AG.« zu den Problemen der Glessener Kippe, 9. Mai 1963.

72 HStAD NW 310 Nr. 295, Niederschrift über die 1. Sitzung des Braunkohlenunterausschusses Nr. 15 – Aussenkippe des Tagebaues Fortuna – am 12. September 1963, S. 2.

73 Ebd., Niederschrift über die 2. Sitzung des Braunkohlenunterausschusses Nr. 15 – Aussenkippe des Tagebaues Fortuna – am 21. Oktober 1963, S. 2. Zeitweilig hatte in den Planungen sogar

als sie nicht nur gegen den Bergbau, sondern auch gegen die Landwirtschaft erkämpft wurde, die stur eine Maximierung der agrarischen Nutzfläche anstrebte. »Die Überkippung landwirtschaftlicher Flächen werde von der Landwirtschaftskammer abgelehnt«, erklärte der Vertreter der Landwirtschaftskammer Rheinland lakonisch in einer Ausschusssitzung und sprach sich gegen die letztlich beschlossene Variante aus.[74] In einem internen Vermerk des Landwirtschaftsministeriums wurde gar ein »Wertvergleich zwischen Ackerland und Forstfläche im Raume Glessen« angestellt, der so sehr zugunsten der Landwirtschaft ausfiel, dass der Autor die völlige Überkippung des Königsdorfer Waldes forderte, damit dann auf der Kippe »bei verbesserten Bodenverhältnissen ein qualifizierter Wirtschaftswald aufgebaut werden« könne: »Mit der Erhaltung des Königsdorfer Forstes in seiner bisherigen Verfassung verlieren die benachbarten Gemeinden, vor allen Dingen die Volkswirtschaft, die einmalige Chance der Verbesserung des Waldbodens.«[75] Und die Kreisbauernschaft Bergheim erklärte in einem Protestschreiben an den Regierungspräsidenten kurz und knapp: »Volkswirtschaftlich und ernährungspolitisch ist es richtiger, den Königsdorfer Staatsforst zu überkippen, statt die Glessener Halde zu erhöhen und zu erweitern. Bekanntlich hat der Königsdorfer Forst ja auch schlagreife Baumbestände.«[76]

Der Kölner Regierungspräsident als Vorsitzender des Braunkohlenausschusses versuchte, den Kompromiss als Erfolg zu verkaufen: »Während nach dem ursprünglichen Antrag der Rheinischen Braunkohlenwerke AG. die Überkippung fast des gesamten Königsdorfer Waldes beabsichtigt war, sollen nach dem vorliegenden Plan nur knapp 2/3 der noch unberührten Waldfläche (252 ha) überkippt werden«, erklärte er in seinem Schreiben an den Minister für Landesplanung, in dem er um die Verbindlichkeitserklärung des Teilplans bat.[77] Im Namen des Braunkohlenausschusses bekräftigte er deshalb seine Ansicht, »einen Ausgleich zwischen den legitimen Belangen des Bergbaues, der Landwirtschaft und der an der Erhaltung des Waldes inte-

---

eine Verlegung der unmittelbar westlich der Kippe Glessen verlaufenden Nord-Süd-Kohlenbahn – der zentralen Transportachse des rheinischen Braunkohlenreviers – im Raume gestanden. (Vgl. HStAD BR 1167 Nr. 854 Bl. 30, 33.)

74 HStAD NW 310 Nr. 295, Niederschrift über die 2. Sitzung des Braunkohlenunterausschusses Nr. 15 – Aussenkippe des Tagebaues Fortuna – am 21. Oktober 1963, S. 8.

75 HStAD NW 452 Nr. 235, Vermerk von Dr. Kuhlewind vom Oktober 1964, S. 3f.

76 HStAD NW 310 Nr. 295, Kreisbauernschaft Bergheim an den Regierungspräsidenten Köln, 9. März 1964. Ähnlich ebd., Alfons Conzen an den Regierungspräsidenten Köln, 20. Februar 1964, S. 2.

77 Ebd., Der Regierungspräsident als Vorsitzender des Braunkohlenauschusses an den Minister für Landesplanung, Wohnungsbau und öffentliche Arbeiten des Landes Nordrhein-Westfalen, 21. Juli 1964, S. 5f.

ressierten Bevölkerung erreicht zu haben.«[78] Das sah diese Bevölkerung allerdings durchaus anders. »Eine verantwortungsvolle Landesplanung muß alte Waldbestände allein schon aus dem Gesichtspunkt des Schutzes der Natur unangetastet lassen«, erklärte der Rat der Gemeinde Brauweiler und erklärte sich »zum Fürsprecher dieses einzigartigen Waldbestandes.«[79] Noch emotionaler klang das Protestschreiben der Gemeinde Lövenich: »In entscheidender Stunde richtet der Gemeinderat einhellig an Regierung und Landtag von Nordrhein-Westfalen die dringende Bitte, diesen Beschluß zu überprüfen und das drohende Unglück abzuwenden.«[80] Aber im historischen Rückblick können diese Klagen doch nur eine begrenzte Berechtigung beanspruchen. Ganz abgesehen davon, dass auch die Landwirtschaft über den Kompromiss heftig klagte, muss eine angemessene Bewertung doch den begrenzten Handlungsspielraum der politischen Entscheidungsträger in Rechnung stellen. Unter den gegebenen Umständen dürfte die Rettung von gut einem Drittel des bedrohten Waldes in etwa die Grenze des politisch Durchsetzbaren dargestellt haben. Die vorherigen Ereignisse hatten schließlich gezeigt, dass auch eine totale Niederlage des Naturschutzes im Bereich des Möglichen lag.[81] Die stolzen Herren von Rheinbraun hatten im Konflikt mit der empörten Öffentlichkeit die Grenzen ihrer Macht kennen gelernt.

So gesehen handelte es sich also durchaus um einen – wenn auch relativen – Sieg des Naturschutzes. Aber war es auch ein Sieg der Natur*schützer*? In den überlieferten Akten finden sich schließlich laute Klagen aus so ziemlich jedem Blickwinkel bis hin zu dem des freischaffenden Künstlers Franz Pauli, der in der Nähe des Königsdorfer Waldes ein Atelier besaß[82] – nur die Beauftragten für Naturschutz verhielten sich merkwürdig zurückhaltend, obwohl es doch eigentlich um ihr ureigenstes Anliegen ging. Der Bezirksbeauftragte für Naturschutz und Landschaftspflege im Regierungsbezirk Köln Hubert Dinter war sogar direkt in die Verhandlungen des Braunkohlen-

78 Ebd., S. 5.

79 HStAD NW 310 Nr. 295, Gemeinde Brauweiler, Der Gemeindedirektor an den Regierungspräsidenten in Köln als Vorsitzenden des Braunkohlenausschusses, 4. März 1964, S. 2.

80 HStAD NW 310 Nr. 294, Gemeinde Lövenich an den Minister für Landesplanung, Wohnungsbau und öffentliche Arbeiten des Landes Nordrhein-Westfalen, 3. Juli 1964, S. 1.

81 In einem Vermerk für den Ministerpräsidenten, der als Vorbereitung für die Entscheidung über die Verbindlichkeitserklärung im Kabinett angefertigt wurde, findet sich mit Blick auf Forderungen, die Verkippung ganz zu untersagen, der folgende Kommentar: »Wird diesen Vorstellungen nachgegeben, dann ist es wirtschaftlich unmöglich, die Braunkohle aus dem Tagebau Fortuna bei Garsdorf zu gewinnen. Bei allen Verbindlichkeitserklärungen von beabsichtigten Kippen hat die Bevölkerung sich gewehrt. Nach der Verbindlichkeitserklärung ist aber stets alsbald eine Beruhigung eingetreten.« (HStAD NW 310 Nr. 486, Vermerk des Referats I/1 vom 12. Februar 1965, S. 2.) Mit solchen Argumenten hätte sich auch die vollständige Vernichtung des Königsdorfer Waldes rechtfertigen lassen.

82 HStAD NW 310 Nr. 295, Franz Pauli an die Gemeindeverwaltung Brauweiler, 4. März 1964.

ausschusses involviert. Als Vorkämpfer für den Erhalt des Königsdorfer Forstes profilierte sich Dinter dabei freilich nicht: In einer Sitzung des Arbeitskreises Kippe Glessen begrüßte er kurz vor Ende der Debatte »jede brauchbare Möglichkeit einer anderweitigen Verkippung der Abraummassen, um den Königsdorfer Wald zu erhalten«, und ähnlich elanvoll war auch seine Bemerkung in einer Sitzung des für die Kippe Glessen zuständigen Braunkohlenunterausschusses, »dass nicht der Wirtschaftswert, sondern die Erholungsfunktion des Waldes entscheidend sei.«[83] Man kann gefahrlos die Vermutung äußern, dass der Konflikt nicht anders ausgegangen wäre, wenn es keine Naturschutzbeauftragten gegeben hätte, und es passt ins Bild, dass weder der behördliche noch der ehrenamtliche Naturschutz eine Einwendung formulierten, als der Teilplan Kippe Glessen Anfang 1964 einen Monat lang öffentlich auslag.[84] Über die Gründe kann man in Ermangelung aussagekräftiger Quellen nur spekulieren: War der Naturschutz von seiner personellen Lage her unfähig, den Überblick über die zahlreichen Entwicklungen im rheinischen Braunkohlenrevier zu bewahren und verpassten die Naturschützer somit den richtigen Moment zum Protest? Das wäre theoretisch denkbar, ist in Anbetracht des breiten Unmuts der Bevölkerung und der intensiven Berichterstattung der Presse doch eher unwahrscheinlich. Plausibler erscheint da die Annahme, dass der Protest der Naturschützer gerade durch deren Einbeziehung in das geordnete Planungsverfahren unterbunden wurde. Aber neben Dinter saßen in den entsprechenden Ausschüssen auch Gemeindevertreter, die offenkundig weniger Hemmungen hatten, die intern debattierten Beschlüsse danach öffentlich zu attackieren. So bleibt die Möglichkeit, dass die Naturschützer einer Mobilisierung der betroffenen Öffentlichkeit grundsätzlich ablehnend gegenüberstanden. Stand ein harter Oppositionskurs im Widerspruch zur Mentalität des ehrenamtlichen Naturschutzes? Fühlte man sich unwohl bei dem Gedanken, die Speerspitze im Kampf um den Königsdorfer Forst zu bilden? War es den Naturschützern gar irgendwie unangenehm, dass ihre einstmals exklusiven Belange nun von der breiten Masse der Bevölkerung vertreten wurden? Festzuhalten bleibt jedenfalls, dass die Naturschützer im Konflikt um den Königsdorfer Wald das Gebot der Stunde gründlich ignorierten. Während die linksrheinische Bevölkerung im Konflikt mit Rheinbraun einen wesentlichen Erfolg für den Naturschutz erkämpfte, standen die amtlich anerkannten Naturschützer im gesellschaftlichen Abseits.

83 HStAD NW 310 Nr. 293, Niederschrift über die 2. Sitzung des Arbeitskreises Kippe Glessen am 8. April 1963, S. 12; NW 310 Nr. 295, Niederschrift über die 1. Sitzung des Braunkohlenunterausschusses Nr. 15 – Aussenkippe des Tagebaues Fortuna – am 12. September 1963, S. 5.

84 Vgl. die Einwendungen in HStAD NW 310 Nr. 295.

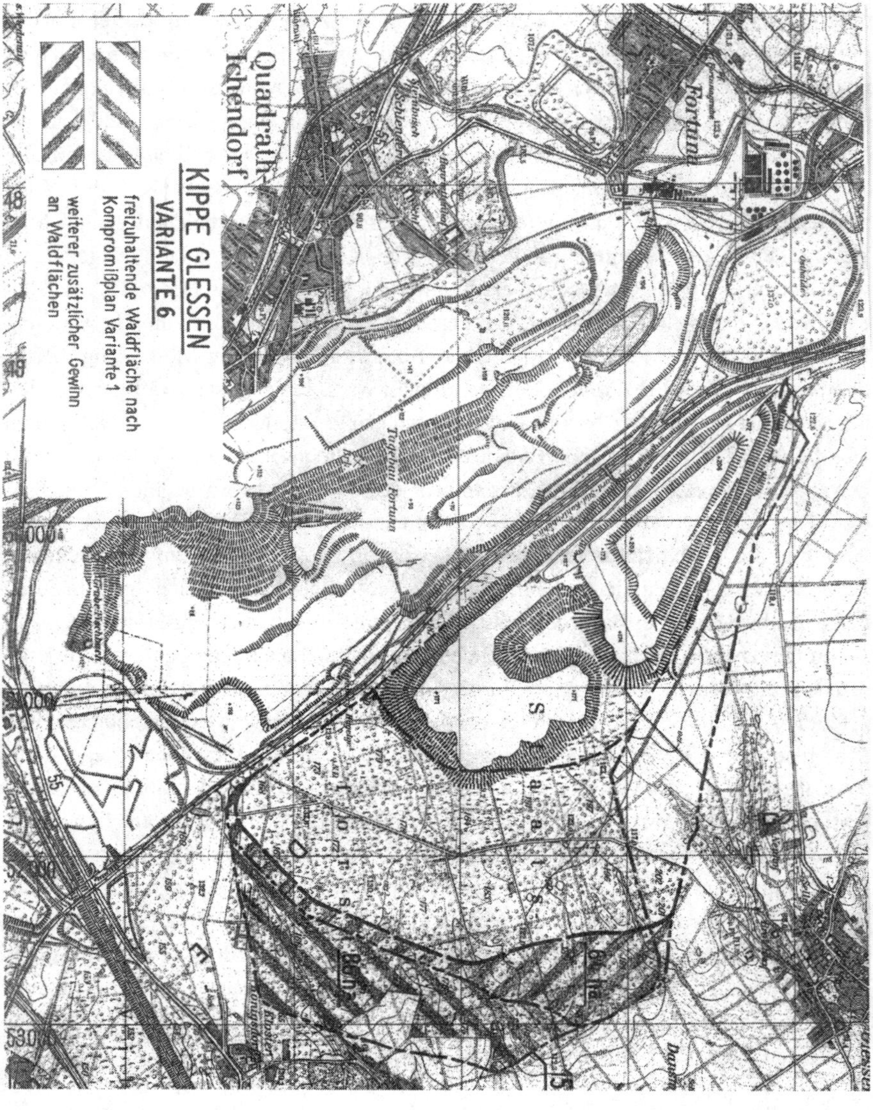

Abbildung 7: Plan für die Kippe Glessen aus dem Jahre 1963. Die „Variante 6" wurde schließlich nach langem Tauziehen von der Landesregierung für verbindlich erklärt. Die Karte lässt sowohl den Stand der Verkippung als auch die Abstriche erkennen, die Rheinbraun gegenüber seinen ursprünglichen Plänen machen musste.

Postskriptum

Wer heute die Kippe Glessen aufsucht, trifft auf eine Landschaft von profunder Banalität. Abrupt steigt die Böschung in steilem Winkel aus der rheinischen Tiefebene empor, um oben genauso plötzlich in eine topfbodenebene Fläche überzugehen. Diese Hochebene, rund 80 Meter über der umgebenden Landschaft und 200 Meter über dem Meer gelegen, wird landwirtschaftlich genutzt, und entsprechend undramatisch sieht sie auch aus: große, eintönig bepflanzte Flächen, nach Möglichkeit im rechten Winkel aufgeteilt, dazwischen Feldwege. Am Rande der Hochebene wurde jeweils ein schmaler Streifen Wald gepflanzt, der in die Bepflanzung der Böschung übergeht und vermutlich als Windschutz dient, was jedoch zur Folge hat, dass man nur selten in die Ferne blicken kann. Die Flächen werden von Bauernhöfen in der Ebene bewirtschaftet, und auch andere Gebäude sind nicht zu sehen, wenn man von einigen fahrbaren Hochsitzen auf den Feldern sowie der Baracke der lokalen Amateurfunker absieht. Da zudem kaum Menschen zu sehen sind, haftet der ganzen Landschaft etwas Unwirkliches an. Die Hochhalde hat heute übrigens auch einen anderen Namen: »Glessener Höhe«. Kippe Glessen wäre ehrlicher gewesen.

Wer freilich die heutigen Karten mit den Planungen der frühen 60er Jahre vergleicht, macht eine erstaunliche Entdeckung: Die Halde ist wesentlich kleiner, als sie seinerzeit genehmigt worden ist. Während nach den Planungen der frühen 60er Jahre vom Königsdorfer Wald nur ein Streifen von einem halben bis einem Kilometer Breite übrig bleiben sollte, blieb zwischen der Bundesstraße nach Aachen und der Glessener Höhe ein geschlossenes Waldgebiet erhalten, das sich von Nordwesten nach Südosten über zwei Kilometer und von Südwesten nach Nordosten sogar bis zu zweieinhalb Kilometern erstreckt; die zur Überkippung vorgesehene Fläche wurde offenkundig noch nicht einmal zur Hälfte genutzt. Mit der Verbindlichkeitserklärung wurde Rheinbraun nämlich keine pauschale Vollmacht erteilt, vielmehr wurde vereinbart, dass Betriebspläne für die Verkippung der Flächen »erst zugelassen werden, wenn die Notwendigkeit hierzu erwiesen ist und sich bis dahin kein anderer Ausweg ergeben hat.«[85] So blieben die Behörden in dieser Sache am Ball, das Bergamt Köln bat etwa 1967, die Kippe Glessen lediglich »als Reservekippe zu betrachten« und andere Deponierungsmöglichkeiten vorrangig zu nutzen.[86] Und tatsächlich ergab sich Ende der 60er Jahre unverhofft eine Alternative, als sich der Aufschluss des Tage-

85 HStAD NW 310 Nr. 486, Ergebnisniederschrift der Besprechung am 16. Dezember 1964, S. 2. Vgl. außerdem *Gesetz- und Verordnungsblatt für das Land Nordrhein-Westfalen* 26 (1972), S. 16.

86 HStAD BR 1167 Nr. 415 I Bl. 42.

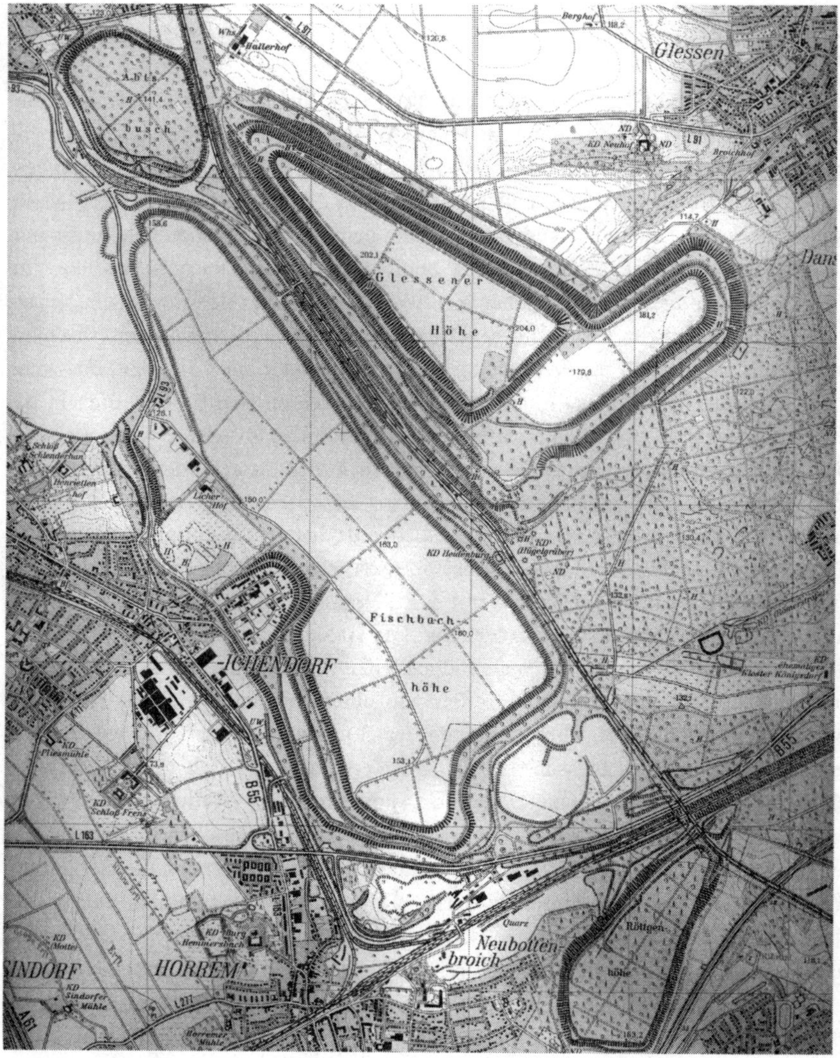

Abbildung 8: Die »Glesssener Höhe« heute. Ausschnitt aus der topographischen Karte des Landesvermessungsamts Nordrhein-Westfalen. Da sich Ende der 60er Jahre unerwartet andere Möglichkeiten zur Deponierung von Abraum ergaben, fiel die Kippe Glessen am Ende wesentlich kleiner aus als 1964 genehmigt.

baus Frimmersdorf-West um mehrere Jahre verzögerte und gleichzeitig im Tagebau Frimmersdorf-Süd ein dringender Bedarf an Abraum entstand.[87] Da konnte Rheinbraun auf die mühsam erkämpften Verkippungskapazitäten kurzfristig verzichten, und die Kippe Glessen fiel deutlich kleiner aus als geplant.

Abbildung 9: Intensivlandwirtschaft auf der »Glessener Höhe«. Eine Landschaft von profunder Banalität.

Aus heutiger Sicht nimmt sich der Sieg des Naturschutzes in dem geschilderten Konflikt deshalb noch eine Spur eindrucksvoller aus. Aber ein Blick auf die weiterhin existierenden Realitäten im Städtedreieck Aachen-Köln-Mönchengladbach erstickt schnell jeden Impuls, darob in Triumphgeheul zu verfallen. Schon 1959 hatte der nordrhein-westfälische Minister für Ernährung, Landwirtschaft und Forsten in einem Schreiben an den Ministerpräsidenten betont, es solle »dafür Sorge getragen werden, daß wenigstens in Zukunft durch vorausschauende und umfassende Planung die Anlegung von Hochhalden nicht mehr erforderlich wird«, und auch Ministerpräsident Meyers hatte in seiner Reaktion erkennen lassen, dass er eine solche Regelung favo-

87 Vgl. ebd. Bl. 56-58.

risierte.[88] Und trotzdem wurde in den 80er Jahren beim Tagebau Hambach eine Hochhalde mit dem schönen Namen »Sophienhöhe« und einem Kippeninhalt von einer Milliarde Kubikmeter aufgeschüttet.[89] »Wer sind die Herren im Land«, fragte Mitte der 80er Jahre eine Gruppe kritischer Wissenschaftler an der RWTH Aachen.[90] Die Frage hat seither nichts von ihrer Aktualität verloren.

88 HStAD NW 310 Nr. 293, Der Minister für Ernährung, Landwirtschaft und Forsten des Landes Nordrhein-Westfalen an den Ministerpräsidenten des Landes Nordrhein-Westfalen, Landesplanungsbehörde, 3. Juli 1959, S. 3 (Zitat); ebd., Der Ministerpräsident des Landes Nordrhein-Westfalen, Landesplanungsbehörde an den Minister für Wirtschaft und Verkehr des Landes Nordrhein-Westfalen, 13. Juli 1959.

89 *Verheizte Heimat. Der Braunkohlentagebau und seine Folgen*, Aachen 1985, S. 17.

90 Ebd., S. 172.

4. Der »Rennbaron« und seine Freunde: Die Geschichte des Sauerlandrings

Eine »Warnung in letzter Stunde« enthielt die Zeitschrift *Unser Wald*, Organ der Schutzgemeinschaft Deutscher Wald, im Januar 1967. Es ging um eine Fläche im Tal der Elpe westlich der Ortschaft Gevelinghausen im Kreis Meschede. Liebevoll beschrieb die Schutzgemeinschaft das »landschaftlich überaus reizvolle Gebiet«: Die Elpe, ein Nebenfluss der Ruhr, begrenze »ein weitläufiges Wiesental, das in prähistorischer Zeit einmal das Bett der Ruhr gewesen sein soll. Eine mit Laubholz bestockte Felswand rahmt das Flußbett auf der Seite ein. Das Ufer, in dessen unmittelbarer Nähe naturgeschützte Eichen stehen, ist eine landschaftliche Sehenswürdigkeit.« Jahrzehntelang habe man dieses Juwel der Natur »in absoluter Sicherheit« gewusst, »denn die Freiherren von Wendt, die Besitzer dieses von der Natur bevorzugten Stückchens Erde, wußten um ihre Verantwortung und man konnte ihnen vertrauen.« Nun aber war plötzlich alles anders: »Der 29 Jahre alte Nachfahre, Baron Karl-Josef von Wendt, hat andere Interessen. Er fährt gern schnelle Wagen. Auf dem Nürburgring kam ihm die Idee, eine gleiche Rennstrecke auf seinem zweitausend Hektar großen Privatbesitz im Sauerland anzulegen.« Etwa einen Quadratkilometer würde das Projekt beanspruchen, etwa ein Drittel davon war Wald – und es gebe auch bereits »einflußreiche und motorbesessene Enthusiasten genug«. Einen Namen hatte die Rennstrecke auch schon: »Sauerlandring«.[1]

Die Zeit drängte in der Tat. Der Freiherr von Wendt, von Einheimischen gelegentlich als »Rennbaron« tituliert[2], drückte nämlich nicht nur als Rennfahrer aufs Tempo. »Als Baujahre sind die Jahre 1967 und 1968 vorgesehen, nach Möglichkeit soll die Rennstrecke im Frühjahr 1969 in Betrieb genommen werden«, erklärte Wendt im Januar 1967 gegenüber dem Finanzamt Meschede. Die Baukosten für die Rennstrecke wurden auf fünf Millionen DM veranschlagt, außerdem sollte für weitere zwei Millionen ein Hotel erbaut werden; Träger des Projekts war die »Sauer-

1 *Unser Wald. Zeitschrift der Schutzgemeinschaft Deutscher Wald* 1 (Januar 1967), S. 3.

2 So etwa in HStAD NW 453 Nr. 405, Henkel an den Minister für Landesplanung, Wohnungsbau und öffentliche Arbeiten, 11. Juli 1967, F. W. Oventrop Arn. Sohn KG an die Schutzgemeinschaft gegen den Sauerlandring, 29. Dezember 1967, Henkel an Ley, 23. Juni 1968.

landring GmbH«, an deren Stammkapital der Freiherr von Wendt mit 110 000 DM und die Amtsverwaltung Bestwig mit 10 000 DM beteiligt waren.[3] Bald hatte die Sauerlandring GmbH auch ein aufwendiges Modell der geplanten Rennstrecke zu bieten, das auf einer Rennwagenschau in der Dortmunder Westfalenhalle der Öffentlichkeit vorgestellt wurde: Auf der 5,3 Kilometer langen Strecke, an deren Gestaltung mehrere namhafte Rennfahrer mitgewirkt hatten, war ein Höhenunterschied von etwa 100 Metern zu überwinden, durch die Breite von zehn Metern war die Piste auch für Formel-Eins-Rennwagen ausgelegt. Mit zehn Rennen pro Jahr rechnete Wendt, darunter zwei Radrennen; an den übrigen Tagen sollte der Ring der Öffentlichkeit zur Verfügung stehen, außerdem hoffte Wendt auf Versuchsfahrten der Industrie.[4] Wendts Optimismus ging so weit, dass er auf der Dortmunder Rennwagenschau zwei Freikarten für eine ganze Rennsaison auf dem Sauerlandring spendierte. Die glücklichen Gewinner waren – so der feinfühlige Bericht der *Ruhr-Nachrichten* – »zwei Blondinen mit einer Schwäche für hochtourige Motoren«.[5]

Die lokalen Behörden machten aus ihren Sympathien keinen Hehl. Die Gemeinde Gevelinghausen, die Kreisverwaltung in Meschede und natürlich auch das finanziell beteiligte Amt Bestwig stimmten dem Projekt bereitwillig zu.[6] Auch überregional gab es offenbar einige Befürworter: »Deutschlands Motorsportler hoffen auf eine dritte beständig geöffnete Rennstrecke, den ›Sauerlandring‹ bei Gevelinghausen im Kreis Meschede«, hieß es in einem freundlichen Bericht der *Frankfurter Allgemeinen.*[7] Auch die *Bild am Sonntag* ließ Sympathie erkennen: »Hunderttausende spielen in ihren Wohnzimmern mit Spielzeug-Rennern auf Mini-Bahnen. Karl-Georg von Wendt plant im Sauerland Größeres«.[8] Und Bedenken aufgrund der ökologischen Konsequenzen seines Projekts waren Wendt vollkommen fremd. Ganz offenkundig fühlte er sich mit seinen Plänen in völligem Einklang mit dem Gemeinwohl – so sehr, dass er das Finanzamt »um wohlwollende Prüfung« bat, »ob der Sauerlandring G.m.b.H. zumindest für den Bau der Rennstrecke die Gemeinnützigkeit wegen der

---

3 Westfälisches Wirtschaftsarchiv Dortmund (WWA) F 142 Nr. 199, Wendt an das Finanzamt Meschede, 5. Januar 1967, S. 1.

4 *Frankfurter Allgemeine Zeitung* Nr. 200 (30. August 1967), S. 7f.

5 Westfälisches Archivamt Münster (WAA), Archiv Gevelinghausen, Privatakten Karl v. Wendt, Karton 556, Ruhr-Nachrichten vom 13. Mai 1967.

6 HStAD NW 453 Nr. 405, Der Bezirksbeauftragte für Naturschutz und Landschaftspflege im Regierungsbezirk Arnsberg an den Landesbeauftragten für Naturschutz und Landschaftspflege, 24. Januar 1967, S. 2.

7 *Frankfurter Allgemeine Zeitung* Nr. 200 (30. August 1967), S. 8.

8 WAA, Archiv Gevelinghausen, Privatakten Karl v. Wendt, Karton 556, Ordner »Presse II«, Bild am Sonntag vom 15. Dezember 1968.

Förderung des Deutschen Automobilsports und der mittelbaren Verbesserung der Wirtschaftsstruktur des oberen Sauerlandes zugestanden werden« könne.[9]

Schnell wurde jedoch klar, dass das Projekt auch seine Gegner hatte. Vor allem Naturschützer reagierten auf die Planungen mit heftiger Kritik. Die Realisierung des Projekts würde »eine Landschaftszerstörung bedeuten [...], wie wir sie seit langem im Sauerland nicht mehr gehabt haben«, warnte der Bezirksbeauftragte für Naturschutz und Landschaftspflege im Regierungsbezirk Arnsberg Kötter schon im Januar 1967 in einem Brief an den Landesbeauftragten Zimmermann.[10] Die Rennstrecke solle »in dem schönsten und bisher völlig ruhigen Bereich des unteren Elpetales« in einer »außerordentlich reizvolle[n] Talmulde« liegen. Zudem biete diese Gegend »einen der ruhigsten und abgeschiedensten Zugänge zum Kerngebiet des Naturparks Rothaargebirge«, und der schon jetzt rege Autoverkehr an den Wochenenden würde sich durch den Sauerlandring vermutlich so sehr steigern, »daß der Erholungseffekt des Naturparks Rothaargebirge nahezu bis auf Null abgewertet wird.«[11] Schließlich berichtete der Bezirksbeauftragte auch noch empört, dass Wendt und Konsorten »den überwiegenden Teil der Baukosten durch Reklame in großzügigster Form verwirklichen« wollten. »Mit allem Nachdruck« wies der Naturschützer auf die Konsequenzen hin: »Dies hätte eine Verrummelung des ganzen nördlichen Sauerlandes zur Folge.« Kurz: »Wenn wir hier von Seiten des Naturschutzes und der Landschaftspflege eine Schlappe erleiden, dann können wir uns mit gutem Gewissen keiner anderen Maßnahme mehr entgegenstellen.«[12]

Ähnliche Einwände formulierte der Kreisbeauftragte für Naturschutz und Landschaftspflege Franz Henkel, ein Rektor a.D., der zugleich als Naturschutzwart des

---

9 WWA F 142 Nr. 199, Wendt an das Finanzamt Meschede, 5. Januar 1967, S. 2. Die Bitte wurde abschlägig beschieden. (Ebd., Finanzamt Meschede an Sauerlandring GmbH, 20. Januar 1967.)

10 HStAD NW 453 Nr. 405, Der Bezirksbeauftragte für Naturschutz und Landschaftspflege im Regierungsbezirk Arnsberg an den Landesbeauftragten für Naturschutz und Landschaftspflege, 24. Januar 1967, S. 3.

11 Ebd. Das Naturparkkonzept geht auf eine Initiative des Vereins Naturschutzpark von 1956 zurück und beabsichtigt die Schaffung weiträumiger Erholungslandschaften, in denen der Schutz von Flora und Fauna mit einer touristischen Nutzung verbunden werden sollte. (Vgl. Hans-Dietmar Koeppel, Walter Mrass, Natur- und Nationalparke, in: Gerhard Olschowy [Hg.], *Natur- und Umweltschutz in der Bundesrepublik Deutschland*, Hamburg und Berlin 1978, S. 802-812.) Der Naturpark Rothaargebirge wurde 1963 eingerichtet. (*Amtsblatt für den Regierungsbezirk Arnsberg* 1963, Ausgabe A, S. 196-197.)

12 HStAD NW 453 Nr. 405, Der Bezirksbeauftragte für Naturschutz und Landschaftspflege im Regierungsbezirk Arnsberg an den Landesbeauftragten für Naturschutz und Landschaftspflege, 24. Januar 1967, S. 4.

Westdeutschen Skiverbands fungierte.[13] »In grosser Sorge um Erhaltung unersaetzlicher Gueter unserer sauerlaendischen Heimat bitten wir, die schwerste Verschandelung des unberuehrten Elpetales bei Gevelinghausen durch Bau einer Autorennbahn mit ihren unausbleiblichen Folgen zu verhindern«, erklärte Henkel in einem Telegramm an das zuständige Ministerium.[14] Ähnlich wie Kötter sah Henkel den Naturschutz am Scheideweg: Wenn dieses Projekt genehmigt würde, wäre der Naturschutz »eine Phrase und hätte in Nordrhein-Westfalen seine Bedeutung verloren«.[15] Gleich dreimal attackierte Henkel wie zuvor schon Kötter den mit dem Sauerlandring drohenden »Rummel« bzw. »Großrummel«[16], ein Topos, der in der deutschen Naturschutzbewegung Tradition hatte: Der Direktor der Staatlichen Stelle für Naturdenkmalpflege in Preußen Walther Schoenichen hatte Ende der 20er Jahre zum Beispiel einen Aufsatz über »die Verrummelung der Natur« verfasst[17], in den 30er Jahren kritisierte der Sauerländische Gebirgsverein den »wüsten Rummel«, der mit der NS-Organisation »Kraft durch Freude« in die sauerländische Heimat gekommen war[18], und Wilhelm Münker spielte bei seinem Kampf gegen die Außenreklame ja ebenfalls mit Vorliebe auf dieser Klaviatur. Ähnlich argumentierte nun auch die in Gevelinghausen ansässige Schutzgemeinschaft gegen den Sauerlandring, die den örtlichen Protest zu bündeln versuchte: Sie befürchtete, »daß sich die hiesige Bevölkerung nach einem evtl. Bau der Rennstrecke in einem von Lärm und Rummel erfüllten Hexenkessel befinden wird.«[19] Franz Henkel beschwor sogar die »achtbaren Vorfah-

---

13 Henkel gab seine überlieferten Stellungnahmen übrigens nicht als Kreisbeauftragter, sondern als Naturschutzwart des Westdeutschen Skiverbandes ab, vermutlich um dem eigenen Protest ein größeres Gewicht zu geben. (HStAD NW 453 Nr. 405, Henkel an den Minister für Landesplanung, Wohnungsbau und öffentliche Arbeiten, 28. Februar 1967, 11. Juli 1967, 24. Juli 1967, Henkel an Ley, 23. Juni 1968.) Es gibt allerdings keinen Hinweis, dass der Westdeutsche Skiverband Henkels Aktivitäten explizit mitgetragen hätte.

14 HStAD NW 453 Nr. 405, Telegramm vom 28. Februar 1967.

15 Ebd., Henkel an den Minister für Landesplanung, Wohnungsbau und öffentliche Arbeiten, 11. Juli 1967.

16 Ebd.

17 Walther Schoenichen, Die Verrummelung der Natur, in: *Naturschutz* 11 (1929/30), S. 132–139, 157–165.

18 Susanne Falk, »Eine Notwendigkeit, uns innerlich umzustellen, liege nicht vor«. Kontinuitäten und Diskontinuitäten in der Auseinandersetzung des Sauerländischen Gebirgsvereins mit Heimat und Moderne 1918–1960, in: Matthias Frese, Michael Prinz (Hg.), *Politische Zäsuren und gesellschaftlicher Wandel im 20. Jahrhundert. Regionale und vergleichende Perspektiven*, Paderborn 1996, S. 401–417; S. 413. Vgl. dazu auch Falk, *Der Sauerländische Gebirgsverein*, S. 107–114.

19 HStAD NW 453 Nr. 405, Schutzgemeinschaft gegen den Sauerlandring an Prof. Dr. Ley, Staatskanzlei, 13. Februar 1968, S. 2. Nach den verfügbaren Unterlagen meldete sich diese Schutzge-

ren« des Rennbarons: Der Freiherr sei bereit, »eines der schönsten sauerländischen Täler zu opfern, das seine Vorfahren seit 700 Jahren zur Freude aller in vorbildlicher Weise in seiner Unberührtheit erhalten haben«.[20] Und in einem Schreiben, das kurz vor der endgültigen Entscheidung verfasst wurde, attackierte Henkel den »ungeheuerlichen Plan« als »eine rücksihtslose [sic] und vermessene kommerzielle Ausbeutung einer einmalig schönen Landschaft durch eine kleine Gruppe gewinnsüchtiger Zeitgenossen« und fügte düster mahnend hinzu: »Eigennütziges Gewinnstreben auf Kosten dieser schönen Landschaft ist ein Verbrechen. Wer diesem Plan zustimmt, macht sich schwer schuldig.«[21]

Es waren also in erster Linie moralische und heimatschützerische Argumente, die die Naturschützer zu ihrem Protest animierten. Für sie war Wendt schlicht ein Hasardeur, der sich an seiner Heimat versündigte. Wie sonst soll man es erklären, dass Henkel zum Kampf gegen »rücksichtslose Profitinteressen« und »habgierige Spekulanten« blies[22], während man andernorts am Sauerlandring gerade »die Gefahr besonderer wirtschaftlicher Labilität« kritisierte?[23] Schroffer hätte der Gegensatz aus Sicht des Naturschutzes schließlich kaum sein können: hier das »unberührte, einmalig

---

meinschaft erstmals im November 1967 zu Wort. Über die Umstände der Gründung und ihre Mitglieder ist aus den Quellen nichts Definitives zu entnehmen. Einem Zeitungsbericht zufolge waren die Initiatoren ein 42jähriger Prokurist und ein 26jähriger Malermeister, die ihrerseits acht Gleichgesinnte reklamierten. (WAA, Archiv Gevelinghausen, Privatakten Karl v. Wendt, Karton 556, Ordner »Presse II«, Zeitungsausschnitt »Sauerland-Gemeinde stimmt über ›Ring‹ ab« [ohne Quellenangabe].) Eine Kolumne der *Westfalenpost* behauptete, die Gegner des Sauerlandrings rekrutierten sich überwiegend »aus Herren vornehmlich vorgerückten Alters« sowie »aus Frauen«, welche »in der Rennstrecke offenbar nichts anderes als eine Todesfalle« sähen. (Ebd., *Westfalenpost* vom 13. Juli 1968.) In jedem Fall ist jedoch deutlich zu erkennen, dass die Schutzgemeinschaft in Gevelinghausen eine Minderheitsposition formulierte.

20 HStAD NW 453 Nr. 405, Henkel an den Minister für Landesplanung, Wohnungsbau und öffentliche Arbeiten, 11. Juli 1967.

21 Ebd., Henkel an Ley, 23. Juni 1968.

22 Ebd.

23 HStAD NW 453 Nr. 405, Der Chef der Staatskanzlei des Landes Nordrhein-Westfalen an den Innenminister, den Minister für Wirtschaft, Mittelstand und Verkehr, den Minister für Ernährung, Landwirtschaft und Forsten, den Arbeits- und Sozialminister und den Minister für Wohnungsbau und öffentliche Arbeiten des Landes Nordrhein-Westfalen, 4. Juni 1968, S. 6. Vgl. auch ebd., Der Sprecher des Deutschen Rates für Landespflege an den Ministerpräsidenten von Nordrhein-Westfalen, 26. April 1968, S. 4; ebd., Der Innenminister des Landes Nordrhein-Westfalen an den Chef der Staatskanzlei und den Minister für Wohnungsbau und öffentliche Arbeiten des Landes Nordrhein-Westfalen, 25. April 1968; *Frankfurter Allgemeine Zeitung* Nr. 232 (6. Oktober 1967), S. 6.

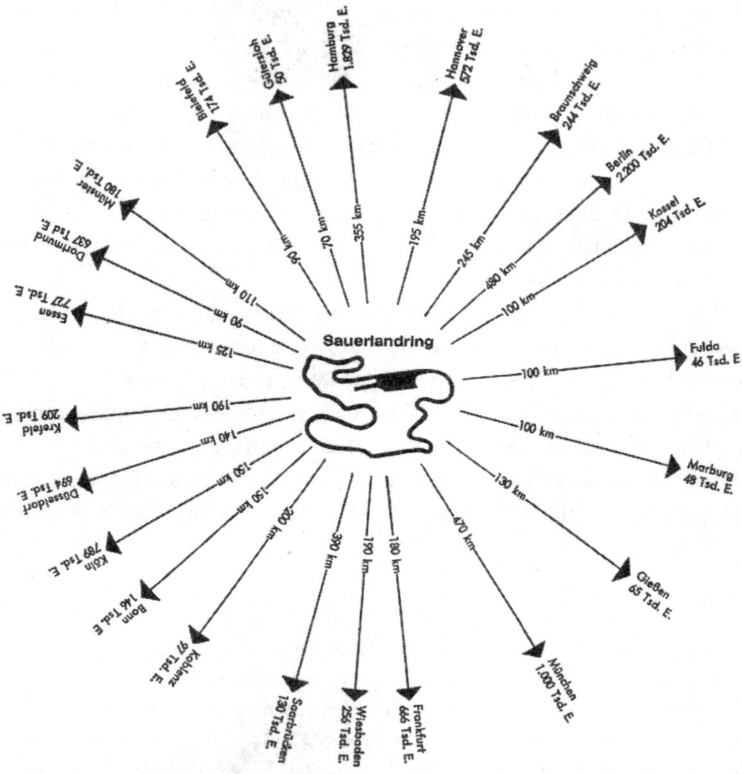

Abbildung 10: Der Sauerlandring als Nabel der Welt. Aus der Vereinszeitschrift der Internationalen Gesellschaft zur Förderung des Automobilsports.

schöne Elpetal«[24] – dort eine Rennbahn für Leute, »die gegen Zahlung einer Gebühr das Rasen lernen wollen, damit noch mehr Tote auf den Straßen bleiben, noch mehr Tränen von Müttern und Frauen und Kindern geweint werden, die ihren Ernährer verloren.«[25] Schließlich spielte in der Argumentation der Naturschützer auch der »Erholungswert dieser schönen Gebiete« eine Rolle; Henkel verwies etwa auf »die Millionen lärm- und rauchgeplagten Mitmenschen des benachbarten Industriegebiets

24 HStAD NW 453 Nr. 405, Henkel an den Minister für Landesplanung, Wohnungsbau und öffentliche Arbeiten, 11. Juli 1967.

25 Ebd., Henkel an Ley, 23. Juni 1968. Ähnlich ebd., Der Bezirksbeauftragte für Naturschutz und Landschaftspflege im Regierungsbezirk Arnsberg an den Landesbeauftragten für Naturschutz und Landschaftspflege, 24. Januar 1967, S. 4.

in ihrem berechtigten und dringend notwendigen Erholungsbedürfnis«.[26] Allerdings blieb dieser touristische Aspekt stets merkwürdig unbestimmt; darüber wird noch zu reden sein.

Auch die Schutzgemeinschaft Deutscher Wald beschwor mit Vorliebe naturschützerische Argumente. Es gehe um »die Stille des Waldes und reine Atemluft« und um den Kampf gegen einen »gigantischen Rummelplatz«, der »das Gesicht einer zuvor liebenswerten Landschaft verderben« werde; empört fragte die Schutzgemeinschaft, ob es »einem privaten Großwaldbesitzer erlaubt sein soll, das ihm zu Lehen gegebene Stück Heimatnatur selbstsüchtig und zum Nachteil des Volkes freventlich zu zerstören.«[27] Aber dieser Idealismus war nicht ohne Hintergedanken. Bemerkenswerterweise begann der Artikel mit einer Schilderung der tristen ökonomischen Situation der Forstwirtschaft: »Zwischen den Mühlsteinen billiger Importe und ständig steigender Kosten ist der ganze Wirtschaftszweig zerrieben und ohne Schuld in die roten Zahlen geraten.« Wenn die Schutzgemeinschaft deshalb in der Folge den Erholungswert des Waldes herausstrich, dann verband sich damit zugleich der Wunsch nach Unterstützung durch die öffentliche Hand: »Wenn der Wald, besonders der in der Nähe von Ballungsräumen, der Bevölkerung durch seine Wohlfahrtswirkungen vielfältigen Nutzen spendet, dann ist es auch gerechtfertigt, den Steuerzahler in Anspruch zu nehmen, wenn anders eine gesunde Forstwirtschaft nicht mehr gewährleistet wird.« Und eine solche Forderung drohte Wendt eben mit seinem Projekt »in eklatanter Weise [zu] desavouieren«, schließlich würde die Autorennstrecke »alles das in eine unberührte Landschaft bringen [...], was die Ruhrbevölkerung veranlaßt, übers Wochenende und in den Ferientagen ihren lärmenden und stinkenden Städten zu entfliehen: Lärm und Gestank!«[28] Der Rennbaron war der Schutzgemeinschaft Deutscher Wald beim Kampf um Subventionen in die Parade gefahren.

Zu den Einwänden der Naturschutzbeauftragten, der Schutzgemeinschaft gegen den Sauerlandring und der Schutzgemeinschaft Deutscher Wald gesellte sich ein Gutachten des Deutschen Rats für Landespflege, das der Sprecher des Rats, Graf Lennart Bernadotte, im April 1968 an den nordrhein-westfälischen Ministerpräsidenten Heinz Kühn schickte.[29] Auch hier wurde die bedrohte Landschaft als ein

---

26 Ebd., Henkel an den Minister für Landesplanung, Wohnungsbau und öffentliche Arbeiten, 11. Juli 1967.

27 *Unser Wald. Zeitschrift der Schutzgemeinschaft Deutscher Wald* 1 (Januar 1967), S. 3.

28 Ebd.

29 Das Gutachten wurde später veröffentlicht in *Sauerländischer Gebirgsbote* Jg. 72 Heft 3 (Juni 1970), S. 58–60. Zum Deutschen Rat für Landespflege vgl. Karsten Runge, *Entwicklungstendenzen der Landschaftsplanung. Vom frühen Naturschutz bis zur ökologisch nachhaltigen Flächennutzung*, Berlin u.a. 1998, S. 101–103. Vermutlich wurde das Gutachten vom Ministerprä-

Stück heile Welt präsentiert: »Es ist landschaftlich außerordentlich reizvoll und der schönste Zugang mit zum Naturpark Rothaargebirge von Norden her«, der Flusslauf der Elpe werde »noch von Ufergehölzen und die Kreisstraße von alten Eichen begleitet.«[30] Der Sauerlandring würde für die unmittelbar betroffene Fläche »eine absolute Entwertung der landschaftlichen Substanz« bedeuten, und auch für die Umgebung wären die Folgen massiv: »Für Wanderungen und Spaziergänge wird ein weiter Bereich der Rennstrecke nicht mehr zumutbar sein. Waldbrandgefahr, Benzin- und Ölverseuchung des Grundwassers bei Unfällen sind potentielle Schäden, mit denen jedoch gerechnet werden muß«; im Übrigen müsse aus finanziellen Gründen »von einer geringen Bereitschaft zur Durchführung landespflegerischer Auflagen ausgegangen werden.«[31] Den touristischen Wert des Sauerlandrings veranschlagte der Rat als eher gering: Zwar könnten »die Rennveranstaltungen wohl Besucherspitzen auslösen«, aber wohl kaum eine Steigerung der Daueraufenthalte herbeiführen; das eigentliche touristische Kapital des Sauerlands seien wohl eher »reine Luft, Ruhe, eine großartige Landschaft und gepflegte Gastlichkeit im Zusammenhang mit der Möglichkeit aktiver Betätigung in der freien Landschaft«.[32] Weiter verwies der Deutsche Rat für Landespflege auf Messungen des staatlichen Gewerbeaufsichtsamts Arnsberg, die »bei Probefahrten eine Lärmbelastung von 78 – 90 DIN Phon« ermittelt hatten, ein Wert, der weit jenseits der selbst in Industriegebieten zulässigen Grenzen lag; aufgrund der Hanglage der Rennstrecke gab es »keine landespflegerischen Möglichkeiten – etwa die Anlage von Schutzpflanzungen –, um diesen sich weit auswirkenden Nachteil der Strecke auszugleichen.«[33] Und schließlich monierte der Rat die defizienten Verkehrsverhältnisse: »Die absolute Zunahme des Verkehrs wird bereits die Hin- und Rückfahrt zu den Erholungsgebieten Arnsberger Wald, Rothaargebirge und Diemelsee (bis Bestwig) in ein strapazierendes Kolonnenfahren verwandeln, das den erwarteten Erholungseffekt des Wochenendbesuchs erheblich beeinträchtigt.«[34] Abschließend plädierte der Deutsche Rat für Landespflege für eine Entscheidung »im Sinne einer nachhaltig leistungsfähigen Kulturlandschaft«: Vom Bau einer Rennstrecke »in diesem bevorzugten Erholungsgebiet [solle] abgesehen werden«.[35]

---

sidenten in Auftrag gegeben, um neben der Stellungnahme der Landesplanungsgemeinschaft noch eine zweite sachverständige Äußerung zu haben.

30 HStAD NW 453 Nr. 405, Der Sprecher des Deutschen Rates für Landespflege an den Ministerpräsidenten von Nordrhein-Westfalen, 26. April 1968, S. 1.

31 Ebd., S. 3f.

32 Ebd., S. 6f.

33 Ebd., S. 4f.

34 Ebd., S. 6.

35 Ebd., S. 7.

Die Naturschützer im Düsseldorfer Ministerium für Wohnungsbau und öffentliche Arbeiten, das seit dem 10. März 1963 für Naturschutz und Landschaftspflege zuständig war, standen diesen Argumenten mit großer Sympathie gegenüber. Schon im Oktober 1967 – lange bevor eine ministerielle Entscheidung anstand – erklärte der Minister für Wohnungsbau und öffentliche Arbeiten in einem Schreiben an den Ministerpräsidenten als Landesplanungsbehörde, dass er das Projekt ablehne.[36] Auch als sich Ministerialrat Dr. Friede, seit 1965 Referent für Naturschutz im Bauministerium, im April 1968 mit dem Freiherrn von Wendt traf, um »die gegen die Errichtung der Rennstrecke erhobenen Bedenken aus der Sicht des Landschaftsschutzes zu erörtern«, gab sich der ministerielle Naturschutz unbeugsam: »Die Gemeinde Gevelinghausen habe eine Chance für den Fremdenverkehr nur, so lange sie einen ruhigen Aufenthalt in landschaftlich schöner Umgebung biete. Diese Chance werde ernstlich gefährdet, wenn die vorgesehene Rennstrecke mit 2 m hohem Zaun, Fahrerboxen, Ersatzteil- und Treibstofflager, Toilettenanlagen, Restaurant und Einstellplätzen für die Besucher angelegt werde.«[37] Und als eine Gerda Hoppe aus Gemünden das Projekt in einem Brief an das Ministerium kritisierte und hervorhob, »dass das Sauerland eine der ganz wenigen Oasen in unserem so eng gewordenen Vaterland ist, in der erholungsbedürftige Menschen durch Wandern in guter Luft und Ruhe viel für ihre Gesundheit tun können«, verschickte der Minister für Wohnungsbau und öffentliche Arbeiten Kopien des Schreibens an alle beteiligten Behörden.[38] Aber gerade diese letzte Maßnahme dokumentierte neben der Haltung des Ministeriums wohl auch dessen Wissen, dass es der eigenen Sache an Unterstützung mangelte. Man darf schließlich vermuten, dass das Schreiben einer einzelnen Bürgerin wohl kaum eine solche Verbreitung gefunden hätte, wenn sich das Ministerium der Unterstützung durch einflussreiche Verbände oder Institutionen bewusst gewesen wäre. Das Ministerium freute sich über jede Hilfe, die es bekommen konnte.

Die strukturelle Schwäche der Naturschützer hatte einen schlichten Grund: Den wirtschaftlichen Versprechungen des Sauerlandrings hatten sie nichts entgegenzusetzen. Besonders drastisch dokumentiert dies der Versuch der Gevelinghausener Schutzgemeinschaft gegen den Sauerlandring, die ökonomische Notwendigkeit schlichtweg zu leugnen. Von einem lokalen metallverarbeitenden Betrieb besorgte sich die Schutzgemeinschaft ein Schreiben, in dem Wendts Projekt abgelehnt wurde

36 HStAD NW 453 Nr. 405, Der Minister für Wohnungsbau und öffentliche Arbeiten des Landes Nordrhein-Westfalen an den Ministerpräsidenten des Landes Nordrhein-Westfalen, Landesplanungsbehörde, 30. Oktober 1967.

37 Ebd., Vermerk vom 22. April 1968.

38 Ebd., Gerda Hoppe an die Landesregierung Nordrhein-Westfalen, Abteilung Landesplanung, 19. September 1967 (Zitat) sowie Schreiben des Ministers für Wohnungsbau und öffentliche Arbeiten des Landes Nordrhein-Westfalen vom 9. Oktober 1967.

– vorgeblich aus Sorge um das »herrlich gelegene Elpetal«, tatsächlich aber wohl aus Konkurrenzgründen[39] –, um daraus zu folgern, »daß es sich im hiesigen Raum keineswegs um ein Notstandsgebiet handelt.«[40] Auch eine Aktionsgemeinschaft für Naturschutz und Landschaftspflege aus Iserlohn, die sich im September 1969 mit einem offenen Brief zu Wort meldete, erklärte den Kreis Meschede kurzerhand zu einem prosperierenden Bezirk, der eine Rennstrecke zur Strukturverbesserung gar nicht nötig habe.[41] Aber ein derart sorgloses Abstreiten jeder wirtschaftlichen Notwendigkeit war in Anbetracht der örtlichen Verhältnisse doch letztlich zu kurz gedacht, um erfolgreich sein zu können; selbst in ministeriellen Dokumenten, die für die Ablehnung des Sauerlandrings plädierten, wurde konzediert, »daß das Elpetal zu einem wirtschaftlich schwachen und einseitig strukturierten Gebiet gehört.«[42] Neben dem Leugnen blieb jedoch nur der Verweis auf den Erholungswert der Landschaft um Gevelinghausen, und dieser wurde von den Gegnern des Projekts denn auch fleißig betont. Aber auch dies hatte seine Tücken: In einem Schreiben von Ministerialrat Friede findet sich der verräterische Hinweis, dass der Fremdenverkehr »bereits bis zur Gemeinde Eversberg vorgedrungen ist«, einen Ort rund sieben Kilometer westlich von Gevelinghausen[43] – was ja implizierte, dass der Fremdenverkehr Gevelinghausen selbst noch nicht erfasst hatte.[44] »Ein Erholungswert der fraglichen Landschaft ist zur Zeit nicht vorhanden, da sich bislang kaum jemand dort erholen wollte«, hieß es in einer Resolution des Gemeinderats von Gevelinghausen.[45] Der Erholungswert, von dem die Naturschützer sprachen, war nicht mehr als ein potentieller Wert.

---

39 Ebd., F. W. Oventrop Arn. Sohn KG an die Schutzgemeinschaft gegen den Sauerlandring, 29. Dezember 1967.

40 Ebd., Schutzgemeinschaft gegen den Sauerlandring an den Chef der Staatskanzlei, Landesplanungsbehörde, 5. Januar 1968.

41 WAA, Archiv Gevelinghausen, Privatakten Karl v. Wendt, Karton 556, Ordner »Presse II«, Kreisanzeiger Iserlohn vom 24. September 1969.

42 HStAD NW 453 Nr. 405, Der Chef der Staatskanzlei des Landes Nordrhein-Westfalen an den Innenminister, den Minister für Wirtschaft, Mittelstand und Verkehr, den Minister für Ernährung, Landwirtschaft und Forsten, den Arbeits- und Sozialminister und den Minister für Wohnungsbau und öffentliche Arbeiten des Landes Nordrhein-Westfalen, 4. Juni 1968, S. 6.

43 HStAD NW 453 Nr. 406, Der Minister für Wohnungsbau und öffentliche Arbeiten des Landes Nordrhein-Westfalen an den Chef der Staatskanzlei des Landes Nordrhein-Westfalen, 13. November 1968, S. 3.

44 So auch WAA Bestand 906 Nr. 357, Niederschrift über die 15. Sitzung des Verwaltungs- und Planungsausschusses der Landesplanungsgemeinschaft Westfalen am 15. Juni 1967 im Althaus Parkhotel zu Bad Driburg, S. 16.

45 *Sauerland. Zeitschrift des Sauerländer Heimatbundes* Nr. 1 (August 1968), S. 9.

So erklärt sich denn auch das schon erwähnte Faktum, dass der Verweis auf die Erholungsfunktion der bedrohten Landschaft in den Stellungnahmen der Naturschützer stets merkwürdig blass blieb. An diesem Punkt blieb man im Allgemeinen; regelmäßig fehlte der lokale Bezug, der den heimatverliebten Naturschützern eigentlich nicht hätte schwer fallen dürfen. »Die lärm- und rauchgeplagte Bevölkerung des Ruhrgebietes […] käme vom Regen in die Traufe«, erklärte die Schutzgemeinschaft Deutscher Wald, Franz Henkel sah »unantastbares Kulturgut dicht vor den Toren uebervoelkerter Grossstaedte« gefährdet, und der Deutsche Rat für Landespflege beschwor »konkrete Nachteile sowohl für die Erholungslandschaft als auch für die erholungssuchenden Menschen aus dem nur 60 km entfernten Industrierevier«[46] – und die Nachdrücklichkeit der Aussagen konnte doch nur notdürftig kaschieren, wie vage sie zugleich blieben. Nie entwickelten die Naturschützer etwas, was auch nur entfernt an ein Konzept zur touristischen Nutzung der Gegend erinnert hätte, und offenkundig kannten sie auch niemanden, der ein solches Konzept besaß. Der Erholungswert der Landschaft wurde stets als ein noch zu entdeckender geschildert; auch Friede hatte ja lediglich von einer »*Chance* für den Fremdenverkehr« gesprochen.[47] Das reduzierte nicht nur die Überzeugungskraft des Tourismusarguments für die Bewohner der Region, es zeigt auch, dass die Naturschützer eher aus taktischen Gründen denn aus innerer Überzeugung auf den Erholungswert der bedrohten Landschaft verwiesen. »Erholungswert« war letztlich nicht mehr als eine Chiffre für eine Opposition ohne Perspektive: Es sollte alles so bleiben, wie es war.

Vor diesem Hintergrund verwundert es dann nur noch wenig, dass sich die politischen Entscheidungsträger der Region für die Bedenken des Naturschutzes nicht zu erwärmen vermochten. Für sie musste sich die ganze Sache als Alternative von Fortschritt und Stillstand präsentieren: Da war auf der einen Seite der Sauerlandring mit dem Versprechen von Wachstum und Arbeitsplätzen – und auf der anderen Seite der Vorschlag der Naturschützer, die Hände in den Schoß zu legen. Da fiel es den lokalen Instanzen nicht schwer, sich zu entscheiden. »Ein landschaftlich reizvolles Gebiet wird nicht schon aus seiner natürlichen Beschaffenheit heraus ein Erholungsgebiet, sondern erst durch die Schaffung entsprechender Einrichtungen«, erklärte der Oberkreisdirektor von Meschede Siebenkotten.[48] Es gehe beim Sauerlandring um einen »besonders attraktiven Werbemagneten«, ein »Statussymbol für das ganze obere

46 HStAD NW 453 Nr. 405, Schutzgemeinschaft Deutscher Wald an das Ministerium für Landesplanung, Wohnungsbau und öffentliche Arbeiten des Landes Nordrhein-Westfalen, 9. Februar 1967, Telegramm vom 28. Februar 1967, Der Sprecher des Deutschen Rates für Landespflege an den Ministerpräsidenten von Nordrhein-Westfalen, 26. April 1968, S. 7.

47 Ebd., Vermerk vom 22. April 1968, S. 2. Hervorhebung durch den Autor – F.U.

48 HStAD NW 453 Nr. 406, Landkreis Meschede, Der Oberkreisdirektor an den Chef der Staatskanzlei des Landes Nordrhein-Westfalen, Abt. III Landesplanung, 27. September 1968, S. 6.

Sauerland«, das »über den engeren Raum hinaus dem gesamten Fremdenverkehrsgebiet ›Hochsauerland‹ neue Impulse geben wird«.[49] So waren Tourismus und Rennstrecke nicht die vom Naturschutz behaupteten Gegensätze, sondern wechselseitiges Komplement. »Helfen Sie bitte mit, den ›Sauerlandring‹ und unser schönes Bergland einer grösseren Öffentlichkeit bekannt werden zu lassen und uns so zu unterstützen«, hatte Siebenkotten schon im Dezember 1966 bei der Vorstellung des Projekts appelliert.[50] Der Kampf der Naturschützer um den »Erholungswert« musste von dieser Warte wie ein schreiender Widerspruch aussehen: Die Naturschützer wollten die Landschaft für jene Besucher bewahren, die bislang nicht kamen, weil es einen Besuchermagneten wie den Sauerlandring noch nicht gab.

Selbst der Sauerländer Heimatbund konnte sich in dieser Situation dem Charme des Projekts nicht entziehen. »Wenn nur drei Familien durch diesen Plan in den Genuß eines Nebenerwerbs kommen, dann sollten wir den Sauerlandring begrüßen«, erklärte dessen Vorsitzender Werner Broermann im März 1968, und ein anderes Vorstandsmitglied sekundierte, es sei »ein unfruchtbares und fragwürdiges Unternehmen, wenn der Sauerländer Heimatbund gegen die Wirtschaftsgesetze der Zeit arbeiten wolle«; durchaus vorhandene Bedenken stellte man deshalb vereinsintern zurück.[51] Auch der SPD-Bundestagsabgeordnete Martin Wendt – mit dem Freiherrn weder verwandt noch verschwägert – schlug sich für das Projekt des Rennbarons in die Bresche, obwohl dieser als CDU-Mitglied eigentlich das falsche Parteibuch besaß: Im Gespräch mit Ministerialrat Friede erklärte der Abgeordnete, »daß die Arbeitsplätze im Landkreis Meschede knapp und besonders gefährdet seien. [...] Deshalb sollten die Bedenken gegen die Anlegung des ›Sauerland-Ringes‹ zurückgestellt werden.«[52] Ein Pfarrer aus dem nahe gelegenen Nuttlar machte sich

49 Ebd., S. 9f. Ähnlich auch die Argumentation der Gemeinde Gevelinghausen in HStAD NW 453 Nr. 405, Der Chef der Staatskanzlei des Landes Nordrhein-Westfalen an den Innenminister, den Minister für Wirtschaft, Mittelstand und Verkehr, den Minister für Ernährung, Landwirtschaft und Forsten, den Arbeits- und Sozialminister und den Minister für Wohnungsbau und öffentliche Arbeiten des Landes Nordrhein-Westfalen, 4. Juni 1968, S. 3.

50 WAA, Archiv Gevelinghausen, Privatakten Karl v. Wendt, Karton 556, Ordner »Presse I«, Rede des Oberkreisdirektors Siebenkotten gesprochen am Samstag, den 3. Dezember 1966, anlässlich der Veröffentlichung der Pläne des ›Sauerlandringes‹, S. 3.

51 Ebd. Ordner »Presse II«, *Westfalenpost* Nr. 76 vom 29. März 1968. Vgl. auch ebd., *Westfalenpost* Nr. 21 vom 25. Januar 1968. Die Schutzgemeinschaft gegen den Sauerlandring wies darauf hin, dass der erste Vorsitzende des Sauerländer Heimatbundes zugleich der Amtsdirektor von Fredeburg war, der aus politischen Gründen kaum in der Lage war, gegen das Projekt Stellung zu beziehen: »Er hätte sonst seinem Oberkreisdirektor und seinem Amtskollegen in Bestwig in den Rücken fallen müssen.« (HStAD NW 453 Nr. 405, Schutzgemeinschaft gegen den Sauerlandring an Prof. Dr. Ley, Staatskanzlei, 13. Februar 1968, S. 1.)

52 HStAD NW 453 Nr. 405, Vermerk vom 22. April 1968.

sogar schon Gedanken über die seelsorgerische Betreuung und schlug »an geeigneter Stelle Feldgottesdienste« vor. (»Bei entsprechender Gestaltung mit Musik, Lautsprechern und Sitzgelegenheiten kann das sehr erbaulich sein.«)[53] Und die Kreisverwaltung in Meschede sowie das Amt Bestwig waren, wie schon erwähnt, ohnehin für das Projekt; im Gemeinderat von Gevelinghausen stimmte Wendt im Überschwang der Gefühle gleich selbst für sein Projekt.[54] Spätestens seit einem Besuch lokaler Honoratioren beim Nürburgring stand die lokale Allianz für den Sauerlandring, denn in dem Gespräch, das »liebenswürdigerweise« der Vizepräsident des Automobilclubs von Deutschland vermittelt hatte, lobten die Geschäftsleitung des Nürburgrings und der Amtsbürgermeister von Adenau die wirtschaftlichen Effekte über den grünen Klee, während die negativen Begleiterscheinungen, etwa der unvermeidliche Lärm, marginalisiert wurden. »So schlimm, wie man wohl annehmen möchte, [...] sei es am Nürburgring nicht«, erklärte der Geschäftsführer der Nürburgring GmbH Dr. Ludemann. »Auch habe er die Erfahrung, daß Feriengäste schließlich doch etwas hören wollten. Wenn man 3 Tage lang kein Telefon höre, so werde der heutige moderne Feriengast unruhig. Eine absolute Einsamkeit suchten die Gäste heute wohl alle nicht mehr, auch die älteren nicht. Es ist ein gewisser Prozentsatz von Feriengästen da, der absolut nichts hören will. Diese Leute gehen [...] zu den ostfriesischen Inseln.«[55]

---

53 WAA, Archiv Gevelinghausen, Privatakten Karl v. Wendt, Karton 556, Ordner »Presse I«, *Westfalenpost* (Ausgabe Brilon) vom 12. Juli 1967.

54 Über die Frage, ob dies die Rechtsgültigkeit des Beschlusses tangierte, kam es zu einer bezeichnenden bürokratischen Kontroverse. Während der Oberkreisdirektor des Landkreises Meschede die Verquickung von Mandat und persönlichem Interesse für nicht weiter bedeutsam hielt, erklärte der Innenminister von Nordrhein-Westfalen, er habe »keinen Zweifel, daß Freiherr von Wendt gemäß § 23 GO sowohl von jeder beratenden wie entscheidenden Mitwirkung an der Beschlußfassung über den in Frage stehenden Flächennutzungsplan ausgeschlossen ist.« (HStAD NW 453 Nr. 405, Regierungspräsident Arnsberg an den Innenminister des Landes Nordrhein-Westfalen, 6. März 1968 und Antwort des Innenministers vom 25. April 1968 [Zitat].) Das Problem wurde schließlich aus der Welt geschafft, indem die Gemeindevertretung Gevelinghausen die eigenen Beschlüsse in Abwesenheit Wendts aufhob und sogleich noch einmal neu beschloss. Bei dieser Gelegenheit betonte die Gemeindevertretung ausdrücklich mit fünf Stimmen bei einer Gegenstimme, dass sie das Projekt »befürwortet« und »daran interessiert ist, daß das Genehmigungsverfahren [...] baldmöglichst zum Abschluß gebracht wird.« (WAA, Archiv Gevelinghausen, Privatakten Karl v. Wendt, Ordner »Gemeinde Gevelinghausen«, Niederschrift über die Sitzung der Gemeindevertretung Gevelinghausen am 30. Mai 1968 in der Turnhalle der Schule in Gevelinghausen, S. 7.)

55 HStAD NW 453 Nr. 405, Niederschrift über die Besprechung mit der Geschäftsleitung der »Nürburgring GmbH« am 7. März 1967 im Sporthotel des Nürburgringes mit anschließender Ringbesichtigung, S. 1, 3. Für eine andere, erheblich nüchternere Schilderung des Gesprächs vgl.

So konnte Wendt im Kampf für seinen Sauerlandring aus einer starken Position heraus argumentieren. Nachdrücklich wies er in einem Schreiben an die Staatskanzlei darauf hin, »daß die Ämter Bestwig und Bigge sowie die Landkreise Meschede und Brilon und nicht zuletzt die Gemeinde Gevelinghausen von der Strukturfördernden [sic] Wirkung der Rennstrecke überzeugt sind und den Bau begrüßen.« [56] Der stellvertretende Bürgermeister der Gemeinde Elpe schrieb in einem Leserbrief sogar, die umliegende Bevölkerung stehe »fast hundertprozentig hinter dem Vorhaben des Baron von Wendt«.[57] Das war zwar etwas übertrieben, aber eine satte Mehrheit favorisierte das Projekt allemal: Eine Abstimmung unter den Einwohnern von Gevelinghausen ergab bei 87 Prozent Wahlbeteiligung 64 Prozent Zustimmung.[58] Die vorherrschende Stimmung spiegelte ein selbstgebastelter Kehrreim, den die örtliche Fußballmannschaft am Vorabend der Abstimmung in der Gevelinghausener Schützenhalle zum Besten gab:

> »Drum, Brüder, laßt euch sagen, gebt morgen euer Ja,
> dann ist in einem Jahre der Wohlstand da.«[59]

Schwach waren bei Wendts Kampagne eigentlich nur die Argumente, mit denen er die Einwände der Naturschützer zu widerlegen versuchte. Was Wendt in dieser Beziehung produzierte, war nämlich nicht allzu überzeugend – um es einmal dezent zu formulieren. »Eine Störung des Landschaftsbildes sei nicht zu befürchten«, erklärte Wendt im Gespräch mit Friede, denn der zwei Meter hohe Zaun, der das Gelände umgeben sollte, werde »eingegrünt«.[60] Auch bei anderer Gelegenheit präsentierte Wendt den Maschendrahtzaun, der »mit schnellwachsendem Rankengewächs bepflanzt würde«, als angemessene Reaktion auf die Bedenken der Naturschützer.[61] Außerdem könne das Gelände »nur von oben eingesehen werden«[62], was bei der Hanglage der Rennstrecke aber wenig zur Sache tat; bei der Planung der Strecke war außerdem Wert darauf gelegt worden, dass »die Zuschauer fast das ganze Rennen überblicken können«.[63] Und schließlich wies Wendt darauf hin, »daß 3 der bekann-

---

WAA Bestand 906 Nr. 357, Vermerk der Landesplanungsgemeinschaft Westfalen, 10. April 1967.

56 HStAD NW 453 Nr. 405, Sauerlandring GmbH an den Chef der Staatskanzlei des Landes Nordrhein-Westfalen, Abt. III A 5 Landesplanung, 13. April 1968, S. 2.

57 WAA, Archiv Gevelinghausen, Privatakten Karl v. Wendt, Karton 556, Ordner »Presse I«, *Westfalenpost* (Ausgabe Brilon) vom 14. Juni 1967.

58 Ebd., Ordner »Presse II«, *Ruhr-Nachrichten* (Essen) vom 23. Oktober 1967.

59 Ebd., *Westfalenpost* vom 25. Oktober 1967.

60 HStAD NW 453 Nr. 405, Vermerk vom 22. April 1968, S. 1.

61 Ebd., Sauerlandring GmbH an das Bauministerium, 20. April 1968, S. 1.

62 Ebd.

63 *Frankfurter Allgemeine Zeitung* Nr. 200 (30. August 1967), S. 7.

testen Europäischen Badeorte, nämlich Zandvoort in Holland, Spa in Belgien und Monaco über je eine eigene Rennstrecke verfügen, und diese Rennstrecken den Erholungs- und Badeverkehr in keiner Weise beeinträchtigen.«[64] Das waren keine Gegenargumente. Das waren Beweise des Unverständnisses, mit dem der Rennbaron den Bedenken der Naturschützer entgegentrat.

Schlechte Argumente schaden aber bekanntlich nicht, wenn man nur die nötige politische Unterstützung besitzt. Und dass die Bedenken der Naturschützer gegen die vom Rennbaron geschmiedete Allianz wenig auszurichten vermochten, war nur zu offenkundig. Schon Anfang 1967 hatte die Schutzgemeinschaft Deutscher Wald ihre Sorgen über die strukturelle Schwäche des eigenen Lagers in eine geradezu verzweifelte Frage gepackt: »Wer soll nun noch helfen, dem Wahnsinn zu wehren? Der Naturschutz? Die Landesplanung?« Die Schutzgemeinschaft gab die resignative Antwort gleich selbst: »Man weiß doch, wie so was gemacht wird. Zu viele Beispiele schrecken.«[65] Tatsächlich erwies sich die Landesplanung jedoch keineswegs als der zahnlose Tiger, der sie für die Schutzgemeinschaft Deutscher Wald zu sein schien. Die Landesplanungsgemeinschaft Westfalen beschloss nämlich am 12. Juli 1967, »daß der Entwurf des Flächennutzungsplanes der Gemeinde Gevelinghausen im Hinblick auf die darin vorgesehene Rennstrecke ›Sauerlandring‹ den Zielen der Landesplanung nicht angepaßt ist«[66] – und setzte sich damit am Ende auch durch. Nicht der Naturschutz, sondern die Landesplanung stoppte Wendts Sauerlandring.

Genuin naturschützerische Argumente waren dabei für die Landesplanungsgemeinschaft von nachgeordneter Bedeutung. »Wir sehen gar nicht so sehr die Zerstörung der Landschaft, das ist ein kleiner, verhältnismäßig kleiner Raum, den wir zwar bedauern, aber das ist nicht die entscheidende Frage«, erklärte der Vorsitzende des Verwaltungs- und Planungsausschusses Westfalen-Lippe in einer Rundfunksendung des WDR.[67] Zentral war vielmehr der Status des Sauerlands als prädestiniertes Erholungsgebiet für das Ruhrgebiet: »Die optischen und akustischen Belästigungen, die mit dem Bau und Betrieb der Rennstrecke verbunden wären, würden den Erholungs-

64 HStAD NW 453 Nr. 405, Sauerlandring GmbH an das Bauministerium, 20. April 1968, S. 3.

65 *Unser Wald. Zeitschrift der Schutzgemeinschaft Deutscher Wald* 1 (Januar 1967), S. 3.

66 WAA Bestand 906 Nr. 357, Niederschrift über die 16. Sitzung des Verwaltungs- und Planungsausschusses der Landesplanungsgemeinschaft Westfalen am 12. Juli 1967 im großen Sitzungssaal der Kreisverwaltung in Meschede, S. 19.

67 WAA, Archiv Gevelinghausen, Privatakten Karl v. Wendt, Karton 556, Ordner »Presse I«, Abschrift einer Rundfunksendung am Freitag, den 16. Juni 1967 im »Westfalenecho«, Westdeutscher Rundfunk Köln, Interview des Rundfunks mit Landesplaner Langer und dem Vorsitzenden des Verwaltungs- und Planungsausschusses Westfalen-Lippe, Herrn Dr. Naunin, S. 2.

wert des Raumes aufheben«, befand die Landesplanungsgemeinschaft.[68] Das hatten die Naturschützer zwar auch gesagt, aber die Landesplanungsgemeinschaft gab dem Argument eine völlig neue Bedeutung. Bei den Naturschützern hatte der Verweis auf die Erholungsfunktion rein defensiven Charakter gehabt und wurde überhaupt eher aus der Not heraus erwähnt; wenn man Angst vor einer »Verrummelung« der Landschaft hatte, konnte man schließlich nur sehr schwer einer intensiven touristischen Nutzung das Wort reden. Die Landesplanungsgemeinschaft präsentierte ihre Bedenken hingegen als Element einer weitsichtigen Planung: Das untere Elpetal gehörte für sie »zweifelsfrei zu den Gebieten, die sich für die Erholung besonders eignen und die aufgrund des Landesentwicklungsprogramms freizuhalten seien.«[69] Außerdem äußerte die Landesplanungsgemeinschaft Zweifel am wirtschaftlichen »Belebungseffekt«, befürchtete »Lärmstörungen«, die »erheblich über den für reine Industriegebiete zulässigen Normen liegen« würden, und kritisierte die mangelhafte verkehrliche Erschließung der Gegend: An Renntagen sei »mit Abfließen der Verkehrsmenge nur in einer Zeit bis zu 10 Stunden zu rechnen.«[70]

Das Votum der Landesplanungsgemeinschaft war zwar eindeutig, stand rechtlich gesehen jedoch auf wackeligen Füßen. Da es für die Gegend um Gevelinghausen keinen rechtsgültigen Gebietsentwicklungsplan gab, konnte sich die Entscheidung nur auf die allgemeinen Vorgaben des Landesentwicklungsgesetzes und des Landesentwicklungsprogramms stützen, und die konnte man naturgemäß unterschiedlich interpretieren.[71] Auch sonst fehlten spezifische Vorgaben für das fragliche Gelände: »Man würde sich in einer günstigeren Situation befinden, wenn das Gebiet der Rennstrecke zum Landschaftsschutzgebiet des Rothaargebirges gehören würde«, klagte Ministerialrat Friede.[72] Überhaupt war das Urteil der Landesplanungsgemeinschaft keineswegs bindend: Nach dem Landesplanungsgesetz entschied die Landesplanungsbehörde – seit Januar 1967 wieder in der Staatskanzlei ansässig – »im Einvernehmen mit den beteiligten Landesministern über die von der Landesplanungsgemeinschaft Westfalen getroffene Feststellung.«[73] Die endgültige Entscheidung war

68 HStAD NW 453 Nr. 405, Der Chef der Staatskanzlei des Landes Nordrhein-Westfalen an den Innenminister, den Minister für Wirtschaft, Mittelstand und Verkehr, den Minister für Ernährung, Landwirtschaft und Forsten, den Arbeits- und Sozialminister und den Minister für Wohnungsbau und öffentliche Arbeiten des Landes Nordrhein-Westfalen, 4. Juni 1968, S. 2.

69 Ebd.

70 Ebd., S. 2f.

71 HStAD NW 453 Nr. 405, Ergebnisprotokoll über die Sitzung im Landesmuseum für Volk und Wirtschaft am 21. Dezember 1967 betr. Sauerlandring, S. 1.

72 Ebd., S. 2.

73 HStAD NW 453 Nr. 405, Der Chef der Staatskanzlei des Landes Nordrhein-Westfalen an den Innenminister, den Minister für Wirtschaft, Mittelstand und Verkehr, den Minister für Ernäh-

daher schon deshalb nicht sicher, weil an ihr neben der Staatskanzlei nicht weniger als fünf Ressorts zu beteiligen waren: das Innenministerium, das Wirtschaftsministerium, das Landwirtschaftsministerium, das Arbeits- und Sozialministerium und das Ministerium für Wohnungsbau und öffentliche Arbeiten.

Eine erste Besprechung der Angelegenheit fand kurz vor Weihnachten 1967 im Düsseldorfer Landesmuseum für Volk und Wirtschaft statt. Dabei zeigte sich eine deutliche Tendenz, der Empfehlung der Landesplanungsgemeinschaft zu folgen: Naturschutzreferent Friede sprach sich eindeutig gegen das Projekt aus, ein Ministerialrat des Arbeitsministeriums erhob »im Hinblick auf die Lärmbeeinträchtigung Gevelinghausens sehr starke Bedenken gegen die Rennstrecke, da die Lärmbelastungswerte für die Bevölkerung hier entschieden zu hoch seien«, und ein Vertreter der Straßenbauabteilung des Bauministeriums erklärte, er stünde »der Angelegenheit Sauerlandring neutral gegenüber.«[74] Auch der Vertreter des Wirtschaftsministeriums gab sich alles andere als begeistert: »Man sollte zwar die Wirtschaftsstruktur in diesem Gebiet verbessern, ihm erscheine jedoch das Projekt Sauerlandring wegen seiner wirtschaftlichen Labilität zu diesem Zwecke nicht geeignet, zumal auf lange Sicht gesehen die Wirtschaftsstruktur durch eine Rennstrecke nicht wesentlich verbessert werden könne.«[75] Nur der Vertreter des Landwirtschaftsressorts präsentierte eine andere Sicht der Dinge: »Er habe ausdrückliche Weisung seines Hauses, für den Bau des Sauerlandringes einzutreten, da die Bevölkerung des Amtes Bestwig wegen der ungünstigen Struktur der landwirtschaftlichen Betriebe – meist landwirtschaftliche Nebenerwerbsbetriebe – auf jede Art von zusätzlichen Erwerbsmöglichkeiten dringend angewiesen sei«, erklärte Regierungsdirektor Dr. Pütz aus dem Ministerium für Ernährung, Landwirtschaft und Forsten. Er erhoffte sich vom Sauerlandring »neue Impulse« für den Fremdenverkehr, »und nur die Fremdenverkehrsförderung könne die Erwerbslage der Landwirte in diesem Gebiet wesentlich verbessern.«[76] Zwar gab sich Pütz kompromissbereit: »Wenn sich etwas anderes als der Sauerlandring, z. B. ein nichtemittierender Industriebetrieb zur Verbesserung der Wirtschaftsstruktur anböte, so sei er auch damit einverstanden«.[77] Aber die eindeutige Weisung des Landwirtschaftsministers machte es unmöglich, unter den Ministerien die nötige Einigkeit herzustellen. Man beschloss, sich zu vertagen.

rung, Landwirtschaft und Forsten, den Arbeits- und Sozialminister und den Minister für Wohnungsbau und öffentliche Arbeiten des Landes Nordrhein-Westfalen, 5. Dezember 1967.

74 Ebd., Ergebnisprotokoll über die Sitzung im Landesmuseum für Volk und Wirtschaft am 21. Dezember 1967 betr. Sauerlandring, S. 2f.

75 Ebd., S. 4.

76 Ebd., S. 3.

77 Ebd., S. 4.

In ihrer Einladung zur ersten Sitzung hatte die Staatskanzlei die Materie noch betont nüchtern dargestellt und keine eigene Präferenz erkennen lassen.[78] In der Einladung zur zweiten Sitzung gab sie diese Zurückhaltung auf: »Ich beabsichtige, die Feststellung der Landesplanungsgemeinschaft Westfalen zu bestätigen«, ließ die Staatskanzlei die beteiligten Ministerien wissen.[79] Trotz dieses Winks gelang es jedoch wiederum nicht, einen einstimmigen Beschluss herbeizuführen. Kurioserweise war es diesmal der Vertreter des Wirtschaftsministeriums, der die Entscheidung blockierte: »Er habe ausdrückliche Weisung seines Ministers, aus Gründen der Förderung des Fremdenverkehrs und der Strukturverbesserung für den Bau des Sauerlandringes einzutreten.«[80] Für das Landwirtschaftsministerium war das Projekt hingegen »bedeutungslos« geworden: Der Sauerlandring lasse »keine nennenswerte Vermehrung außerlandwirtschaftlicher Arbeitsplätze und daher auch keine nachhaltige Erhöhung der Einkommen im landwirtschaftlichen Bereich erwarten.«[81] Außerdem hatte der Landwirtschaftsminister offenbar zwischenzeitig sein Herz für die Natur entdeckt: Das Gebiet um Gevelinghausen gehöre »zu den wenigen sehr reizvollen Tälern des Sauerlandes, die für Zwecke der Erholung erhalten bleiben müßten.«[82] So ging die Sache zur Erörterung an das Kabinett, und dort fand die Sache schließlich ihr definitives Ende. Am 9. Juli 1968 beschloss die Landesregierung von Nordrhein-Westfalen: Der Sauerlandring wird nicht gebaut.[83]

In ihrem Warnruf vom Januar 1967 hatte die Schutzgemeinschaft Deutscher Wald emphatisch erklärt, die »einzige Hoffnung«, die noch bleibe, sei »der gute, unverdorbene Geist der Bevölkerung« und deren Verbundenheit zur »Heimatnatur«.[84] Aber damit war es offenkundig nicht mehr weit her, wie die wütende Reaktion auf den Kabinettsbeschluss zeigte. Der Gemeinderat von Gevelinghausen klagte in

78 HStAD NW 453 Nr. 405, Der Chef der Staatskanzlei des Landes Nordrhein-Westfalen an den Innenminister, den Minister für Wirtschaft, Mittelstand und Verkehr, den Minister für Ernährung, Landwirtschaft und Forsten, den Arbeits- und Sozialminister und den Minister für Wohnungsbau und öffentliche Arbeiten des Landes Nordrhein-Westfalen, 5. Dezember 1967.

79 Ebd., Der Chef der Staatskanzlei des Landes Nordrhein-Westfalen an den Innenminister, den Minister für Wirtschaft, Mittelstand und Verkehr, den Minister für Ernährung, Landwirtschaft und Forsten, den Arbeits- und Sozialminister und den Minister für Wohnungsbau und öffentliche Arbeiten des Landes Nordrhein-Westfalen, 4. Juni 1968, S. 4.

80 Ebd., Ergebnisprotokoll über die Sitzung im Ministerium für Wohnungsbau und öffentliche Arbeiten am 26. Juni 1968 betr. Sauerlandring, S. 2.

81 Ebd., S. 1.

82 Ebd.

83 Die Welt Nr. 160 (12. Juli 1968), S. 7; Ruhr-Nachrichten Nr. 159 (11. Juli 1968), S. 3. Vgl. auch HStAD NW 453 Nr. 403, Vermerk des Ministers für Wohnungsbau und öffentliche Arbeiten des Landes Nordrhein-Westfalen, 6. August 1969, S. 1.

84 *Unser Wald. Zeitschrift der Schutzgemeinschaft Deutscher Wald* 1 (Januar 1967), S. 3.

einer einstimmig verabschiedeten Resolution, die Entscheidung lasse »eine erschreckende Unkenntnis über die Probleme unseres Lebensraumes erkennen«, auch die Gemeindevertretung der Nachbargemeinde Ramsbeck meinte, »daß die Bevölkerung dieser Entscheidung verständnislos gegenüberstehe«, und Wendt selbst verzichtete auf die Teilnahme an einem Bergrennen im italienischen Trient, eilte ins Sauerland zurück und erging sich in wüsten Attacken auf die Landesregierung: »In Düsseldorf wird manipuliert«, rief Wendt, außerdem sei die Landesplanung »nicht berechtigt, uns zu vergewaltigen«.[85] Mehr als tausend Menschen protestierten in Gevelinghausen mit einem Hupkonzert gegen die Entscheidung, auf Transparenten las man Parolen der Marke »Für den Sauerlandring – auf nach Düsseldorf mit faulen Eiern und Tomaten«, Autowerkstätten und Tankstellen verteilten 50 000 Aufkleber »Ja zum Sauerlandring«, der Briloner SPD-Landtagsabgeordnete Julius Drescher erklärte, die Ablehnung wirke »wie eine politische Abschreibung des Sauerlandes«, der Elper CDU-Bundestagsabgeordneter Bernhard Balkenhol giftete, das Sauerland sei »nicht nur dazu da, daß hier pensionierte Beamte und sonstige wohlhabende Leute spazierengehen können«, mehrfach wurden in den folgenden Monaten lokale Behörden bei der Düsseldorfer Landesregierung vorstellig, um eine Revision des Kabinettsbeschlusses zu erreichen, sogar ein »Protestmarsch nach Düsseldorf« war im Gespräch, noch im Bundestagswahlkampf 1969 bearbeitete Wendt den SPD-Fraktionsvorsitzenden Helmut Schmidt bei einer Stippvisite auf Schloss Gevelinghausen und kutschierte ihn im Rennwagen über die Straßen des Kreises[86] – aber die Entscheidung war gefallen; die einzige Konzession der Landesregierung bestand in einem großzügigen Zuschuss für einen »Parkplatz für Autowanderer« am Ortsrand von Geveling-

---

85 WAA, Archiv Gevelinghausen, Privatakten Karl v. Wendt, Ordner »Gemeinde Gevelinghausen«, Niederschrift über die nichtöffentliche Dringlichkeitssitzung der Gemeindevertretung der Gemeinde Gevelinghausen am 11. Juli 1968 in der Schule in Gevelinghausen, S. 3; *Sauerland. Zeitschrift des Sauerländer Heimatbundes* Nr. 1 (August 1968), S. 9f; WAA, Archiv Gevelinghausen, Privatakten Karl v. Wendt, Karton 556, Ordner »Presse II«, *Westfälische Rundschau* Nr. 162 vom 15. Juli 1968. Vgl. auch Die Welt Nr. 161 (13. Juli 1968), S. 9.

86 *Sauerland. Zeitschrift des Sauerländer Heimatbundes* Nr. 1 (August 1968), S. 10; WAA, Archiv Gevelinghausen, Privatakten Karl v. Wendt, Karton 556, Ordner »Presse II«, *Westfalenpost* vom 13., 16., 18. und 22. Juli 1968; HStAD NW 453 Nr. 406, Landkreis Meschede, Der Oberkreisdirektor an den Chef der Staatskanzlei des Landes Nordrhein-Westfalen, Abt. III Landesplanung, 27. September 1968, S. 1, Der Minister für Wohnungsbau und öffentliche Arbeiten des Landes Nordrhein-Westfalen an den Chef der Staatskanzlei des Landes Nordrhein-Westfalen, 13. November 1968, NW 453 Nr. 403, Vermerk des Ministers für Wohnungsbau und öffentliche Arbeiten des Landes Nordrhein-Westfalen, 6. August 1969; *Rheinische Post* Nr. 189 (15. August 1968), S. 3; WAA, Archiv Gevelinghausen, Privatakten Karl v. Wendt, Karton 556, Ordner »Presse II«, *Westfälische Rundschau* Nr. 203 vom 3. September 1969.

hausen.[87] Offenbar war der Natur- und Heimatschutz, der die Balver Höhle gerettet hatte, im Sauerland allenfalls dann noch mehrheitsfähig, wenn es nicht um Wirtschaftswachstum und Arbeitsplätze ging. Während die lokalen Naturschützer im Abseits standen, verhinderte die Landesplanungsgemeinschaft Westfalen zusammen mit der Landesregierung ein Projekt, das so ziemlich allem, wofür das Sauerland stand, Hohn sprach. Es wäre nur konsequent gewesen, wenn sich der Sauerländer Heimatbund nach seinem Votum für den Sauerlandring aufgelöst hätte. Die eigentlichen Heimatschützer saßen ja nun offenkundig in Düsseldorf und Münster.

Postskriptum

Im Juni 2002 meldete der EuroSpeedway Lausitz, gemeinhin Lausitzring genannt, Insolvenz an. Seit der Eröffnung im Sommer 2000 war der Lausitzring nicht aus den Schlagzeilen gekommen, und nach sieben Millionen Euro Verlust in den ersten beiden Betriebsjahren war die Gesellschaft am Ende. Von den Baukosten in Höhe von 155 Millionen Euro hatte das Land Brandenburg 123 Millionen bezahlt und damit 48 Arbeitsplätze geschaffen – selbst nach ostdeutschen Maßstäben eine eklatante Fehlleitung öffentlicher Subventionen.[88] Die *Süddeutsche Zeitung* fällte ein vernichtendes Urteil: »Der Lausitzring ist schlicht überflüssig. Niemand braucht ihn, weil das ohnehin in der Krise befindliche Motorsport-Geschäft keinen Bedarf an weiteren Rennstrecken hat.« Und niemand möge sagen, er hätte es nicht wissen können: »Warnungen gab es genug«.[89] Da fällt es nicht schwer, Parallelen zum Sauerlandring zu erkennen: Öffentlich hatte beispielsweise ein Mitarbeiter der Landesplanungsgemeinschaft Westfalen im Herbst 1967 gewarnt, »daß Überschüsse aus dem Rennbetrieb nicht zu erzielen sind«, sondern vielmehr mit »erheblichen Folgekosten für die öffentliche Hand zu rechnen« sei.[90] So ganz aus der Luft gegriffen war das offenkundig nicht.

Nach einiger Zeit des Protests fand man sich im Kreis Meschede schließlich damit ab, dass die Entscheidung der Landesregierung unumstößlich war. Und so konzentrierte Wendt seine Energien auf ein neues Projekt: den Aufbau eines Freizeit-

---

87 HStAD NW 453 Nr. 406, Der Ministerpräsident des Landes Nordrhein-Westfalen an den Minister für Wohnungsbau und öffentliche Arbeiten des Landes Nordrhein-Westfalen, 24. April 1969 (Zitat) und Schreiben des Referats I/2 an Abteilungsleiter II i.V., 5. August 1969.

88 *Süddeutsche Zeitung* Nr. 141 (21. Juni 2002), S. 27; Die Zeit Nr. 39 (19. September 2002), S. 27.

89 *Süddeutsche Zeitung* Nr. 141 (21. Juni 2002), S. 26.

90 *Frankfurter Allgemeine Zeitung* Nr. 232 (6. Oktober 1967), S. 6.

Abbildung 11: Der Ort der geplanten Rennstrecke heute. Über die nötigen Umbauten an den Strommasten hatte sich Wendt bereits mit der VEW verständigt. (WWA F 142 Nr. 221, Sauerlandring GmbH an Vereinigte Elektrizitätswerke Westfalen, 12. Juli 1967.)

zentrums. Schon im Winter 1967/68 hatte Wendt einen Schlepplift für den Wintersport bauen lassen. 1969 wurde am Fuße des Skihangs ein kleiner Restaurationsbetrieb, die so genannte »Skihütte«, errichtet, die später erweitert und mit Kegelbahnen ausgestattet wurde. 1971 wurde im Elpetal, etwa fünf Kilometer südlich von Gevelinghausen, ein Campingplatz sowie ein »Steakhouse« als Restaurant und Diskothek eröffnet, ein Jahr später wurde in der Nähe eine 780 Meter lange Sommerrodelbahn angelegt, zu dieser Zeit eine deutschlandweit einmalige Attraktion. Auch sein eigenes Schloss ließ Wendt nicht unverändert: In einem Ökonomiegebäude entstand 1973 das Hotel Schloß Gevelinghausen mit 50 Betten. 1976 wurde schließlich die Westernstadt »Fort Fun City« eröffnet, ein Freizeitpark, der bis heute zu den touristischen Attraktionen des Sauerlands zählt und weit über dessen Grenzen hinaus bekannt ist.[91] Nebenher wurde Wendt, der Ende der 60er Jahre als erster sauerländischer Fremdenverkehrsunternehmer auf die Internationale Tourismusbörse nach Ber-

---

91 Martina Flade, *Nutzeranalyse des Freizeitparks Fort Fun. Ein Beitrag zur Geographie des Freizeitverhaltens* (Schriftliche Hausarbeit im Rahmen der Ersten Staatsprüfung für das Lehramt für die Sekundarstufe II), Bochum, Juli 1982, S. 11.1–11.3.

lin gegangen war, 1974 zum Gründungsvorsitzenden des Fremdenverkehrsverbandes Sauerland gewählt.[92] In der Saison 1981 beschäftigte Fort Fun insgesamt 144 Personen.[93]

Abbildung 12: Weihnachtsbäume statt Rennsportlärm – lassen sich markantere Alternativen für die Zukunft des Sauerlandes denken? Der Bau des Sauerlandrings hätte zweifellos einen brutalen Eingriff in die Landschaft zwischen Meschede und Brilon bedeutet – und trotzdem wird der Rennstrecke und ihrem Initiator noch heute manche Träne nachgeweint.

Von außen mag es so aussehen, als ob das Sauerland hier letztlich gut davongekommen wäre. Statt einer lärmenden Rennstrecke erhielt die Region um Meschede einen populären Freizeitpark, statt der PS-Fetischisten sind nun Familien mit Kindern die touristische Stammklientel. Aber die Einheimischen sehen die Sache nach wie vor anders: Wer im Gevelinghausener Landhotel »Am Schloß« das Wort »Sauerlandring« fallen lässt, schaut beim Besitzer in glänzende Augen. Wenn der Plan heute wieder aufgewärmt würde – er wäre mit fliegenden Fahnen dafür. Schließlich sei man für jede Attraktion dankbar. Man könne so einen Ring ja in die Landschaft einbetten, wie beim Nürburgring. Und auch mit dem Lärm würde es wohl nicht so

92 *Im Sauerland. Magazin für Tourismus, Wirtschaft und Kultur* Nr. 2 (Juni 1999), S. 28.
93 Flade, *Nutzeranalyse*, S. 11.

schlimm: Wenn die Rennstrecke im Wald liege, dann höre man das ja nicht so. Auch über Wendt ist vor Ort nur Gutes zu hören, noch vor wenigen Jahren feierte ihn das Magazin für Tourismus, Wirtschaft und Kultur *Im Sauerland* als »großen Idealisten« und »Pionier im Freizeittourismus«[94] – was umso bemerkenswerter ist, als er selbst nicht mehr im Sauerland lebt. 1985 musste Karl Freiherr von Wendt als alleiniger Besitzer von Fort Fun Vergleich anmelden, im folgenden Jahr erlosch Wendts Unternehmen. Sein Schloss dient heute einer Berufsgenossenschaft als Tagungszentrum, Fort Fun wird von einem Nachfolgeunternehmen betrieben; auf dem Hang, an dem der Sauerlandring entstehen sollte, gedeihen nun Tannenbäume, vermutlich für den Weihnachtsbaumverkauf. Und Wendt lebt heute, wie man hört, als eine Art sauerländischer Strousberg verarmt in Kanada.

94 *Im Sauerland. Magazin für Tourismus, Wirtschaft und Kultur* Nr. 2 (Juni 1999), S. 28.

5. Der Kampf um den Kamm: Die Bedrohung des Wiehengebirges durch Steinbruchbetriebe

Das Wiehengebirge ist die nördlichste Mittelgebirgsschwelle Deutschlands. Als nordwestlicher Ausläufer des Weserberglandes erstreckt es sich ungefähr parallel zum Teutoburger Wald bis in den Osnabrücker Raum und prägt weithin das Landschaftsbild. »Wallartig erhebt sich das langgezogene, relativ schmale Gebirge aus dem norddeutschen Flachlande«, heißt es in einer geologischen Dissertation aus dem Jahr 1910.[1] Am Nordwestende des Wiehengebirges wurde vor einigen Jahren bei Kalkriese der Ort der legendären Varusschlacht gefunden, im Osten endet das Wiehengebirge an der Porta Westfalica, dem bekannten Durchbruch der Weser ins norddeutsche Tiefland; auf der anderen Seite der Weser setzt sich der Gebirgszug als Wesergebirge fort. Schon im 11. Jahrhundert wurde im Wiehengebirge Steinabbau betrieben. Über Jahrhunderte stand dabei der Portasandstein im Mittelpunkt, der aus geologischen Gründen vor allem zu beiden Seiten des Weserdurchbruchs gewonnen wurde; zahlreiche Sakralbauten im Weserraum wurden mit diesem Stein erbaut. Im frühen 20. Jahrhundert waren die wirtschaftlich abbaubaren Lager jedoch weitgehend erschöpft, und seit 1945 wird im Wiehengebirge praktisch kein Portasandstein mehr gewonnen.[2] Stattdessen rückte der Korallenoolith in den Mittelpunkt des Interesses. Vor allem dort, wo dieser Kalkstein wie im Wiehengebirge einen hohen Sandgehalt aufwies, lohnte der Abbau, denn Kalksandstein ist aufgrund seiner Druckfestigkeit ein ausgezeichnetes Straßenbaumaterial; außerdem konnte er als Bruchstein, Bordstein und Pflasterstein verwendet werden. Nach dem Zweiten Weltkrieg wurden deshalb die Kalksandsteinvorkommen des Wiehengebirges in großem Umfang erschlossen und für den Straßenbau verwandt. Die Massenmotorisierung forderte ihren Tribut.[3]

---

1 Karl von See, *Geologische Untersuchungen im Weser-Wiehengebirge bei der Porta Westfalica*, Göttingen 1910, S. 1f.

2 Vgl. ebd., S. 20f.

3 Fritz Helmerding, Landschaftsschäden im Wiehen-Wesergebirge. Ein Gutachten (*Mitteilungen der Landesstelle für Naturschutz und Landschaftspflege in Nordrhein-Westfalen* Jg. 6 Neue Folge 9 [Mai 1968]), S. 3, 9. Allgemein zum Aufschwung des Sand- und Kiesabbaus im Nachkriegsdeutschland Reinhard Grebe, Sicherung und Entwicklung der Landschaft, in: Gerhard

Über die Konsequenzen des Steinbruchbetriebs für die ostwestfälische Landschaft hat man sich nach Lage der Akten zunächst nur wenig Sorgen gemacht. Ein Betriebsplan für den Tagebau Wülpker Egge von 1957 enthielt zum Beispiel lediglich die Auflage, den »Wanderweg auf der Kammlinie [...] zu verlegen und zu unterhalten«, falls dieser durch den Abbau in Mitleidenschaft gezogen würde, außerdem sollten die abgebauten Flächen »unverzüglich, spätestens aber nach 15 Jahren ordnungsgemäß aufgeforstet werden«.[4] Auch eine Rodungsgenehmigung von 1961 ließ keine großen Bedenken erkennen: »Die Gewinnung von Gesteinsmaterial ist volkswirtschaftlich notwendig, um den Anforderungen des Straßenausbaues nachkommen zu können. Forstwirtschaftlichen Interessen ist durch die spätere Wiederaufforstung der Flächen Rechnung getragen«, hieß es dort lakonisch.[5] Und auch in den Tätigkeitsberichten des Bezirksbeauftragten für Naturschutz und Landschaftspflege im Regierungsbezirk Detmold tauchten die Steinbrüche zunächst nicht auf. Diesen beschäftigten andere Themen, etwa die »Bestrebungen [...] zum Bau von Sesselbahnen« zum Hermannsdenkmal bei Detmold und zum Kaiser-Wilhelm-Denkmal an der Porta Westfalica oder der Wunsch, Industriebetriebe in der freien Landschaft nur noch mit der Auflage zu genehmigen, »die Anlage mit einem entsprechenden Grünschutzgürtel aus heimischen Gehölzen zu umpflanzen.«[6] Die anders gelagerten Interessen der Naturschützer spiegelten sich auch in einer Resolution des Westfälischen Heimatbundes, der schon 1949 »eine alsbaldige Säuberung des Felsens« in der Porta Westfalica zwecks »Wiederherstellung des Landschaftsbildes« forderte.[7]

So kümmerten sich die behördlichen Naturschützer vorerst nur dann um Steinbrüche, wenn es aus administrativen Gründen erforderlich war. Das war etwa dann der Fall, wenn geplante Steinbrüche in geschützten Landschaftsteilen lagen. Aber auch solche Vorgänge galten offenkundig als unproblematisch: Ohne viel Aufhebens

---

Olschowy (Hg.), *Natur- und Umweltschutz in der Bundesrepublik Deutschland*, Hamburg und Berlin 1978, S. 855–869; S. 862.

4 HStAD NW 453 Nr. 154, Der Minister für Wirtschaft, Mittelstand und Verkehr des Landes Nordrhein-Westfalen an den Minister für Wohnungsbau und öffentliche Arbeiten des Landes Nordrhein-Westfalen, 21. März 1969. Vgl. dazu auch Staatsarchiv Detmold D 1 Nr. 17372, Ortstermin betr. Abbau Klippenflöz Wülpker Egge am 3. Februar 1955 in Kleinenbremen, und D 1 Nr. 17373, Ortstermin im Rodungsantrag Eisenerzgrube Wohlverwahrt am 5. Februar 1957, S. 3.

5 HStAD NW 453 Nr. 141, Der Direktor der Landwirtschaftskammer Westfalen-Lippe als Landesbeauftragter, Forstamt Lübbecke an die Firma Heinz Schiewe, 22. September 1961, S. 2.

6 HStAD NW 60 Nr. 714 Bl. 46, 53.

7 Staatsarchiv Detmold D 1 Nr. 17372, Westfälischer Heimatbund, Heimatgebiet Minden an den Regierungspräsidenten Detmold, 12. Mai 1949.

Mitteilungen

der Landesstelle für Naturschutz
und Landschaftspflege in Nordrhein-Westfalen

6. Jahrgang | Neue Folge 9 | Mai 1968

Landschaftsschäden im Wiehen- Wesergebirge

Ein Gutachten

von Fritz Helmerding

Abbildung 13: Der Bericht Fritz Helmerdings in den *Mitteilungen der Landesstelle für Naturschutz und Landschaftspflege in Nordrhein-Westfalen*.

genehmigte der Regierungspräsident Detmold als Höhere Naturschutzbehörde im Juni 1951 die Anlegung eines Steinbruchs in einem Landschaftsschutzgebiet.[8] Der Steinbruch würde »von dem Gelände nördlich des Wiehengebirges nicht sichtbar sein, so daß eine Verunstaltung, welche das öffentliche Interesse stören würde, nicht eintritt«, erklärte die Untere Naturschutzbehörde im Kreis Minden in diesem Fall lakonisch.[9] Vier Jahre später bemerkte die Untere Naturschutzbehörde zu einem anderen Antrag ähnlich lethargisch, der geplante Steinabbau sei »leider nicht zu vermeiden, da die Erzförderung im volkswirtschaftlichen Interesse nicht unterbunden werden kann« und bescheinigte dem Antragsteller sogar ausdrücklich den guten Willen, »die Zerstörung in der Landschaft zu vermeiden«[10]; im gleichen Jahr verweigerten dieselben Beamten übrigens die Genehmigung zur Anlage eines Märchengartens in der Nähe der Porta Westfalica mit der Begründung, dadurch werde »das Landschaftsschutzgebiet seines Charakters entkleidet«.[11] Als der Gebirgsverein Bergkirchen und Umgebung 1957 erstmals zaghaft gegen den Steinabbau im Wiehengebirge protestierte – vor allem die Sprengungen waren dem stark vom Fremdenverkehr abhängenden Bergkirchen ein Dorn im Auge –, reagierte die Untere Naturschutzbehörde im Landkreis Lübbecke mit Beschwichtigungen: »Die Steinbrüche sind im Hinblick auf den immer stärker werdenden Straßenausbau unbedingt notwendig«, hieß es da, und im Übrigen werde durch Auflagen »eine Verunstaltung des Landschaftsbildes weitgehend vermieden«.[12] Als die zuständigen Beamten im Juli 1958 eine Bereisung des Landkreises Minden in Naturschutzangelegenheiten durchführten, blieben die Steinbruchbetriebe bezeichnenderweise unerwähnt, während ein Schwarzbau in einem verlassenen Steinbruch mit Empörung registriert wurde.[13] Noch im Juli 1962 billigte der Bezirksbeauftragte für Naturschutz und Landschaftspflege Karl Korfsmeier im Wiehengebirge ohne erkennbare Bedenken einen Steinbruch von 800 Metern Länge und 300 Metern Breite, durch den das Stein-

8 Ebd., Regierungspräsident Detmold, Höhere Naturschutzbehörde an die Kreisverwaltung Minden, Untere Naturschutzbehörde, 16. Juni 1951.

9 Ebd., Kreisverwaltung Minden, Untere Naturschutzbehörde an den Regierungspräsidenten Detmold, Höhere Naturschutzbehörde, 15. Mai 1951.

10 Ebd., Kreisverwaltung Minden, Untere Naturschutzbehörde an den Regierungspräsidenten Detmold, Höhere Naturschutzbehörde, 18. Februar 1955, S. 2.

11 Ebd., Regierungspräsident Detmold, Höhere Naturschutzbehörde an die Kreisverwaltung Minden, Untere Naturschutzbehörde, 4. Juli 1955, S. 2. Vgl. dazu auch Staatsarchiv Detmold D 1 Nr. 17373, Landkreis Minden, Kreisverwaltung als untere Naturschutzbehörde an Werner Kunth, 6. Mai 1955.

12 Staatsarchiv Detmold D 1 Nr. 17373, Landkreis Lübbecke, Der Oberkreisdirektor, Untere Naturschutzbehörde an den Regierungspräsidenten Detmold, 26. Juli 1957.

13 Ebd., Protokoll über Bereisung des Landkreises Minden in Naturschutzangelegenheiten am 21. Juli 1958, 28. Juli 1958.

bruchunternehmen »für etwa 10 bis 15 Jahre« mit Abbaumöglichkeiten versorgt wurde.[14]

In diesem Fall gab es jedoch noch eine zweite Äußerung des Bezirksbeauftragten, die erkennen ließ, dass die Steinbruchbetriebe langsam auf die Agenda des Naturschutzes rückten. Nach einem Brief des Mindener Kreisbeauftragten für Naturschutz und Landschaftspflege über die genauen geologischen Verhältnisse befürwortete Korfsmeier eine zusätzliche Auflage für die Genehmigung des Steinabbaus: »Da der unter den Heersumer Schichten liegende weiche Ornatenton bei Bloßlegung erheblichen Veränderungen unterliegt, ist die harte Heersumer Schicht in 1 m Dicke über den Ornatentonen zu erhalten, so daß auch auf diese Art und Weise keine Veränderung in der Kammhöhe eintreten kann«, forderte Korfsmeier, eine Auflage, die der Steinbruchbetrieb anstandslos akzeptierte.[15] Zur gleichen Zeit findet sich in einem Bericht des Naturschutzbeauftragten für den Kreis Lübbecke die Klage, »dass östlich von Lübbecke das verhältnismässig schmale Wiehengebirge streckenweise schon ganz von Steinbrüchen zerfressen ist.«[16] Wenig später enthielt ein Schreiben des Oberkreisdirektors des Landkreises Lübbecke als Unterer Naturschutzbehörde erstmals den Vorschlag, die Anlegung neuer Steinbrüche grundsätzlich zu unterbinden: »Da die Kapazität der vorhandenen Steinbrüche ausreicht, sollen ganz allgemein Neuanlagen von Steinbrüchen im Wiehengebirge nicht mehr genehmigt werden.«[17] Im Juli 1964 untersagte der Regierungspräsident Detmold die Wiederinbetriebnahme eines Steinbruchs, der nach Einschätzung des Bezirksbeauftragten Korfsmeier »ein Zerreißen des Gebirges zur Folge« gehabt hätte.[18] So rückten die Steinbrüche des Wiehengebirges nach und nach ins Zentrum der Naturschutzarbeit in den Kreisen Minden und Lübbecke. Und dass das Interesse der Naturschützer nicht folgenlos

---

14 Staatsarchiv Detmold D 1 Nr. 17375, Bezirksbeauftragter für Naturschutz und Landschaftspflege Korfsmeier an den Regierungspräsidenten Detmold, Höhere Naturschutzbehörde, 6. Juli 1962. Ähnlich Staatsarchiv Detmold D 1 Nr. 17371, Landkreis Lübbecke, Der Oberkreisdirektor, Untere Naturschutzbehörde an den Regierungspräsidenten Detmold, 21. Mai 1962.

15 Staatsarchiv Detmold D 1 Nr. 17375, Bezirksbeauftragter für Naturschutz und Landschaftspflege Korfsmeier an den Regierungspräsidenten Detmold, Höhere Naturschutzbehörde, 4. August 1962 (Zitat) und Erzbergbau Porta-Damme Aktiengesellschaft an den Regierungspräsidenten Detmold, 17. September 1962.

16 Staatsarchiv Detmold D 1 Nr. 17367, Der Kreisbeauftragte für Naturschutz und Landschaftspflege, Lübbecke, 24. August 1962.

17 Ebd., Landkreis Lübbecke, Der Oberkreisdirektor, Untere Naturschutzbehörde an den Regierungspräsidenten Detmold, 28. Januar 1964.

18 Ebd., Regierungspräsident Detmold an den Oberkreisdirektor Lübbecke, Untere Naturschutzbehörde, 20. Juli 1964, und Bezirksstelle für Naturschutz und Landschaftspflege im Regierungsbezirk Detmold an den Regierungspräsidenten Detmold, Höhere Naturschutzbehörde, 29. Juni 1964 (Zitat).

blieb, war wesentlich das Verdienst des Kreisbeauftragten für Natur- und Landschaftsschutz im Kreis Minden Oberstudienrat Fritz Helmerding, der Ende der 60er Jahre einen ausführlichen Bericht über die ganze Problematik schrieb: »Landschaftsschäden im Wiehen-Wesergebirge. Ein Gutachten.«[19]

Dieser Bericht, der im Mai 1968 in den *Mitteilungen der Landesstelle für Naturschutz und Landschaftspflege in Nordrhein-Westfalen* erschien, war in Anbetracht der brisanten Fakten, die er enthielt, eine bemerkenswert dröge Lektüre. Mit offenkundiger Liebe zum geologischen Detail wurden in diesem Gutachten die unterschiedlichen Gesteinsarten vorgestellt und ihre Schichtung im Wiehen- und Wesergebirge unter Zuhilfenahme zahlreicher Grafiken und Fotografien erörtert. So klangen Helmerdings Liebeserklärungen an das Wiehengebirge nicht selten ein wenig gedrechselt: »Die ruhige Höhenlinie mit sanftgeschwungenen Einbuchtungen an den Pässen, die Klippen und klippenartigen Bildungen der Kammregion, die Längstalbildungen – Ornatentonmulden – an den Quertalungen gehören zu den landschaftlichen Eigenarten des Wiehen und bestimmen seinen charakteristischen Formenschatz.«[20] Helmerding wollte »alle Verantwortlichen zu einer klaren Stellungnahme und endgültigen Maßnahmen herausfordern«[21], und er hatte auch allen Grund dazu, denn aus den geologischen Fakten ergab sich ein dramatischer Befund. Das Grundproblem war, »daß der Höhenzug als Schichtstufe sein Oberflächenbild, seine Gestalt, sein ›Vorhandensein‹ nur den harten Deckschichten des Oberen Jura verdankt.«[22] Just diese Deckschicht war es aber, die die Steinbruchbetreiber munter abbauten, darunter lag eine Ornatentonschicht, die wie alle Gesteinsschichten des Wiehengebirges einen Schichteneinfall von 40 bis 50 Grad aufwies. Eine derart steile Lagerung müsse jedoch, so Helmerding, bei Ornatenton unweigerlich zur Erosion führen: »Überall, wo dem Ornatenton die schützende Deckschicht genommen wird, hören Rutschungen und Erdbewegungen der Abbaufläche erst auf, wenn sich eine Hangneigung von weniger als 15° herausgebildet hat«.[23] So würde »zwangsläufig mit der Steingewinnung das obere Drittel des Nordhanges – einschließlich Kammhöhe – umgewandelt in schmale, langgestreckte Brüche.«[24]

Die oft etwas ungelenken Formulierungen im geologischen Teil des Gutachtens standen in merkwürdigem Kontrast zu dem Pathos, das Helmerding in seiner Einleitung verbreitete. In dem Bestreben, seine Befunde »zunächst in einen allgemeineren

19 Helmerding, *Landschaftsschäden*. Zur Verbreitung dieses Gutachtens vgl. Staatsarchiv Detmold D 1 Nr. 17111.

20 Helmerding, *Landschaftsschäden*, S. 4.

21 Ebd., S. 25.

22 Ebd., S. 20.

23 Ebd., S. 10.

24 Ebd., S. 9.

Zusammenhang« zu rücken, kam er beim Reden über »die fortschreitende Industrialisierung und Technisierung unserer Daseinsbereiche« rasch zum Grundsätzlichen. »In einer technisierten und mechanisierten Welt geht die Verbindung des Menschen zum Lebensrhythmus der Natur weithin verloren, und damit schwindet das Gefühl der Geborgenheit im Leben der Natur«, erklärte Helmerding und sah in diesem Verlust eine der Ursachen »für nihilistische Grundstimmungen und seelische Nöte unserer Zeit, die in Lebensangst und Lebensüberdruß in Erscheinung treten.« Die Technik werde »ihrer dienenden Funktion entkleidet und zu einer lebenszerstörenden Macht«, einer »Bedrohung unserer geistigen und moralischen Existenz«; es sei an der Zeit, »mit allem Ernst die Frage nach der Verantwortung« zu stellen.[25] An den Anfang seines Textes stellte Helmerding ein Zitat des katholischen Theologen Romano Guardini, einer der Leitfiguren der katholischen Jugendbewegung: »Die Neuzeit liebte es, die Maßnahmen der Technik mit ihrem Nutzen für die Wohlfahrt des Menschen zu begründen. Damit deckte sie die Verwüstungen zu, welche ihre Skrupellosigkeit anrichtete.«[26] Ob das taktisch geschickt war, darf man getrost bezweifeln. Die solide geologische Argumentation des Gutachtens wurde so schließlich mit einer ideologischen Position verknüpft, die man je nach Geschmack teilen oder verwerfen konnte. Das Gutachten Helmerdings war eines jener naturschützerischen Dokumente, die ein potentiell populäres Anliegen als die Sache einer Handvoll zivilisationskritischer Sektierer präsentierten.

Erst das Vorwort des Naturschutzbeauftragten im Regierungsbezirk Detmold Karl Korfsmeier – übrigens wie Helmerding Oberstudienrat[27] – machte klar, dass die Bedrohung des Wiehengebirges nicht nur einen exklusiven Kreis von Naturschützern etwas anging. Geschickt beschwor er den Wert des Wiehengebirges für das Gemeinwohl: Von dessen Kamm biete sich »ein imposanter Blick nach Norden in die Norddeutsche Tiefebene und nach Süden in das Wohn- und Industriegebiet des Ravensberger Landes.«[28] Auch den touristischen Wert des Wiehengebirges beschrieb Korfsmeier ausführlich, und anders als den sauerländischen Naturschützern im Kampf mit dem Freiherrn von Wendt schien es Korfsmeier damit auch wirklich ernst zu meinen[29]; außerdem zitierte er »Spuren und Daten germanischer, sächsischer und mittelalterlicher Zeit« als Beleg für die Bemerkung: »Seit Jahrtausenden pulsiert hier

25 Ebd., S. 3.

26 Ebd.

27 HStAD NW 453 Nr. 154, Friede an Truschkowski, 17. April 1969. Korfsmeier war Lehrer für Biologie. (HStAD NW 60 Nr. 713 Bl. 102.)

28 Karl Korfsmeier, Vorwort, in: Helmerding, *Landschaftsschäden*, S. 2.

29 Vgl. auch seine entsprechenden Ausführungen in Staatsarchiv Detmold D 1 Nr. 17371, Bezirksstelle für Naturschutz und Landschaftspflege im Regierungsbezirk Detmold an den Regierungspräsidenten Detmold, Höhere Naturschutzbehörde, 11. Juni 1968.

das Leben.« Weiter verdeutlichte er die prekäre geologische Situation des Wiehengebirges, die bei Helmerding hinter dem Wust von Fakten und Grafiken nahezu völlig verschwunden war: Das Wiehengebirge war »in seiner schmalen Längsführung, die teilweise nicht breiter ist als 500 m, empfindlich auf Grund seiner geringen Gesteinsmasse.« Und vor allem schaffte es Korfsmeier, die Ausführungen Helmerdings zu einem regelrechten Horrorszenario zu kondensieren, das seither die gesamte Debatte bestimmte: »Bei der jetzigen Abbaugeschwindigkeit ist das Wiehengebirge in 15 Jahren im Kreise Minden zerstört.«[30] Aus der schlichten Akkumulation beunruhigender Fakten war ein Alarmruf geworden.

Bis zu diesem Punkt war der Streit um die Steinbrüche augenscheinlich eine im Wesentlichen innerbürokratische Angelegenheit. Das änderte sich jetzt. Am 12. Mai 1968 beschlossen die Teilnehmer der Jahreshauptversammlung des Vereins Naturschutzpark in Osnabrück nach einer Exkursion in das Wiehengebirge eine Protestresolution. »Mit grosser Besorgnis haben die Teilnehmer [...] beobachtet, welche Ausdehnung die Schäden durch Steinbrüche in den Kreisen Minden und Lübbecke angenommen haben«, hieß es in der Resolution. Das Wiehengebirge sei »eine unverzichtbare Erholungslandschaft«, die »nicht zerstört werden« dürfe; daher sei »der weiteren industriellen Ausbeutung des Wiehengebirges eine Grenze zu setzen.«[31] »Auf die Dauer gilt es Prioritäten zu setzen, denn letztlich haben Wald und Landschaft das Vorrecht im Dienste der Menschen, der Erholungssuchenden. Ein weiterer Verbrauch dieser Landschaft kann dem Menschen unseres Industriezeitalters nicht mehr zugemutet werden«, stand wenig später in einem Beitrag über das Wiehengebirge im Mitteilungsblatt des Vereins Naturschutzpark.[32] Ebenfalls im Mai 1968 meldete sich auch der Wiehengebirgs-Verband zu Wort, der 1908 gegründet worden war und korporatives Mitglied im Verband deutscher Gebirgs- und Wandervereine war. »Das Wiehengebirge, seit Jahren Naturpark, muß als Wander- und Erholungsgebiet für die schaffenden Menschen in den Ballungsräumen Osnabrück, Bielefeld, Minden und darüber hinaus erhalten bleiben«, hieß es in der Entschließung, die über 700 Teilnehmer einer traditionellen Sternwanderung des Wiehengebirgs-Verbandes auf der Freilichtbühne in Nettelstedt verabschiedeten.[33] Mit etwas Verspätung bekundete 1970 dann auch die Schutzgemeinschaft Deutscher Wald, sie verfolge »mit großer Sorge die Erweiterung der Steinbrüche«, wobei das Gewicht der Klage aller-

---

30 Korfsmeier, Vorwort, S. 2.

31 Staatsarchiv Detmold D 1 Nr. 17225, Resolution beschlossen von den Teilnehmern der Jahreshauptversammlung des Vereins Naturschutzpark e.V. anlässlich der Exkursion am 12. Mai 1968.

32 Werner Grandjot, Wald, Sand und Steine, in: *Naturschutz- und Naturparke. Mitteilungen des Vereins Naturschutzpark e.V.* Heft 51 (1968), S. 11–14; S. 14.

33 HStAD NW 453 Nr. 153, Anlage zu Wiehengebirgs-Verband Osnabrück an den Ministerpräsidenten Kühn, 28. Mai 1968.

dings dadurch etwas vermindert wurde, dass die Schutzgemeinschaft ebenso hartnäckig wie falsch vom »Wiehegebirge« sprach.[34] Auch publizistisch tat sich offenbar einiges: Im Herbst 1969 wurde im Fernsehen ein Beitrag des Südwestfunks Baden-Baden mit dem Titel »Ausverkauf der Natur« gesendet, in dem auch die Steinbrüche des Wiehengebirges und die durch sie angerichteten Schäden ausführlich dokumentiert wurden.[35] Und auch der Bezirksbeauftragte Korfsmeier blieb in der Sache am Ball: Dieser habe es »in beachtlicher Weise verstanden, seine Gedanken auch in der Öffentlichkeit einschließlich der Vertretungskörperschaften der beteiligten kreisfreien Städte und Landkreise zu vertreten«, lobte Ministerialrat Friede in einem internen Schreiben.[36] Allerdings warf diese Bemerkung auch ein bezeichnendes Schlaglicht auf die Realitäten im Beauftragtenwesen: Ein guter Draht zur Öffentlichkeit war offenkundig nicht der Normalfall.

Der öffentliche Unmut, der sich in diesen Aktivitäten niederschlug, hat den verantwortlichen Behörden die Sache zweifellos erleichtert. Ob er allerdings für die Rettung des Wiehengebirges auch unverzichtbar war, darf man im Rückblick bezweifeln. Denn schon vor diesen öffentlichen Meinungsäußerungen hatte man verwaltungsintern die Weichen gestellt. Bereits 1965 gab es offenkundig in der Naturschutzverwaltung eine informelle Übereinkunft, »daß im Wiehengebirge als Naturpark möglichst keine weiteren Steinbrüche eingerichtet werden sollen«.[37] Zu einer klaren und öffentlichen Politik wurde dies am 24. Januar 1968, als den Steinbruchbesitzern in einem Gespräch mit Behördenvertretern unumwunden mitgeteilt wurde, »daß eine weitere Ausdehnung ihrer Betriebe nur in Ausnahmefällen genehmigt werden könne.«[38] Das war auch ganz im Sinne von Ministerialrat Friede, der, als er auf einer Dienstreise nach Herford und Umgebung von der Angelegenheit erfuhr, sogar in Erwägung zog, »zur Vermeidung weiteren Abbaues den Grundbesitz bzw. die Nutzung des Gesteins aus Mitteln des Naturschutzes und der Landschaftspflege

34 HStAD NW 453 Nr. 158, Schutzgemeinschaft Deutscher Wald, Landesverband Nordrhein-Westfalen an die Staatskanzlei Düsseldorf, 29. Oktober 1970.

35 HStAD NW 453 Nr. 155, Wiehengebirgs-Verband Osnabrück an den Ministerpräsidenten Kühn, 20. November 1969, S. 1.

36 HStAD NW 453 Nr. 154, Friede an Truschkowski, 17. April 1969.

37 Staatsarchiv Detmold D 1 Nr. 17368, Vermerk des Regierungspräsidenten Detmold vom 2. Februar 1965.

38 HStAD NW 453 Nr. 152, Der Regierungspräsident Detmold an den Minister für Wohnungsbau und öffentliche Arbeiten des Landes Nordrhein-Westfalen, 30. Januar 1968, S. 2. Vgl. auch Staatsarchiv Detmold D 1 Nr. 17163, Bezirksstelle für Naturschutz und Landschaftspflege im Regierungsbezirk Detmold an den Minister für Wohnungsbau und öffentliche Arbeiten als oberste Naturschutzbehörde, 27. April 1968.

und für Naturparke abzufinden.«[39] »Der Gedanke, daß die Porta Westfalica durch die Steinbrüche im Kreise Minden gründlich verändert werden könnte, ist sehr schmerzlich«, erklärte Friede in einem Schreiben an die Landesplanungsgemeinschaft Westfalen.[40] Finanzielle Erwägungen brachten die Behörden allerdings dazu, die Stilllegung der Steinbrüche auf kaltem Wege, eben über die Verweigerung weiterer Genehmigungen anzustreben. »An eine Schließung bestehender Betriebe ist wegen der zu erwartenden sehr hohen Entschädigungsansprüche im Augenblick nicht gedacht.«[41]

Es fehlte den Behörden nicht an rechtlichen Instrumenten, das angestrebte Ziel zu erreichen. Gleich drei Gesetze boten eine Möglichkeit, die Steinbruchbetriebe im Wiehengebirge nach und nach stillzulegen.[42] Da war zum einen das Gesetz zum Schutze des Waldes von 1950, das für Rodungen – im Behördendeutsch »die Umwandlung von Wald in eine andere Bodenbenutzungsart« – eine Genehmigung der unteren Forstbehörde erforderte.[43] Wo es keinen Wald gab, konnte auf der Grundlage der Bauordnung für das Land Nordrhein-Westfalen eingeschritten werden, da vor der Anlegung eines Steinbruchs von größerer Ausdehnung eine Baugenehmigung einzuholen war. Drittens blieben die Bestimmungen des Reichsnaturschutzgesetzes von 1935, das jedoch unter den drei Gesetzen das rechtlich gesehen schwächste war. Das lag nicht am Naturschutzgesetz selbst, sondern an dessen fehlender Konkretisierung für das Wiehengebirge: Der Regierungspräsident Detmold hatte noch keine Landschaftsschutzverordnung für die Landkreise Minden und Herford erlassen.[44] Dennoch

---

39 HStAD NW 453 Nr. 152, Vermerk des Minister für Wohnungsbau und öffentliche Arbeiten des Landes Nordrhein-Westfalen, 25. Januar 1968. Allerdings wurde dies von Friede aus »haushaltsrechtlichen Gründen« zunächst zurückgestellt. (Ebd.)

40 HStAD NW 453 Nr. 157, Friede an Langer, 18. August 1970, S. 2.

41 HStAD NW 453 Nr. 152, Der Regierungspräsident Detmold an den Minister für Wohnungsbau und öffentliche Arbeiten des Landes Nordrhein-Westfalen, 30. Januar 1968, S. 2.

42 Vgl. zu diesem Thema Staatsarchiv Detmold D 1 Nr. 17225, Schutzmöglichkeiten bei Bodenausbeutung. Abschrift eines Vortrags auf dem 17. Westfälischen Naturschutztag am 7. Juni 1968 in Lübbecke.

43 HStAD NW 453 Nr. 153, Der Minister für Wohnungsbau und öffentliche Arbeiten des Landes Nordrhein-Westfalen an den Chef der Staatskanzlei, 22. Juli 1968, S. 3. Zu diesem Gesetz vgl. Werner Scheerer, *Im Strom der Zeit. Werden und Wirken des Ministeriums für Ernährung, Landwirtschaft und Forsten des Landes Nordrhein-Westfalen*, Hiltrup 1970, S. 159.

44 HStAD NW 453 Nr. 153, Der Minister für Wohnungsbau und öffentliche Arbeiten des Landes Nordrhein-Westfalen an den Chef der Staatskanzlei, 22. Juli 1968, S. 3. Vgl. auch NW 453 Nr. 152, Vermerk von Dr. Friede, 30. Januar 1968. In einem per Verordnung ausgewiesenen Landschaftsschutzgebiet wird »ein über das übliche Maß hinausgehender Schutz von Natur und Landschaft betrieben, und zwar 1. zur Erhaltung oder Wiederherstellung der Leistungsfähigkeit der Naturgüter, 2. wegen der Vielfalt, Eigenart und Schönheit des Landschaftsbildes oder 3. wegen

gab es hier nur auf den ersten Blick eine juristische Redundanz. Alle drei Gesetze wurden im Kampf mit den Steinbruchbesitzern tatsächlich gebraucht.

Das Reichsnaturschutzgesetz ließ sich dabei insofern nutzen, als es auch die einstweilige Sicherstellung von Grundstücken ermöglichte. Eine entsprechende Verfügung erging etwa vom Mindener Oberkreisdirektor als Unterer Naturschutzbehörde im Mai 1968 für eine Reihe von Grundstücken in der Gemarkung Rothenuffeln: »Diese Sicherstellung bewirkt, daß keine Veränderungen vorgenommen werden dürfen, die geeignet sind, die Natur zu schädigen, den Naturgenuß zu beeinträchtigen oder das Landschaftsbild zu verunstalten«, teilte er einem Steinbruchbetreiber mit und fügte sicherheitshalber hinzu: »Die beabsichtigte Rodung des Waldbestandes zum Zwecke einer späteren Nutzung des Geländes als Steinbruch widerspricht dem Zweck dieser Sicherstellung.«[45] Im September 1970 nutzte der Oberkreisdirektor von Minden hingegen die Paragraphen der Bauordnung, um die Erweiterung von Steinbrüchen in der Nähe von Oberlübbe zu untersagen. Das Wiehengebirge stelle »eine dünne schmale Rippe dar, deren Beeinträchtigung von weit her einzusehen ist«, hieß es in dem Bescheid zur Begründung; es sei als »grüne erholsame Lunge« und »auch aus erdgeschichtlichen, heimat- und volkskundlichen Gründen« unbedingt gegen weitere Eingriffe zu schützen.[46] Und zu den Rodungsgenehmigungen gab es seit November 1968 einen eindeutigen ministeriellen Erlass: »Um einer dem Gemeinwohl abträglichen Vernichtung unersetzbarer Waldbestände rechtzeitig vorzubeugen, bitte ich, die zuständigen unteren Forstbehörden Ihres Bereichs darauf hinzuweisen, dass der Erteilung von Umwandlungsgenehmigungen für Waldgrundstücke zur Anlage oder Erweiterung von Steinbrüchen vielfach Bedenken entgegenstehen und die Entscheidung deshalb besonders sorgsam abgewogen werden muss«, schrieb der nordrhein-westfälische Minister für Ernährung, Landwirtschaft und Forsten an den Regierungspräsidenten in Detmold und den Direktor der Landwirtschaftskammer

---

seiner besonderen Bedeutung für die Erholung.« Landschaftsschutzgebiete sind in Deutschland der flächenmäßig umfangreichste Schutzgebietstyp. (Knut Haarmann, Dieter Korneck, Gebietsschutz, in: Gerhard Olschowy [Hg.], *Natur- und Umweltschutz in der Bundesrepublik Deutschland*, Hamburg und Berlin 1978, S. 761–771; S. 762.) Erst im März 1971 wurde die »Verordnung zum Schutze von Landschaftsteilen im Wiehengebirge und im Gebiet der Kreise Lübbecke, Herford und Minden« erlassen. (Hermann Hentschel, *Naturschutz in Ostwestfalen-Lippe. Von den Anfängen bis zum Landschaftsgesetz*, Horn-Bad Meinberg 1987, S. 44.)

45 Staatsarchiv Detmold D 1 Nr. 17382, Landkreis Minden, Der Oberkreisdirektor, Untere Naturschutzbehörde an das von dem Busche – Hühnefeld'sche Stammlagat, 3. Mai 1968, S. 2.

46 HStAD NW 453 Nr. 158, Kreis Minden, Der Oberkreisdirektor an die Firma Fritz Störmer, 23. September 1970, S. 2f.

Westfalen-Lippe.[47] Das wurde auch umgesetzt: »Verstärkter Landschaftsschutz sowie die Tatsache, daß die Antragsflächen zum Naturpark Nördlicher Teutoburger Wald-Wiehengebirge gehören, verlangt, einen besonders strengen Maßstab anzulegen. Der Erholungswert dieses Teilbereichs würde vernichtet«, erklärte der Leiter des Forstamtes Lübbecke im September 1970 in einem Ablehnungsbescheid.[48]

Die Steinbruchbesitzer waren jedoch aus nahe liegenden Gründen nicht bereit, ihre Betriebe widerstandslos aufzugeben. Nach dem erwähnten Behördengespräch am 24. Januar 1968 gründeten die betroffenen Unternehmer die »Gemeinschaft der Kalksteinindustrie Wiehengebirge«, um ihren Unmut in die Öffentlichkeit zu tragen.[49] Ein gutes Jahr später wartete diese Gemeinschaft mit einem Gutachten des Münsteraner Ordinarius für allgemeine und angewandte Geologie Bruno Engels auf, dem zufolge »Helmerdings Befürchtungen weder wissenschaftlich belegt noch auf längere Sicht haltbar« waren: »Bei sachgemäßem Abbau der Steinvorkommen ist das Wiehengebirge in seiner Existenz nicht bedroht«, behauptete Engels.[50] Und ein weiteres Jahr später meldete sich auch die nordrhein-westfälische Wirtschaftsvereinigung Bauindustrie mit einem Memorandum zu Wort: »Die Bauwirtschaft in Ostwestfalen-Lippe und dem Raume Osnabrück ist beunruhigt über die ständige Verringerung der Steine- und Erdenproduktion im Raume Minden«, erklärte der Verband der Bauindustrie.[51] Er setzte auf »Rekultivierungsmaßnahmen«, um »eine Verunstaltung des Geländes zu vermeiden«; unter Mithilfe von Landschaftsarchitekten könne man sogar »parkähnliche Gebiete [...] mit einem hohen Erholungs- und Freizeitwert« schaffen.[52] Nach weiteren Ausführungen holte die Wirtschaftsvereinigung Bauindustrie sogar den ganz großen Hammer heraus: »Die Bauwirtschaft Ostwestfalen-Lippe stellt daher die Forderung, dass, wenn ein Landschaftsschutz unumgänglich ist, ein

---

47 HStAD NW 453 Nr. 153, Der Minister für Ernährung, Landwirtschaft und Forsten an den Regierungspräsidenten Detmold und den Direktor der Landwirtschaftskammer Westfalen-Lippe als Landesbeauftragter, 22. November 1968. Zur Vorgeschichte vgl. ebd., Der Minister für Bauwesen und öffentliche Arbeiten des Landes Nordrhein-Westfalen an den Minister für Ernährung, Landwirtschaft und Forsten, 11. September 1968.

48 HStAD NW 453 Nr. 158, Der Leiter des Forstamtes Lübbecke der Landwirtschaftskammer Westfalen-Lippe als Landesbeauftragter an die Firma Fritz Störmer, 17. September 1970.

49 HStAD NW 453 Nr. 152, Der Regierungspräsident Detmold an den Minister für Wohnungsbau und öffentliche Arbeiten des Landes Nordrhein-Westfalen, 30. Januar 1968, S. 2.

50 Dazu *Neue Westfälische* Nr. 83 (10. April 1969), S. 13. Zur Verwendung dieses Gutachtens vgl. etwa Staatsarchiv Detmold D 1 Nr. 17390, Rechtsanwälte Schwarz und Schmidt an den Landkreis Minden, Der Oberkreisdirektor als untere Naturschutzbehörde, 16. Mai 1969.

51 HStAD NW 453 Nr. 157, Wirtschaftsvereinigung Bauindustrie e.V. Nordrhein-Westfalen an den Minister für Wohnungsbau und öffentliche Arbeiten, 15. Mai 1970, S. 1.

52 Ebd., S. 2.

Abbildung 14: Das Wiehengebirge als »dünne schmale Rippe«. Blick vom Fernsehturm auf dem Jakobsberg über die »Porta Westfalica« zum Kaiser-Wilhelm-Denkmal.

solcher nur unter Berücksichtigung der gewerblichen Belange durchgeführt werden darf. Ausgeschlossen müsste ein Landschaftsschutz sein, der gegen die gewerbliche Wirtschaft und damit gegen das wirtschaftliche Fundament gerichtet ist, dessen auch der Kreis Minden für die Durchführung seiner Aufgaben bedarf.«[53] Man müsse zu einer »Aufstellung von Prioritäten« gelangen, »die klarlegen, was Vorrang hat. Es müsste ausgeschlossen werden, dass u.U. eine Baumgruppe die Lebensfähigkeit eines Betriebes gefährdet.«[54] Daneben gab es noch die Intervention eines Oerlinghausener Bürgers, der sich »als langjähriger Anhänger der F.D.P.« in die Sache einmischte, »um die starke Neigung der Steinbruchbesitzer zu dieser Partei zu erhalten und nicht diese Herren in eine andere Richtung entgleiten zu lassen«.[55] Der Steinzeitliberalismus ließ grüßen.

Einen nennenswerten Eindruck hinterließen diese Äußerungen jedoch allem Anschein nach nur beim nordrhein-westfälischen Wirtschaftsminister, der in einem Brief an seinen Kabinettskollegen im Bauministerium forderte, »daß existenzbedrohende Auswirkungen von Maßnahmen des Landschaftsschutzes auf die Bauwirt-

53 Ebd., S. 3f.

54 Ebd., S. 4.

55 HStAD NW 453 Nr. 158, Armin Krause an den Chef der Staatskanzlei, 20. Oktober 1970, S. 2.

schaft des ostwestfälisch-lippischen Raumes vermieden werden.«[56] Ansonsten war die Reaktion der Behörden auf die Attacken der Steinbruchbetreiber jedoch von souveräner Gelassenheit geprägt. Mühelos verriss Fritz Helmerding das Gegengutachten der Gemeinschaft der Kalksteinindustrie Wiehengebirge in einer souveränen Replik. »Die eigentlichen Unterschiede in den Begutachtungen liegen in der Bewertung der durch die Steinbrüche umgestalteten Landschaftsteile. Hierüber hege ich als Landschaftsschützer und Geograph andere Vorstellungen als der Geologe.«[57] Und auch der Regierungspräsident Detmold bekannte sich zur Naturliebe: »Bei dem in Rede stehenden Grundstück des Widerspruchsführers handelt es sich um einen Landschaftsteil, der deutlich zur Zierde und zur Belebung des Landschaftsbildes beiträgt«, erklärte er in einer Entscheidung.[58] Die konsequente Linie des Landkreises Minden – in einem internen Schreiben erklärte die Untere Naturschutzbehörde offen, dass sie darauf abziele, »einen Rechtsstreit zu provozieren«[59] – wurde vom Regierungspräsidenten ausdrücklich gebilligt: »Der Landkreis Minden, bei dem die Bearbeitung der eingehenden Bauanzeigen über weiteren geplanten Steinabbau und der Landschaftsschutz durch Personalunion bis zur Sachbearbeiterebene hin gut koordiniert ist, beabsichtigt nicht, über die bislang zugestandenen Abbaugrenzen hinaus, einen weiteren Steinabbau im Wiehengebirge zuzulassen. Ich habe nach der Gesamtsituation keinen ausreichenden Anlaß, diese grundsätzliche Linie zu beanstanden.« Über Ausnahmen sei »von Fall zu Fall zu entscheiden«.[60]

So hatte sich das Bild binnen weniger Jahre komplett gewandelt: An die Stelle der vormaligen Sorglosigkeit war die Angst vor dem Verschwinden des Wiehengebirges getreten, statt problemloser Genehmigungen gab es nun eine erklärte Politik, die Steinbruchbetriebe im Wiehengebirge stillzulegen.[61] Und bei dieser radikalen

56 HStAD NW 453 Nr. 157, Der Minister für Wirtschaft, Mittelstand und Verkehr des Landes Nordrhein-Westfalen an den Minister für Wohnungsbau und öffentliche Arbeiten des Landes Nordrhein-Westfalen, 5. Juni 1970.

57 HStAD NW 453 Nr. 155, Fritz Helmerding, Stellungnahme des Kreisbeauftragten für Naturschutz und Landschaftspflege zu dem auf der Pressekonferenz vom 10.4.1969 bekanntgegebenen Gutachten von Prof. Engels.

58 Staatsarchiv Detmold D 1 Nr. 17390, Regierungspräsident Detmold an die Rechtsanwälte Schwarz und Schmidt, 31. Juli 1969, S. 3.

59 Staatsarchiv Detmold D 1 Nr. 17382, Landkreis Minden, Der Oberkreisdirektor, Untere Naturschutzbehörde an den Regierungspräsidenten Detmold, 5. Oktober 1967.

60 HStAD NW 453 Nr. 155, Regierungspräsident Detmold an den Minister für Wohnungsbau und öffentliche Arbeiten des Landes Nordrhein-Westfalen, 19. Juni 1969, S. 3. Vgl. auch Staatsarchiv Detmold D 1 Nr. 17382, Vermerk vom 27. Februar 1968.

61 Vgl. HStAD NW 453 Nr. 157, Friede an Langer, 18. August 1970, S. 2: »Leider hat das zuständige Forstamt der Landwirtschaftskammer Westfalen-Lippe noch bis in die letzte Zeit hinein Umwandlungen von Wald zwecks Gewinnung von Steinen und Erden genehmigt.«

Wende kam dem Gutachten des Fritz Helmerding ohne jeden Zweifel eine Schlüsselfunktion zu. Immer wieder wurde in den einschlägigen Vorgängen Helmerding zitiert, wenn es galt, Maßnahmen zu legitimieren. »Im einzelnen wird auf das Gutachten des Kreisbeauftragten für Natur- und Landschaftsschutz im Kreise Minden, Herrn Oberstudienrat Fritz Helmerding, verwiesen, das Ihnen bekannt ist und dessen Ergebnis in vollem Umfange zur Begründung herangezogen wird«, hieß es etwa in einem Bescheid des Oberkreisdirektors Minden.[62] Auch in dem wichtigen Gespräch am 24. Januar 1968 hatte das damals noch nicht gedruckte Gutachten eine zentrale Rolle gespielt: »Es konnten keine Einwendungen gegen die wissenschaftliche Akribie dieser Arbeit gemacht werden«, freute sich der Bezirksbeauftragte Korfsmeier nach diesem Treffen; allerdings war er davon nicht sonderlich überrascht, schließlich hatte schon vorher »eine kritische Prüfung [...] durch die Geologen der Bezirksstelle für Naturschutz und Landschaftspflege und die Mitglieder der Fachstelle für Naturkunde und Naturschutz im Westfälischen Heimatbund stattgefunden.«[63] »Diese verdienstvolle Arbeit des Herrn Helmerding, des Kreisbeauftragten für Naturschutz und Landschaftspflege im Kreise Minden, wird die Durchsetzung der von den Behörden zu treffenden Maßnahmen erleichtern«, erklärte das Ministerium für Wohnungsbau und öffentliche Arbeiten als oberste Naturschutzbehörde ein paar Wochen nach dem Erscheinen des Gutachtens in einem Brief an Alfred Toepfer, den legendären Vorsitzenden des Vereins Naturschutzpark.[64] Und auch der Wiehengebirgs-Verband verwies in einem seiner Schreiben an den Ministerpräsidenten »auf die Ihnen bekannte Denkschrift des Naturschutzbeauftragten Oberstudienrat Helmerding, der bereits ausgerechnet hat, daß allein die Steinbruchunternehmer in den nächsten 15 Jahren

---

62 HStAD NW 453 Nr. 158, Kreis Minden, Der Oberkreisdirektor an die Firma Fritz Störmer, 23. September 1970, S. 2. Ähnliche Bezüge u.a. in HStAD NW 453 Nr. 153, Der Minister für Wohnungsbau und öffentliche Arbeiten des Landes Nordrhein-Westfalen an den Chef der Staatskanzlei, 22. Juli 1968, S. 2; ebd., Regierungspräsident Detmold an den Minister für Wohnungsbau und öffentliche Arbeiten des Landes Nordrhein-Westfalen, 7. November 1968; ebd., Der Minister für Ernährung, Landwirtschaft und Forsten an den Regierungspräsidenten Detmold und den Direktor der Landwirtschaftskammer Westfalen-Lippe als Landesbeauftragter, 22. November 1968; NW 453 Nr. 157, Friede an Langer, 18. August 1970, S. 1.

63 HStAD NW 453 Nr. 152, Der Bezirksbeauftragte für Naturschutz und Landschaftspflege im Regierungsbezirk Detmold an den Minister für Landesplanung, Wohnungsbau und öffentliche Arbeiten des Landes Nordrhein-Westfalen, 26. Januar 1968. Später bestätigte auch das Geologische Landesamt Nordrhein-Westfalen, »daß das Gutachten die geologischen Verhältnisse des Untersuchungsgebietes sachlich richtig darstellt.« (Staatsarchiv Detmold D 1 Nr. 17111, Geologisches Landesamt Nordrhein-Westfalen an den Regierungspräsidenten Detmold, 6. November 1968.)

64 HStAD NW 453 Nr. 153, Der Minister für Wohnungsbau und öffentliche Arbeiten des Landes Nordrhein-Westfalen an Alfred Toepfer, 22. Juli 1968, S. 2.

das Wiehengebirge total beseitigt und zu einer öden Flachlandschaft gemacht haben.«[65]

So zeigt sich in der Geschichte der Steinbrüche des Wiehengebirges deutlich, dass ein engagierter Kreisbeauftragter in der Tat einiges in Bewegung setzen konnte. Dennoch dokumentiert sich hier auch ein gewisses Versäumnis des behördlichen Naturschutzes: Die eindrucksvolle Kehrtwende Mitte der 60er Jahre war ja nur deshalb möglich, weil die Steinbrüche zuvor ohne viel Aufhebens genehmigt worden waren. Musste diese Geschichte unbedingt einen so dramatischen Verlauf nehmen? Hätte ein vorausschauender Natur- und Landschaftsschutz nicht schon früher die Gefahr erkennen können? Wieso gingen die Warnlichter erst in den 60er Jahren an, als bereits alljährlich eine Million Tonnen Gestein abgebaut wurden? Diese Frage gilt es abschließend zu diskutieren.

Vor dem Hintergrund der allgemeinen Entwicklung der Bundesrepublik der 60er Jahre wäre es verlockend, eine Verbindung zu der vielbeschriebenen Abkehr von traditionellen autoritären Politikvorstellungen und der Hinwendung zur partizipatorischen Demokratie herzustellen. Aber ein Blick auf die Chronologie lässt schnell die Grenzen dieser Erklärung erkennen: Die Unterstützung durch den Verein Naturschutzpark und den Wiehengebirgs-Verband kam schließlich erst zu einem Zeitpunkt, als behördenintern längst schon alles klar war. Eine gewisse Rolle spielte wohl das wachsende Interesse der Öffentlichkeit am Erhalt attraktiver Naherholungsgebiete, das sich schon im Kampf um den Königsdorfer Wald als ein keinesfalls zu unterschätzender Faktor gezeigt hatte. Aber auch hier ist auf die begrenzte Bedeutung der breiten Öffentlichkeit in der hiesigen Fallgeschichte zu verweisen: Entscheidend waren in erster Linie die Stellungnahmen der Naturschutzbeauftragten Helmerding und Korfsmeier. Und diese waren eben Ende der 60er Jahre keine »Newcomer« in Sachen Naturschutz: Fritz Helmerding war schon seit Juli 1954 Kreisbeauftragter in Minden, und Karl Korfsmeier war bereits 1962 zum Bezirksbeauftragten ernannt worden, nachdem er seit 1948 Kreisbeauftragter im Landkreis Herford gewesen war.[66] Zwar hing Korfsmeiers besonderes Engagement gewiss auch damit zusammen, dass er 1967 für einen Posten im Ministerium im Gespräch war.[67] Aber insgesamt gesehen spricht doch einiges dafür, dass der entscheidende Wandel nicht in den Köpfen von Helmerding und Korfsmeier geschah, sondern in der Landschaft. Denn dort war Mitte der 60er Jahre ein aus Naturschutzsicht ungeheuerliches

65 HStAD NW 453 Nr. 155, Wiehengebirgs-Verband Osnabrück an den Ministerpräsidenten Kühn, 20. November 1969, S. 2.

66 HStAD NW 60 Nr. 713 Bl. 99, 101; Staatsarchiv Detmold D 1 Nr. 17156, Der Kultusminister des Landes Nordrhein-Westfalen an Oberstudienrat Dr. Karl Korfsmeier, 7. Mai 1962; Hentschel, *Naturschutz in Ostwestfalen-Lippe*, S. 33.

67 HStAD RW 248 Nr. 32, Deneke an Kohlmeier, 21. März 1967.

Geschehen zu beobachten. Die Steinbruchbetreiber attackierten das Allerheiligste des Wiehengebirges: den Kamm des Gebirges.

Es ist jedenfalls auffallend, dass in den einschlägigen Klagen und Vorgängen immer wieder nicht das Wiehengebirge in seiner Gesamtheit, sondern speziell die Kammregion im Mittelpunkt stand. Dabei waren es zwei Motive, die den Kamm des Wiehengebirges so bedeutsam erscheinen ließen. Zum einen verlief dort der Wittekindsweg, ein Wanderweg, der geradezu ein regionaler Mythos war. In einem seiner Schreiben hatte der Vorsitzende des Wiehengebirgs-Verbands ausdrücklich darüber geklagt, dass »der Kammweg, der sogenannte Wittekindsweg, einer der schönsten Wanderwege Norddeutschlands, in Mitleidenschaft gezogen wird.«[68] Ein Steinbruchbesitzer wurde in einem Ablehnungsbescheid sogar explizit darauf hingewiesen, dass durch den beantragten Abbau »selbst die historischen Wanderungen von der Porta bis nach Osnabrück gefährdet erscheinen.«[69] Zum anderen störte eine Absenkung der Kammlinie das vertraute Bild des Wiehengebirges. Der Abbau der Kammlinie »zerstört [...] das charakteristische Bild dieses die Landschaft zur norddeutschen Tiefebene wie zum Ravensberger Land hin bestimmenden Höhenzuges«, hieß es in einem Schreiben des Bauministeriums an die Staatskanzlei.[70] Auch bei anderen Gelegenheiten bekundete Ministerialrat Friede seine Sorge, dass durch Rutschungen »die Kammlinie des Wiehengebirges weiter verflacht und das typische Bild dieses landschaftsbestimmenden Höhenzuges verloren geht.«[71] Das Wiehengebirge werde »wesentlich niedriger und verliert an Naturwert«, warnte der Detmolder Regierungspräsident.[72] Bezeichnenderweise wurde noch in Genehmigungen der 50er Jahre wiederholt positiv hervorgehoben, dass die Kammlinie *nicht* tangiert wurde: »Insbesondere ist es erfreulich, daß der Bergkamm unberührt bleibt, so daß man von Süden die Arbeitsstelle nicht sehen wird«, hieß es 1955 in einem Bericht.[73] Von den Menschen der Region werde »das Gebirge täglich als Naturrahmen ihres Lebensraumes gesehen und wohltuend empfunden«, schrieb Karl Korfsmeier im Vorwort zu Helmerdings

68 HStAD NW 453 Nr. 153, Wiehengebirgs-Verband Osnabrück an den Ministerpräsidenten Kühn, 28. Mai 1968.

69 HStAD NW 453 Nr. 158, Kreis Minden, Der Oberkreisdirektor an die Firma Fritz Störmer, 23. September 1970, S. 3.

70 HStAD NW 453 Nr. 153, Der Minister für Wohnungsbau und öffentliche Arbeiten des Landes Nordrhein-Westfalen an den Chef der Staatskanzlei, 22. Juli 1968, S. 2.

71 HStAD NW 453 Nr. 155, Friede an den Minister für Wirtschaft, Mittelstand und Verkehr des Landes Nordrhein-Westfalen, 16. September 1969.

72 HStAD NW 453 Nr. 152, Der Regierungspräsident Detmold an den Minister für Wohnungsbau und öffentliche Arbeiten des Landes Nordrhein-Westfalen, 30. Januar 1968, S. 2.

73 Staatsarchiv Detmold D 1 Nr. 17372, Kreisverwaltung Minden, Untere Naturschutzbehörde an den Regierungspräsidenten Detmold, Höhere Naturschutzbehörde, 18. Februar 1955, S. 2.

Gutachten.[74] Natürlich verwies auch Helmerding selbst in seinem Bericht auf »das weithin sichtbare Bild der Kammlinie des Wiehengebirges«, und der Rest seines Berichts machte deutlich, dass der schlimmstmögliche Vorwurf aus seiner Sicht lautete: »zerstörte Kammregion«.[75]

Nur so lässt es sich im Übrigen erklären, dass lediglich im Wiehengebirge eine endgültige Stilllegung aller Steinbrüche angestrebt wurde. Zwar gab es auch im benachbarten Wesergebirge heftige Konflikte zwischen Behörden und Steinbruchbetreibern[76], aber ein allgemeiner Abschied aus der Steingewinnung stand dort nie zur Debatte. Fritz Helmerding redete in seinem Gutachten sogar offen »einer Intensivierung der Steingewinnung im östlichen Wesergebirge« das Wort: Entscheidend war aus seiner Sicht »die Tatsache, daß der Eingriff in die Landschaft im östlichen Wesergebirge nicht die oberen Hangpartien mit der Kammregion erfaßt, sondern sich auf den unteren Hangstreifen bezieht«.[77] Und das war keine Einzelmeinung: In demselben Schreiben, in dem er versprach, dass die nordrhein-westfälischen Behörden »alles in ihren Kräften Stehende tun werden, um einer weiteren Ausdehnung der Steinbrüche im Wiehengebirge vorzubeugen«, erklärte der Düsseldorfer Naturschutzreferent Friede, es solle »versucht werden, die Unternehmer für eine Verlagerung des Steinabbaues in einen Raum zu gewinnen, in dem die geologischen Bedingungen für den Steinabbau besser sind und eine dauernde Verunstaltung der Landschaft weniger zu befürchten ist« – und das war »zum Beispiel das östliche Wesergebirge«.[78] Solange die Kammlinie nicht gefährdet wurde, war die ganze Sache mit den Steinbrüchen aus Sicht der Naturschützer offenkundig nur halb so schlimm.

1963 hatte Karl Korfsmeier in einem Tätigkeitsbericht noch nachdrücklich die Bedeutung eines streng wissenschaftlichen Blicks in der Naturschutzarbeit betont. »Nicht die ästhetische Beurteilung der Landschaft, die sich jeder Bauherr und Spezialberufler an der Landschaft zutraut, darf ausschlaggebend für Eingriffe sein, sondern die umfassende biologisch organische Beurteilung unter Miteinbeziehung der lebensnotwendigen Umweltfaktoren des Menschen.«[79] Tatsächlich dokumentierte der Kampf um den Kamm des Wiehengebirges jedoch, dass die praktische Naturschutzarbeit weiterhin stark von ästhetischen Kategorien geprägt war – stärker vermutlich,

---

74 Korfsmeier, Vorwort, S. 2.

75 Helmerding, *Landschaftsschäden*, S. 4, 12, 15.

76 Vgl. etwa HStAD NW 453 Nr. 153, Beschluß des VII. Senats des Oberverwaltungsgerichts für das Land Nordrhein-Westfalen vom 20. August 1968; NW 453 Nr. 141, Urteil des VII. Senat des Oberverwaltungsgerichts für das Land Nordrhein-Westfalen vom 15. Oktober 1969.

77 Helmerding, *Landschaftsschäden*, S. 25.

78 HStAD NW 453 Nr. 153, Friede an den Wiehengebirgs-Verband, 19. September 1968.

79 HStAD NW 453 Nr. 54, Bezirksstelle für Naturschutz und Landschaftspflege im Regierungsbezirk Detmold, Tätigkeitsbericht 1962, Zweites Halbjahr, 18. Februar 1963, S. 2.

als es Korfsmeier sich selbst eingestand. Die Folgen für Flora und Fauna hatten im Streit um die Steinbrüche des Wiehengebirges bezeichnenderweise nie eine Rolle gespielt. Dabei hatte ein Landschaftsführer des Westfälischen Heimatbundes gerade in dieser Beziehung noch 1939 ein anheimelndes Bild präsentiert: »Ein alter verlassener Steinbruch [...], in dem Brombeeren und Farne wuchern und all die Beerensträucher gedeihen, die im Herbst mit ihren Früchten den Wald bunt und farbig machen, kann zu einem Schmuckstück des Berges werden. Er ist wieder ein Stück ursprünglicher Natur geworden mit seinem verwitterten Gestein, in dessen Klüften Kaninchen, Fuchs und Dachs hausen.«[80] Eine solche Sichtweise fand jedoch im Konflikt der späten 60er Jahre keine Verfechter mehr: Aufgelassene Steinbrüche seien »ohne sorgfältige Rekultivierung Schandflecke unseres Heimatraumes«, erklärte Helmerding apodiktisch.[81] Vom Verein Naturschutzpark wurde sogar eine Rache der Natur perhorresziert: »Die Natur ist unendlich geduldig. Manchen Eingriff in ihr Wirkungsgefüge läßt sie sich ohne Murren gefallen. Aber jenseits einer gewissen Grenze beginnt sie zurückzuschlagen.«[82] Dass die Rache der Natur aber nicht nur im Untergang des Wiehengebirges bestehen könnte – an eine solche Möglichkeit hat Ende der 60er Jahre niemand gedacht.

Postskriptum

Bieten verlassene Steinbrüche tatsächlich »ein trostloses Bild zerstörter, verödeter, entfremdeter Landschaft«?[83] Ein Besuch des heutigen Wiehengebirges hinterlässt in dieser Beziehung zwiespältige Eindrücke. Man sieht an einigen Stellen zweifellos deutliche Spuren der Erosion. Man erkennt auch, dass der Wittekindweg mancherorts einige Meter nach Süden verlegt werden musste, um einen Sicherheitsabstand zum Rand eines Steinbruchs zu wahren. Man kann die Sorge um den Kamm auch heute noch problemlos nachvollziehen, denn in der Tat würden »Zahnlücken« im Wiehengebirge unendlich hässlich aussehen. Und man entdeckt, dass sich der Schaden für die Landschaft des Kreises Minden-Lübbecke vor allem aufgrund einer Laune der Natur in Grenzen hält: Da sich der Abbau des Kalksandsteins aus geologischen

80 Rolf Dircksen, *Landschaftsführer des Westfälischen Heimatbundes*. Heft 2: *Weser- und Wiehengebirge*, Münster 1939, S. 27.

81 Helmerding, *Landschaftsschäden*, S. 20.

82 Grandjot, *Wald*, S. 14.

83 Helmerding, *Landschaftsschäden*, S. 20.

Abbildung 15: Erosionsschäden in einem Kalksandsteinbruch oberhalb von Oberlübbe.

Gründen auf den nördlichen Abhang konzentrierte, werden die kahlen Abhänge nur selten direkt von der Sonne beschienen; die meiste Zeit liegen sie gnädig im Schatten. Aber es gibt auch andere Impressionen. Durch den Abbau wurden teils spektakuläre Steinformationen freigelegt, die ein gewisses Drama in die sonst eher betuliche Topografie des Wiehengebirges bringen. Man findet einige wunderbar verwilderte Ecken, die gewiss keine Touristenrennpfade sind wie der Wittekindsweg auf dem Kamm. Und man erkennt, dass es oft gerade die Rekultivierungen sind, die den optischen Eindruck der Steinbrüche schmälern. Junge Bäume in Reih und Glied, womöglich noch von einer Art, die nicht dem umliegenden Waldbestand entspricht – neben schroffen Klippen hinterlässt derlei einen, na ja, ungünstigen Eindruck.

Abbildung 16: Rekultivierung in Reih' und Glied. Ehemaliger Steinbruch in der Nähe des Nettelstedter Bergs.

Umso merkwürdiger wirkt aus heutiger Sicht die Begeisterung, mit der man Ende der 60er Jahre über Rekultivierungen sprach. In diesem Punkt waren sogar Naturschützer und Steinbruchbetreiber letztlich einer Meinung – mit dem Unterschied, dass erstere die Rekultivierung für eine verdammte Schuldigkeit der Betreiber, letztere hingegen für einen Beleg der ökologischen Verträglichkeit des Steinabbaus hielten. Der Verein Naturschutzpark war sogar bereit, einen begrenzten Weiterbetrieb der Steinbrüche zu akzeptieren, um die Betreiber zu einer umfassenden Rekultivierung zwingen zu können: »Weitere Zugeständnisse in der Freigabe von Waldflächen unter möglicher Schonung der markanten Kammzone bieten erst die rechtliche Möglichkeit, durch harte Auflagen die Landschaft wieder herzustellen und die entstandenen Wunden zu heilen. Ein plötzlicher Ausbeutungsstop würde hier nur Ruinen und einen Landschaftstorso hinterlassen.«[84] Da ist man versucht, aus heutiger Sicht genau umgekehrt zu argumentieren: Man hätte den Steinbruch nach dem Ende des Abbaus nicht mehr gezielt verändern, auch Maschinen (natürlich in sicherem Zustand) an Ort und Stelle belassen sollen – und das für die Rekultivierung angesparte Geld für eine Dokumentation und allgemeinverständliche Aufbereitung der folgenden Wandlungsprozesse

84 Grandjot, *Wald*, S. 14.

ausgeben sollen. Man wünscht sich bei der Besichtigung der Steinbrüche des Wiehengebirges geradezu jene »Ruinen ehemaliger Betriebsbauten und zurückgelassene unbrauchbare Geräte«, vor denen es einem Fritz Helmerding so sehr grauste.[85] Von Menschenhand geschaffen, aber zugleich von Bauten und Maschinen gründlich gesäubert – die Steinbrüche des Wiehengebirges sind aus heutiger Sicht Dokumente der Inkonsequenz.

So erscheint es im Rückblick noch viel merkwürdiger, warum sich ein Karl Korfsmeier so vehement von einer ordinären ästhetischen Beurteilung der Landschaft abgrenzte und stattdessen den wissenschaftlichen Anspruch der Naturschutzarbeit betonte. Aus heutiger Sicht würde ein ganz anderes Postulat nahe liegen: Korfsmeier hätte nicht nur zu seinen ästhetischen Bewertungsmustern stehen, sondern sie vor allem konsequent zu Ende denken sollen. Warum forderte Korfsmeier ostentativ einen wissenschaftlich fundierten Naturschutz, wo doch seinen eigener Kampf gegen die Steinbrüche des Wiehengebirges mit rein wissenschaftlichen Argumenten gar nicht zu rechtfertigen war? In einem seiner Tätigkeitsberichte findet sich der Hinweis, er sei »der Überzeugung, daß mit klaren wissenschaftlichen Grundlagen die Naturschutzarbeit wesentlich erleichtert wird, weil dann emotionale Äußerungen, die einem Großteil der Materiell wirkenden Menschen in der Landschaft unverständlich sind, außer Betracht bleiben können.«[86] Da erscheint der wissenschaftliche Anspruch des Naturschutzes als Versuch der Legitimationsbeschaffung, und das war in einer Zeit noch weitgehend ungebrochener Wissenschaftsgläubigkeit auch durchaus plausibel. Aber war das die ganze Wahrheit? Die geologischen Fakten des Helmerding'schen Gutachtens hätten schließlich für sich genommen wohl kaum den gewünschten Erfolg gebracht, wenn nicht etliche Bürger der Region den Verlust des Wiehengebirges im Allgemeinen und des Wittekindwegs im Besonderen als regelrechte Horrorvision empfunden hätten. Schließlich kann man den demonstrativen wissenschaftlichen Anspruch Korfsmeiers auch ganz anders interpretieren: als Versuch, die eigene Exklusivität zu wahren. Während ästhetische Argumente von allen Bürgerinnen und Bürgern verstanden und propagiert werden konnten, musste der Adressatenkreis einer wissenschaftlich fundierten Naturschutzarbeit zwangsläufig auf kleine Expertenrunden beschränkt bleiben. Interessanterweise kam es Korfsmeier gar nicht in den Sinn, dass just jene »emotionalen Äußerungen«, die er indigniert von sich wies, auch eine Brücke zur breiten Öffentlichkeit darstellten – und damit eine reiche politische Ressource für den Naturschutz sein konnten. Ging es Korfsmeier

85 Helmerding, *Landschaftsschäden*, S. 20.

86 Staatsarchiv Detmold D 1 Nr. 17163, Bezirksstelle für Naturschutz und Landschaftspflege im Regierungsbezirk Detmold an den Minister für Wohnungsbau und öffentliche Arbeiten als oberste Naturschutzbehörde, 23. Februar 1967, S. 4.

mit der Betonung der Wissenschaftlichkeit in Wirklichkeit darum, sich in einer Zeit, in der das wachsende öffentliche Interesse am Naturschutz unverkennbar war, ein Selbstbild zu bewahren, in dem die Naturschützer als die einzigen Sehenden in einer Masse von Verblendeten erschienen? Als die Höhere Naturschutzbehörde beim Detmolder Regierungspräsidenten, Korfsmeiers Ansprechpartner in der Verwaltung, im Dezember 1961 ein Schreiben der Evangelischen Akademie Rheinland-Westfalen erhielt, in dem eine große Naturschutzkonferenz angeregt wurde – »wir glauben, daß die Naturschutz-Behörden auf diese Weise spüren können, daß sie viele Helfer und Freunde im Lande haben« –, hielten die Naturschutzbeamten bezeichnenderweise noch nicht einmal eine Antwort für geboten. Als einzigen Beweis der Lektüre enthält das Schreiben den handschriftlichen Vermerk »Z.d.A.« – »zu den Akten«.[87]

87 Staatsarchiv Detmold D 1 Nr. 17225, Evangelische Akademie Rheinland-Westfalen an die Regierung in Detmold, 21. Dezember 1961.

6. »Natur in ihrer Ganzheit«: Der Konflikt um das Naturschutzgebiet Füssenicher See

Am 30. August 1973 kam der Kölner Regierungspräsident Günther Heidecke nach Zülpich, eine Kleinstadt am Nordrand der Eifel zwischen Düren und Euskirchen, um die vor Ort anstehenden Probleme zu diskutieren. Etwa sechs Wochen vor diesem Datum schickte der stellvertretende Naturschutzbeauftragte im Kreis Euskirchen Wolfgang Buchmann einen Brief an Ministerialrat Friede, um sich vorab seiner Unterstützung für ein Naturschutzprojekt zu vergewissern. »Eines der Themen wird die Anlage von Freizeitzentren im Zusammenhang mit den beiden Braunkohlenseen bei Zülpich sein«, schrieb Buchmann.[1] Einer der Seen sei schon fest als Bade-, Segel- und Rudersee verplant. Umstritten sei hingegen noch das Schicksal des zweiten Sees, der in den folgenden Schriftwechseln wahlweise als »Füssenicher See« oder »Restsee Zülpich-Mitte« bezeichnet wurde.[2] Auch für diesen See war ein »Segel- und Rudersportzentrum« im Gespräch, aber es gab auch Bestrebungen, »wenigstens den einen See abseits von Lärm und Rummel in unbeeinträchtigter Ursprünglichkeit für die immer zahlreicher werdenden Menschen zu erhalten, die ein ruhiges und unverplantes Erholungsgebiet bevorzugen.«[3] Buchmann unterstützte dies vor allem aus Gründen des Vogelschutzes: Falls Ruder- und Segelboote den Füssenicher See benutzen dürften, würden »die Wasservögel, die zu den Zugzeiten in großen Schwärmen niedergehen und von denen viele Arten [...] hier brüten, wegen der mannigfaltigen Störungen mit Sicherheit ausbleiben«.[4] Buchmann verwies für weitere Informa-

1 HStAD NW 453 Nr. 93, Dr. Wolfgang Buchmann, Stellvertretender Naturschutzbeauftragter im Kreis Euskirchen an Ministerialrat Dr. Friede, Staatskanzlei, 20. Juli 1973.

2 Letztere Bezeichnung u.a verwandt in Stadtarchiv Zülpich, Privatarchiv Carl Friedrich Jacobs (PCFJ) Ordner 1, Stadt Zülpich, Der Stadtdirektor an Studiendirektor Dr. Buchmann, Euskirchen, 26. März 1973; ebd., Dr. Wolfgang Buchmann, Stellvertretender Naturschutzbeauftragter im Kreise Euskirchen an den Bezirksbeauftragten für Naturschutz und Landschaftspflege im Regierungsbezirk Hubert Dinter, 10. April 1973; ebd., Bergamt Köln an Carl Friedrich Jacobs, 28. Oktober 1974.

3 HStAD NW 453 Nr. 93, Dr. Wolfgang Buchmann, Stellvertretender Naturschutzbeauftragter im Kreis Euskirchen an Ministerialrat Dr. Friede, Staatskanzlei, 20. Juli 1973.

4 Ebd.

tionen auf eine Artenliste, die der Zülpicher Vogelschützer Carl Friedrich Jacobs erstellt hatte und die dem Schreiben beilag.[5] So plädierte Buchmann für die Einrichtung eines Naturschutzgebiets: »Mein Vorschlag wäre, den Füssenicher See durch das Land Nordrhein-Westfalen kaufen zu lassen, ihn aber dann unter vollen Schutz zu stellen.«[6]

Friede reagierte prompt und ließ vorsichtiges Interesse erkennen. In einem internen Schreiben vom 25. Juli 1973 erklärte er, »daß der von Herrn Dr. Buchmann gemachte Vorschlag von unserem Hause als oberster Naturschutzbehörde sorgfältig geprüft werden müßte.«[7] Wenige Tage später beschloss er zudem, die Staatliche Vogelschutzwarte in Essen um eine Äußerung zu bitten, »ob die Erhaltung des Füssenicher Sees aus Gründen des Natur-, insbesondere des Artenschutzes wünschenswert sei.«[8] Und auch Buchmann erhielt nahezu postwendend ein ermutigendes Schreiben: »Anscheinend ist der Gedanke, den Füssenicher See wegen seiner Bedeutung als Brut- und Rastplatz für Wasservögel unverändert zu erhalten, bisher noch nicht zum Ausdruck gekommen. Desto dankbarer bin ich Ihnen für Ihren Hinweis.«[9] Aber tatsächlich stand Friede dem Projekt keineswegs so positiv gegenüber, wie er nach außen hin erkennen ließ. Und so begab er sich am 12. August 1973 nach Zülpich, um die beiden Seen einmal persönlich in Augenschein zu nehmen. Das war schon für sich genommen eher ungewöhnlich: Eigentlich hätte es für Friede ausgereicht, das Gutachten der Vogelschutzwarte abzuwarten und dann eine Entscheidung zu treffen. Noch deutlicher wird das Außergewöhnliche dieser Ortsbesichtigung, wenn man einen Blick in den Kalender wirft: Der 12. August 1973 war nämlich ein Sonntag. Ganz offenkundig hegte Friede bei diesem Projekt Bedenken, über die er sich durch einen privaten Besuch Klarheit verschaffen wollte. Und der Vermerk, den er über diesen Besuch anfertigte, ließ dann auch deutlich erkennen, welcher Art diese Bedenken waren.

Die Beobachtungen vor Ort ergaben, wie so oft bei einem im Entstehen befindlichen Naturschutzobjekt, ein gemischtes Bild. »Der Füssenicher See liegt in einer durch den Braunkohlenabbau künstlich hergestellten Mulde am Rande der Ortschaft Füssenich. Seine ansteigenden Ufer sind teilweise von der Eigentümerin, der Victor

---

5 HStAD NW 453 Nr. 93, Artenliste der seit dem Sommer 1971 von Herrn Carl Friedrich Jacobs beobachteten Vögel am Füssenicher See.

6 Ebd., Dr. Wolfgang Buchmann, Stellvertretender Naturschutzbeauftragter im Kreis Euskirchen an Ministerialrat Dr. Friede, Staatskanzlei, 20. Juli 1973.

7 Ebd., Friede an Huber, 25. Juli 1973.

8 Ebd., Vermerk vom 3. August 1973.

9 Ebd., Ministerialrat Dr. Friede bei dem Minister für Ernährung, Landwirtschaft und Forsten des Landes Nordrhein-Westfalen an den Stellvertretenden Beauftragten für Naturschutz und Landschaftspflege im Kreis Euskirchen Wolfgang Buchmann, 27. Juli 1973.

Rolff Braunkohlen KG, mit Erlen, Akazien usw. aufgeforstet. Der See ist länglich, hat aber auch eine nicht unerhebliche Breite. Ein Schilfgürtel fehlt fast ganz. An einigen Stellen haben jedoch Angler Schilf und Weiden angepflanzt.«[10] Wasservögel sah Friede bei seinem mehrstündigen Besuch »fast keine«, was aus seiner Sicht jedoch nicht viel aussagte: »Sie waren möglicherweise durch einige auf dem See schwimmende Gummiflöße, deren Insassen ruderten, vertrieben.«[11] Auch sonst bemerkte Friede einige Dinge, die nicht im Einklang mit Belangen des Naturschutzes standen. An mehreren Stellen wurde gebadet, außerdem übte die freiwillige Feuerwehr mit mehreren Fahrzeugen am Seeufer und richtete dabei »erhebliche Zerstörungen am Weg und teilweise auch an der aufgeforsteten Böschung« an.[12] Zur Wasserqualität machte Friede unterschiedliche Angaben: Einmal bezeichnete er das Wasser als »klar«, ein andermal meinte er, das Wasser sei »zwar rein, aber durch die Fütterung der Fische eutrophiert.«[13] In jedem Fall gab es einen »sehr starken Fischbesatz«, da der See an einen Anglerverein verpachtet war, von dem »alljährlich große Menge von Fischbrut im See ausgesetzt« wurden; Friede konnte beobachten, dass Angler »z.T. mit gutem Erfolg auf Schleie die Angel auswarfen.«[14] Von diesen erfuhr Friede jedoch auch, dass der See für den Vogelschutz tatsächlich einen Wert hatte: »Angler berichteten auf Befragen, in den Wintermonaten befänden sich viele Wasservögel auf dem See. Sie zögen im Frühjahr wieder ab. Sie würden auch gejagt. Die Jäger hätten aber wenig Erfolg, weil schon nach den ersten Schüssen die Vögel die Flucht ergriffen. Dies ist leicht erklärlich, weil der See in seinem gegenwärtigen Zustand ihnen fast keine Deckung bietet.«[15]

In auffallendem Kontrast zu diesen gemischten Beobachtungen stand die eindeutige »Bewertung aus der Sicht des Naturschutzes«, die Friede in seinem Vermerk formulierte. »Der See erfüllt in seinem jetzigen Zustand nicht die Voraussetzungen, die nach § 4 des Reichsnaturschutzgesetzes für die Festsetzung als Naturschutzgebiet gegeben sein müssen«, erklärte Friede apodiktisch.[16] Gewiss biete der Füssenicher See und seine Umgebung »landschaftlich […] ein ansprechendes Bild.«[17] Es ließen sich auch Maßnahmen denken, mit denen der naturschützerische Wert zu steigern wäre: »Es könnte versucht werden, den See durch Anpflanzen eines Schilfgürtels und

10 Ebd., Vermerk über eine Besichtigung des Füssenicher Sees und des Lövenicher Sees durch MR Dr. Friede am 12. August 1973, S. 1.

11 Ebd.

12 Ebd., S. 1f (Zitat S. 2.).

13 Ebd., S. 1,3.

14 Ebd., S. 2.

15 Ebd., 2.

16 Ebd., S. 2.

17 Ebd., S. 3.

von Weiden oder Erlen für die Vogelwelt anziehender zu machen.«[18] Für die Durchführung solcher Maßnahmen stand sogar schon Hilfe in Aussicht: Der Ornithologe Carl Friedrich Jacobs, der sich wie kaum ein anderer für den Füssenicher See engagierte, hatte bereits am 1. August 1973 in einem Schreiben an den Regierungspräsidenten erklärt, »daß sich der Deutsche Bund für Vogelschutz bereit erklärt hat, den Füssenicher See im Falle einer Unterschutzstellung durch eine den Bedürfnissen der Wasser- und Watvögel entsprechende Gestaltung noch attraktiver für die Vogelwelt zu machen.«[19] Aber Friede war offenbar gar nicht gewillt, die entsprechenden Möglichkeiten auszuloten: Die Angler würde wohl Widerspruch gegen die Anlegung eines Schilfgürtels erheben, da dadurch »der Zugang zum Wasser [...] erschwert werden könnte«; somit erübrigten sich für Friede weitere Überlegungen in dieser Richtung.[20] Überhaupt war der Vermerk von einem deutlichen Bestreben gekennzeichnet, den Wert des Füssenicher Sees für den Naturschutz nach Kräften herunterzuspielen und möglichst ganz zu negieren. Offenkundig war Friede mit einem vorgefassten Urteil nach Zülpich gekommen; der Besuch und der in der Folge angefertigte Vermerk war wohl nicht viel mehr als ein Vehikel, um die eigene Voreingenommenheit nicht zu offenkundig werden zu lassen. An einer Stelle des Vermerks hat Friede den Grund für seine Abneigung auch offen benannt: »Es handelt sich um einen Restsee, der aufgrund des Betriebsplans nach dem Abbau der Braunkohle verblieben ist«, notierte Friede.[21] Und das war offenkundig aus seiner Sicht ein finales Verdikt: »Bei näherer Betrachtung«, so Friede, werde »offenkundig, daß es sich nicht um ein Stück ›der Natur in ihrer Ganzheit‹, sondern um ein Gebilde von Menschenhand handelt.«[22]

Die Formulierung »Natur in ihrer Ganzheit« war vordergründig ein Zitat aus dem Reichsnaturschutzgesetz von 1935, das nach einem Urteil des Bundesverfassungsgerichts von 1958 als Landesrecht weitergalt.[23] Im Paragraph vier des Reichsnaturschutzgesetzes wurden Naturschutzgebiete nämlich folgendermaßen definiert: »Naturschutzgebiete im Sinne dieses Gesetzes sind bestimmt abgegrenzte Bezirke, in

---

18 Ebd.

19 PCFJ Ordner 1, Carl Friedrich Jacobs an den Regierungspräsidenten Köln, 1. August 1973, S. 1.

20 HStAD NW 453 Nr. 93, Vermerk über eine Besichtigung des Füssenicher Sees und des Lövenicher Sees durch MR Dr. Friede am 12. August 1973, S. 3.

21 Ebd., S. 2f.

22 Ebd., S. 3.

23 Albert Lorz, *Naturschutz-, Tierschutz- und Jagdrecht*, 2. Aufl. München 1967, S. 4f. Vgl. zur Weitergeltung des Reichsnaturschutzgesetzes auch Jens Ivo Engels, »Hohe Zeit« und »dicker Strich«. Vergangenheitsdeutung und -bewahrung im westdeutschen Naturschutz nach dem Zweiten Weltkrieg, in: Joachim Radkau, Frank Uekötter (Hg.), *Naturschutz und Nationalsozialismus*, Frankfurt a.M. 2003, S. 363–404.

denen ein besonderer Schutz der Natur in ihrer Ganzheit [...] im öffentlichen Interesse liegt.«[24] Aber das Gesetz sah noch eine zweite Möglichkeit vor: Auch Natur »in einzelnen ihrer Teile« konnte nach dem Reichsnaturschutzgesetz unter Schutz gestellt werden, und ausdrücklich wurden dabei auch »Vogelfreistätten« und »Vogelschutzgehölze« genannt.[25] Juristisch gesehen hätte deshalb schon allein die große Zahl von Wasservögeln eine Ausweisung als Naturschutzgebiet rechtfertigen können. So hatte ja auch Buchmann in seinem Gutachten argumentiert: »Der Wert des Füssenicher Sees als Vogelschutzgebiet liegt darin, einen Beitrag zur Erhaltung seltener und vom Aussterben bedrohter Vogelarten zu leisten.«[26] Aber um solche rechtlichen Aspekte ging es Friede offenbar gar nicht. »Natur in ihrer Ganzheit« war in seinem Vermerk kein juristischer Begriff, sondern eine Chiffre, hinter der sich seine grundsätzlichen Bedenken verbargen: Ein Braunkohlenrestsee war für ihn eben keine richtige Natur.

Die Widersprüche, zu denen eine solche Haltung führen musste, zeigten sich schon in dem Brief, mit dem das Ministerium Buchmann als stellvertretenden Naturschutzbeauftragten im Kreis Euskirchen von der eigenen Entscheidung informierte. »Soweit ich sehe, fehlen z. Zt. die Voraussetzungen für eine Festsetzung als Naturschutzgebiet«, erklärte Friede.[27] Zugleich aber teilte er Buchmann mit, dass er »den Innenminister gebeten hat, bei der Planung einer umfassenden Erholungsanlage in der Stadt Zülpich den ›Füssenicher See‹ wegen seiner Bedeutung als winterlicher Rastplatz vom Sportbetrieb auszunehmen.«[28] Friedes Inkonsequenz ist offenkundig: Auf der einen Seite erforderte die Beliebtheit des Füssenicher Sees bei Wasservögeln einen staatlichen Schutz, auf der anderen Seite verweigerte Friede weiterhin das Signum »Naturschutz«. Außerdem widersprach Friedes Behauptung, mit der geschilderten Bitte sei »eine vorläufige, meines Erachtens aber ausreichende Sicherung für die Erhaltung des Sees« erreicht, dem durch die Besichtigung gewonnenen Befund, dass die Wasservögel im Winter bejagt wurden. Durch Friedes antiindustrielle Affekte wurde offenkundig jede nüchterne Abwägung über Zwecke und Mittel von vornherein blockiert.

---

24 Lorz, *Naturschutz-, Tierschutz- und Jagdrecht*, S. 10f.

25 Ebd., S. 11.

26 HStAD NW 453 Nr. 93, Wolfgang Buchmann, Gutachten Füssenicher See, Anlage zu Dr. Wolfgang Buchmann, Stellvertretender Naturschutzbeauftragter im Kreis Euskirchen an Ministerialrat Dr. Friede, Staatskanzlei, 20. Juli 1973.

27 Ebd., Ministerialrat Dr. Friede bei dem Minister für Ernährung, Landwirtschaft und Forsten des Landes Nordrhein-Westfalen an den Stellvertretenden Beauftragten für Naturschutz und Landschaftspflege im Kreis Euskirchen, 14. August 1973.

28 Ebd.

Dem Naturschutzbeauftragten Buchmann fiel es nicht schwer, die von Friede aufgeführten Argumente zu entkräften. So wies er in seiner Antwort darauf hin, dass es nicht nur um einen Schutz während der Wintermonate gehen könne: »In den Zugzeiten von März bis Mai und August bis Oktober ist normalerweise der Füssenicher See Rastplatz für tausende Wasser- und Watvögel.«[29] Buchmann unterstrich die Bedeutung eines Jagdverbots für den See, und auch die von Friede prognostizierten Probleme mit den Anglern waren für Buchmann nicht allzu dramatisch: »Soweit Schilf am Ufer steht, wurde dieses von den Anglern angepflanzt, die übrigens alle Bestrebungen, den See ruhig zu halten, sehr begrüßen.«[30] Weiter betonte Buchmann, dass für eventuelle Verbesserungsmaßnahmen »kaum finanzielle Aufwendungen nötig« seien, und für die grundsätzlichen Bedenken äußerte er nur Unverständnis: »Man sollte sich um solche künstlich entstandenen Gewässer, wenn auch nur Vogelparadiese aus zweiter Hand, ebenso bemühen wie etwa um letzte Reste von Mooren«.[31] Das überzeugte Friede freilich ebenso wenig wie das Gutachten der Essener Vogelschutzwarte, die im Füssenicher See einen »besonders interessanten Lebensraum für durchziehende und rastende Wasser- und Watvögel« sah und vorschlug, den westlichen Teil des Sees als Vogelreservat auszuweisen und unter Naturschutz zu stellen.[32] Für Friede ging es eben ums Grundsätzliche: Ein Braunkohlenrestsee konnte aus seiner Sicht halt keine schützenswerte Natur sein. Als Friede deshalb ein Jahr später erneut um eine Stellungnahme zum Thema ersucht wurde, ignorierte er kurzerhand die zwischenzeitliche Äußerung der Vogelschutzwarte und griff wieder auf den Vermerk über seine Besichtigung am 12. August 1973 zurück. Nach wie vor galt: Es handele sich »nicht um ein Stück ›der Natur in ihrer Ganzheit‹«, und damit erübrige sich jede weitere Debatte.[33]

»Befremdend« nannte der Bezirksbeauftragte für Naturschutz und Landschaftspflege im Regierungsbezirk Köln Hubert Dinter diese Argumentation des Düsseldorfer Naturschutzreferenten. Was für Friede ein Grundsatzproblem war, sah Dinter vor allem als Chance: Es sei, so der Bezirksbeauftragte, »eine einmalige Gelegenheit gegeben, beide Seen ihrer vorgesehenen Funktion entsprechend durch die öffentliche

29 HStAD NW 453 Nr. 93, Dr. Wolfgang Buchmann, Stellvertretender Naturschutzbeauftragter im Kreis Euskirchen an Ministerialrat Dr. Friede, Staatskanzlei, 20. August 1973.

30 Ebd.

31 Ebd.

32 HStAD NW 453 Nr. 93, Staatliche Vogelschutzwarte des Landes Nordrhein-Westfalen an den Minister für Ernährung, Landwirtschaft und Forsten des Landes Nordrhein-Westfalen, 29. August 1973.

33 Ebd., Der Minister für Ernährung, Landwirtschaft und Forsten des Landes Nordrhein-Westfalen an den Regierungspräsidenten Köln, 1. August 1974.

Hand in die richtige Entwicklung zu bringen.«[34] In der Tat war die Situation für den Naturschutz im Grunde genommen ziemlich günstig, denn durch die Existenz zweier weitgehend identischer Seen ergab sich die Möglichkeit eines goldenen Kompromisses: ein See für Lärm und Rummel, ein See für stille Nutzungen – wann je bot sich den konfliktgewohnten Naturschützern eine so einfache Aufteilung der Funktionen an? So wandte sich Dinter an Friedes Vorgesetzten, den Leitenden Ministerialrat Pielow: Der »Vorgang Füssenicher See« sei für ihn »noch nicht abgeschlossen«, da sich »neben den örtlich praktizierenden Ornithologen« auch »der Deutsche Bund für Vogelschutz auf Bundes- sowie Landesebene für ein intensiveres Unterschutzstellungsverfahren ausgesprochen« hatten.[35] Das Ergebnis war eine zweite Besichtigung des Füssenicher Sees durch Beamte des Ministeriums am 21. November 1974, an der neben Pielow auch Regierungsdirektor Schmidt, Referent für Landschaftsplanung, Landschaftsentwicklung und Naturparke, teilnahm; Ministerialrat Friede blieb in Düsseldorf zurück. Zwar vermieden Pielow und Schmidt eine offene Brüskierung Friedes, indem sie gegen die Ausweisung als Naturschutzgebiet argumentierten: »Weder die Anwesenheit zahlreicher Wasservögel (es wurden nur wenige Stockenten und Blesshühner beobachtet) noch Ansätze für vorhandene oder in Entstehung begriffene naturnahe Biotope gaben Anhaltspunkte, die eine Unterschutzstellung als Naturschutzgebiet rechtfertigen würden.«[36] Aber zugleich zeigten sich die Vertreter des Ministeriums aus landschaftsästhetischen Gründen vom Füssenicher See sehr angetan: »Die Lage dieses Sees am Rande der Voreifel und seine ansprechende Ausformung steigern den Wert und die Anziehungskraft dieses nicht gerade sehr reizvollen Landschaftsraumes«, notierten die Ministerialbeamten und wiesen auf »gut bepflanzte Böschungen mit Sanddorn, Robinien und Weidenarten« sowie »die reizvolle Blickbeziehung zu den Türmen der Stadt Zülpich und den Erhebungen der Voreifel« hin.[37] Deshalb plädierten Pielow und Schmidt dafür, den See unter Landschaftsschutz zu stellen, »um Entwicklungen vorzubeugen, die diesen reizvollen See beeinträchtigen oder stören können«.[38] Das aber wurde wiederum vom Kölner Regierungspräsidenten abgelehnt: Dieser arbeitete nämlich gerade an einer umfassenden Landschaftsschutzverordnung für den gesamten linksrheinischen Teil des Regie-

34 Ebd., Bezirksstelle für Naturschutz und Landschaftspflege im Regierungsbezirk Köln, Der Bezirksbeauftragte an das Dezernat 21 – Höhere Naturschutzbehörde –, im Hause, 13. August 1974.

35 Ebd., Bezirksstelle für Naturschutz und Landschaftspflege im Regierungsbezirk Köln, Der Bezirksbeauftragte an Dr. Pielow, 11. November 1974.

36 Ebd., Vermerk vom 22. November 1974 über die Besichtigung am 21. November 1974 durch die Herren LMR Dr. Pielow und RD A. Schmidt, S. 3.

37 Ebd., S. 2f.

38 Ebd., S. 3.

rungsbezirks und lehnte deshalb neue Verordnungen zu einzelnen Landschaftsteilen grundsätzlich ab, zumal das zuständige Dezernat des Regierungspräsidenten durch die Bearbeitung von mehr als 1000 Einsprüchen im laufenden Verfahren blockiert war; schon deshalb war die Ausweisung des Füssenicher Sees als Landschaftsschutzgebiet praktisch unmöglich.[39] Das Ministerium hatte seine sture Opposition zwar aufgegeben, aber keinen Weg aus der Bedrouille gefunden.

Mit der Betonung landschaftsästhetischer Motive verwendeten die Ministerialbeamten übrigens ein Argument, das in den lokalen Auseinandersetzungen bis dahin eine erstaunlich geringe Rolle gespielt hatte. Von Anfang an waren zwei Begründungsmuster für den Schutz des Füssenicher Sees denkbar gewesen: der Vogelschutz und die Bewahrung einer schönen Erholungslandschaft. Nur selten wurden diese beiden Aspekte jedoch so unkompliziert miteinander verbunden wie in der Stellungnahme der Staatlichen Vogelschutzwarte, die für einen Ausgleich zwischen Vogelschutz, Angelsport und Erholung plädierte: Der Füssenicher See sollte ihrer Ansicht nach »als Kombination von Naturschutzgebiet und Anglerparadies speziell *den* Menschen dienen, die ihre Erholung in einer naturnahen und ruhigen Umgebung suchen«.[40] Sogar Pläne, in einigem Abstand von den ornithologisch wertvollen Gebieten einen »Badeplatz« anzulegen, waren für die Vogelschutzwarte »durchaus verständliche Bestrebungen«.[41] Vor Ort setzte man jedoch vorzugsweise auf das Vogelschutzargument. Der Füssenicher See stelle »gemessen an seinem Reichtum an Arten und teilweisem Massenauftreten, eine Seltenheit dar«, argumentierte ein Naturschutzbeauftragter, der außerdem betonte, »daß nur wenige Wasserflächen als Lebensraum zusagen, und diese wenigen als Freistätten erhalten bleiben müssen.«[42] Auch die Kreisgruppe Euskirchen des Deutschen Bunds für Vogelschutz ignorierte andere Begründungsmuster und konzentrierte sich auf ornithologische Aspekte: »Die überall in unserem Lande durchgeführten Entwässerungsmaßnahmen haben dazu geführt, daß Vögel und auch andere Tiere mangels entsprechender Biotope immer mehr auf von menschlicher Hand geschaffene Wasserflächen ausweichen müssen.«[43]

39 Vgl. HStAD NW 453 Nr. 93, Vorlage für Herrn Staatssekretär vom 28. November 1974, S. 2, und handschriftliche Notiz von Friede, 12. Dezember 1974.

40 Ebd., Staatliche Vogelschutzwarte des Landes Nordrhein-Westfalen an den Minister für Ernährung, Landwirtschaft und Forsten des Landes Nordrhein-Westfalen, 29. August 1973, S. 3. Hervorhebung im Original.

41 Ebd., S. 2.

42 PCFJ Ordner 1, Bezirksstelle für Naturschutz und Landschaftspflege im Regierungsbezirk Köln, Der Bezirksbeauftragte an das Dezernat 21, Höhere Naturschutzbehörde, im Hause, 19. Dezember 1973, S. 2.

43 HStAD NW 453 Nr. 93, Kreisgruppe Euskirchen im Deutschen Bund für Vogelschutz an Staatssekretär Dr. Ebert im Ministerium für Landwirtschaft und Forsten, 5. Oktober 1974, S. 2.

Und auch Carl Friedrich Jacobs betonte nahezu ausschließlich den Wert des Füssenicher Sees als Vogelparadies, obwohl ihm schon früh von einem Mitarbeiter des Zoologischen Forschungsinstituts und Museums Alexander König bedeutet worden war, er befürworte eine Unterschutzstellung »mehr aus landschaftlich-ästhetischen als ornithologischen Gründen«.[44] »Prachttaucher, Sterntaucher, Weißstörche, Bläßgänse, Fischreiher und viele andere Wasservögel sind an den beiden Braunkohlenseen bei Zülpich-Füssenich und Zülpich-Lövenich zu beobachten«, begann ein von Jacobs lancierter Artikel in der Euskirchener Lokalausgabe des *Kölner Stadt-Anzeigers*.[45] Das entsprach zweifellos seinen persönlichen Interessen, schließlich erwähnte der Artikel auch, dass Jacobs »in seiner Freizeit [...] fast immer am Braunkohlengewässer bei der Beobachtung von Wasservögeln anzutreffen« sei. Aber zugleich vergaben die lokalen Naturschützer hier wohl eine Chance, durch die Betonung des Erholungsaspekts eine Stärkung der eigenen Lobby zu erreichen. Eine Überschrift wie »Am neuen See brüten sogar Sturmmöwen« mochte ornithologisch korrekt sein, war aber nicht gerade dazu geeignet, das Interesse der breiten Öffentlichkeit zu schüren.[46]

So war aus der zunächst recht günstigen Ausgangslage eine ziemlich verwickelte Situation entstanden. Die lokalen Vogelschützer wollten ein Naturschutzgebiet, das Ministerium sah allenfalls Gründe für eine Landschaftsschutzverordnung, die aber der Regierungspräsident nicht ausfertigen konnte – und durch die laufende Nutzung des Sees als Bade-, Ruder- und Segelgewässer bestand die Gefahr einer Entwicklung, die keine der drei Parteien wünschte. Die Vogelschützer konnten jedoch schon früh auf einen mächtigen Verbündeten verweisen, denn bei seinem eingangs erwähnten Besuch in Zülpich hatte sich Regierungspräsident Günther Heidecke dafür ausgesprochen, den Füssenicher See zum Vogelschutzgebiet zu entwickeln und unter Naturschutz zu stellen.[47] Spätestens seit dem 14. Oktober 1974 war die Haltung der Naturschützer im Kölner Regierungspräsidium offenkundig: An diesem Tag erreichten die Kölner Naturschützer nämlich in einem Gespräch mit Vertretern des Bergamts Köln und der Firma Victor Rolff als Besitzer, dass diese Firma mit Seglern und Anglern »keine bindenden Verträge schließt [...], die unserem Ziel widersprechen« – und dieses Ziel war, »den westlichen Abschnitt [des Sees] als Vogelschutzgebiet«

---

44 PCFJ Ordner 1, Dr. H. E. Wolters, Zoologisches Forschungsinstitut und Museum Alexander König an Carl Friedrich Jacobs, 9. August 1973.

45 PCFJ Ordner 1, Ausschnitt aus dem *Kölner Stadt-Anzeiger* Nr. 8 (10. Januar 1974): »Am neuen See brüten sogar Sturmmöwen.«

46 Ebd.

47 PCFJ Ordner 1, Carl Friedrich Jacobs an Dr. Hans Edmund Wolters, im Oktober 1973.

auszuweisen.[48] Bemerkenswert ist dabei insbesondere der Zeitpunkt: Im Oktober 1974 galt ja noch das Votum Friedes, das dem Füssenicher See jeden naturschützerischen Wert absprach. Aber auch in der Folge nahm man es beim Kölner Regierungspräsidenten mit den Vorgaben aus Düsseldorf nicht allzu genau. Das hatte einen einfachen Grund: Es war nämlich nicht das Ministerium, sondern das Regierungspräsidium, das eine Naturschutzverordnung erarbeiten und förmlich verkünden musste. Offenkundig vertrauten die Kölner Naturschützer darauf, dass die Ministerialbeamten ihnen schon nicht in den Rücken fallen würden, wenn sie den Füssenicher See zum Naturschutzgebiet erklärten. Und da die lokalen Auseinandersetzungen nie die Einbeziehung des Ministeriums erforderten, ging diese Taktik am Ende auch auf. Der Füssenicher See wurde unter Naturschutz gestellt, während die ministeriellen Bedenkenträger im Abseits standen.

Vermutlich war es auch der Faktor Zeit, der diese schleichende Umgehung eines ministeriellen Votums ermöglichte. Schon 1972 hatte Carl Friedrich Jacobs für den Schutz des Füssenicher Braunkohlenrestsees plädiert[49], aber bis zu den ersten amtlichen Verordnungen musste er ein rundes halbes Jahrzehnt warten. 1977 verfügte die Stadt Zülpich als örtliche Ordnungsbehörde, dass am Füssenicher See »das Baden und Befahren mit Wasserfahrzeugen aller Art sowie das Tauchen [...] verboten« seien, 1979 erließ der Kölner Regierungspräsident die »Verordnung zur einstweiligen Sicherstellung des geplanten Naturschutzgebietes ›Füssenicher See‹ im Kreis Euskirchen«, der 1983 die förmliche Erklärung zum Naturschutzgebiet folgte, diese wiederum wurde 1988 durch eine neue Naturschutzverordnung ersetzt, durch die das ursprünglich vorgesehene totale Angelverbot gelockert wurde; 1992 wurde dieser Schutzstatus in den Landschaftsplan »Zülpicher Börde« übernommen.[50] »In den Angelegenheiten des Natur- und Umweltschutzes war [...] für ein erfolgreiches Arbeiten schon immer ein ›dickes Fell‹ und ein ›langer Atem‹ notwendig«, hatte Carl Friedrich Jacobs, der sich bis heute für den Schutz des Füssenicher Sees engagiert,

48 HStAD NW 453 Nr. 93, Bezirksstelle für Naturschutz und Landschaftspflege im Regierungsbezirk Köln, Der Bezirksbeauftragte an Dr. Pielow, 11. November 1974. Vgl. auch PCFJ Ordner 1, Bergamt Köln an Carl Friedrich Jacobs, 28. Oktober 1974.

49 PCFJ Ordner 1, Zeitungsartikel vom 10. Juli 1972: »›Naturschutz für Gebiet um den Braunkohlensee‹«.

50 *Mitteilungsblatt der Stadt Zülpich* Nr. 23 vom 10. Juni 1977, S. 2, *Amtsblatt für den Regierungsbezirk Köln* Jg. 159 (1979), Ausgabe A, S. 413f, dito 1983, S. 360f, 1988, S. 318f, sämtlich vorhanden in PCFJ Ordner 2–5; Carl Friedrich Jacobs, Bestandserfassung der rastenden, mausernden und überwinternden Wasservögel im Naturschutzgebiet »Neffelsee«, Stadt Zülpich, Kreis Euskirchen, in der Zeit vom 01.09.1999 bis 30.04.2000, S. 4. Ministerialrat Friede war unterdessen schon 1976 als Naturschutzreferent abgetreten.

1976 in einem privaten Brief erklärt.[51] Die Richtigkeit dieser Aussage hätte man wohl kaum treffender illustrieren können.

Postskriptum

Im Laufe der 70er Jahre setzte sich anstelle des wenig pittoresken Namens »Restsee Zülpich-Mitte« die Bezeichnung »Füssenicher See« durch. In der Zwischenzeit wurde das Gewässer nochmals umbenannt: »Neffelsee« lautet heute der Name. Wer den See besuchen möchte, trifft freilich noch auf einen vierten Begriff: Ausgeschildert ist der Neffelsee als »Naturschutzsee«. Vermutlich will man damit Verwechselungen mit dem zweiten Braunkohlenrestsee Zülpichs vermeiden, an dem es seit den 70er Jahren ein Freizeitzentrum mit Badestrand und Bootshafen gibt und der deshalb als »Wassersportsee« ausgewiesen wird. Aber vielleicht hat es auch sein Gutes, dass

Abbildung 17: Vielleicht keine »Natur in ihrer Ganzheit«, aber mit Sicherheit ein Vogelparadies. Die geometrischen Formen des Füssenicher Sees, hier nur zum Teil zu erkennen, verraten unverkennbar seinen Ursprung als Braunkohlenrestsee.

51 PCFJ Ordner 2, Carl Friedrich Jacobs an Dr. Peter Wegner, 15. Oktober 1976.

man beim Neffelsee schon per Straßenschild auf »Naturschutz« eingestimmt wird. Am Ufer des Gewässers will sich jedenfalls ein Eindruck wilder, unberührter Natur nicht so recht einstellen. Das liegt zum einen an der geometrischen Form des Sees, die seine künstliche Entstehung unvermeidbar verrät, zum anderen an den Enten, die in der Hoffnung auf Futter auf den Besucher zuschwimmen. Erst mit ein wenig Hintergrundwissen wird verständlich, warum am Neffelsee die bekannten Dreiecksschilder mit dem grünen Rand und der Aufschrift »Naturschutzgebiet« stehen. Dank umfangreicher Gestaltungsmaßnahmen, oft von ehrenamtlichen Naturschützern getragen, ist der Neffelsee heute »im Kreis Euskirchen das bedeutendste Schutzgebiet für ziehende und überwinternde Wasservögel.«[52] In einer landwirtschaftlich intensiv genutzten Region wie der Zülpicher Börde besitzen Naturschutzgebiete zwangsläufig einen besonderen Wert – aller gängigen Kritik am Reservatnaturschutz zum Trotz.

»Dieser See dient der stillen Erholung. Deshalb ist das Baden, Tauchen, Bootfahren, Reiten und Zelten nicht erlaubt. Es dürfen keine Feuer entzündet werden«, steht auf einem Schild, das der Erftverband als Besitzer des Neffelsees am Ufer postierte. Wer das für den typischen Ausdruck eines restriktiven Naturschutzes hält, der sollte zum Zülpicher Wassersportsee fahren – denn in der dortigen Freizeitanlage ist ein Vielfaches an Regeln zu beachten. Allerdings scheint es mit der Beachtung der Regeln am Neffelsee so eine Sache zu sein. Mehr als einmal hat Carl Friedrich Jacobs in den vergangenen Jahrzehnten auf Verstöße hingewiesen, vor allem das Baden am Neffelsee scheint zeitweise den Status eines Kavaliersdelikts besessen zu haben; 1995 berichtete der *Kölner Stadt-Anzeiger*, dass fortan nur noch Doppelstreifen an den See geschickt würden, da einzelne Beamtinnen von Badegästen massiv eingeschüchtert worden waren.[53] Außerdem pflegen die Vogelschützer seit den 70er Jahren einen Dauerzwist mit dem Zülpicher Angelsportverein; die von Hubert Dinter 1974 anvisierte »Dauerlösung zwischen den Angler- und Naturschutzinteressenten«, die seiner Ansicht nach »ohne Schwierigkeiten [...] zu finden sein« würde, steht nach wie vor aus.[54] Schließlich ist der Neffelsee auch durch eine schleichende Eutrophierung bedroht, für die ein abflussloses Gewässer zwangsläufig besonders anfällig ist; auf dem Grund des Neffelsees wurden bereits Faulschlammablagerungen festgestellt. Die ungesunde Nährstoffzufuhr stammt zum einen aus dem Neffelbach – der Erftverband nutzt den See als Hochwasserrückhaltebecken –, zum anderen aus der Dränage eines etwa 40 Hektar großen Ackers; für letztere wird neuerdings eine

52 Carl Friedrich Jacobs, *Feuchtgebiete und Biotopverbund in der Zülpicher Börde*. Herausgegeben vom Amt für Agrarordnung Euskirchen (o.O. o.J.), S. 11.

53 PCFJ Ordner 5, Ausschnitt aus dem *Kölner Stadt-Anzeiger* vom 26. Juli 1995: »›Naturfreunde‹ scheuchen die Vögel vom Nest«.

54 HStAD NW 453 Nr. 93, Bezirksstelle für Naturschutz und Landschaftspflege im Regierungsbezirk Köln, Der Bezirksbeauftragte an Dr. Pielow, 11. November 1974.

alternative Ableitung angestrebt.[55] So erweist sich die mühsam erkämpfte Ausweisung des Neffelsees als Naturschutzgebiet im Rückblick nur als erster Schritt zur Sicherung eines Gewässers, das weiterhin vielfältigen Bedrohungen ausgesetzt ist, und die Stille am Neffelsee steht in einem auffallenden Kontrast zu dem Streit, der nach wie vor hinter den Kulissen tobt. Das Schwanenpärchen, das wir während unseres Besuchs beim Brüten beobachten konnten, schien das allerdings nicht wirklich zu stören.

55 Carl Friedrich Jacobs, Bestandserfassung der rastenden, mausernden und überwinternden Wasservögel im Naturschutzgebiet »Neffelsee«, Stadt Zülpich, Kreis Euskirchen, in der Zeit vom 01.09.1999 bis 30.04.2000, S. 14f, 18.

7. Flurbereinigung und Naturschutz: Das Beispiel Ammeloer Venn

Landwirtschaft ist angewandter Naturschutz. Das jedenfalls war bis vor wenigen Jahren geltendes Recht der Bundesrepublik Deutschland: »Der ordnungsgemäßen Land- und Forstwirtschaft kommt für die Erhaltung der Kultur- und Erholungslandschaft eine zentrale Bedeutung zu; sie dient in der Regel den Zielen dieses Gesetzes«, hieß es im Paragraph 1 des Bundesnaturschutzgesetzes von 1976.[1] Die kürzliche Streichung dieser Landwirtschaftsklausel wurde in einem juristischen Kommentar mit der Bemerkung quittiert, hier habe der Gesetzgeber »konsequent gehandelt«: »Es entsprach tatsächlich nicht der Realität, daß die Landwirtschaft in der Regel den Zielen dieses Gesetzes dient.«[2] In der Tat fällt es nicht unbedingt schwer, Divergenzen zwischen der modernen Intensivlandwirtschaft und den Belangen des Naturschutzes zu erkennen; Probleme wie Überdüngung und Verringerung der Artenvielfalt haben es längst auch in die Spalten der Tageszeitungen gebracht und zur allgemeinen Legitimationskrise der Agrarwirtschaft beigetragen. So bliebe eine Monographie über den Naturschutz in Nordrhein-Westfalen unvollständig, wenn nicht in zumindest einem Fallbeispiel das Verhältnis des Naturschutzes zu jener Nutzungsart in den Blick genommen würde, die in der alten Bundesrepublik etwa die Hälfte der Landesfläche für sich reklamierte.[3] Dabei zeigt sich, dass die Divergenzen zwischen Landwirtschaft und Naturschutz wohl nicht nur in der Benutzungsart des Bodens, sondern auch in den Köpfen der Beteiligten zu finden sind. Besonders deutlich zeigt sich dies in der Entstehungsgeschichte des Naturschutzgebiets Ammeloer Venn.

In einer »brennenden Problematik« wandte sich 1972 ein Mitarbeiter der Provinzialverwaltung der niederländischen Provinz Overijssel an Ministerialrat Friede. Es ging um die vier grenzüberschreitenden Naturschutzgebiete der Provinz Overijssel, über die sich der Niederländer einmal mit Friede austauschen wollte. Eines dieser

1 *Bundesgesetzblatt* Teil I 1976, S. 3574.

2 Arnold Ebert, Erwin Bauer, Einführung, in: *Naturschutzrecht*, 8. Aufl. München 2000, S. IX–XXXVIII; S. XXII–XXIII.

3 Friedrich-Wilhelm Henning, *Landwirtschaft und ländliche Gesellschaft in Deutschland.* Band 2: *1750 bis 1986*, 2. Aufl. Paderborn 1988, S. 264.

Gebiete war das rund 500 Hektar große Haaksberger Venn zwischen dem niederländischen Enschede und dem deutschen Vreden. Mit 450 Hektar lag der größte Teil dieses Moores in den Niederlanden, war dort in staatlichem Besitz und stand unter Naturschutz. Lediglich der auf deutschem Hoheitsgebiet liegende Südrand des Moores, der nach einer nahe gelegenen Ortschaft Ammeloer Venn genannt wurde, bereitete den niederländischen Naturschützern Sorgen: »Das Ammeloer Venn ist noch nicht geschützt. Eine Unterschutzstellung und ein Ankauf ist wegen der grossen wissenschaftlichen Bedeutung und für die Erhaltung unseres grossen Naturschutzgebietes unbedingt erforderlich. Die Wasserhaushaltsverhältnisse sind unzertrennlich verknüpft.« Der niederländische Beamte plädierte für eine »umfassende Unterschutzstellung«.[4]

Friede bedankte sich höflich: Es handele sich um ein »sehr inhaltsreiches Schreiben«, das »viele wertvolle Anregungen für unsere Arbeit« enthalte. Allerdings regte Friede an, sich zunächst auf das Hünsfelder Moor und das Amtsvenn bei Gronau zu konzentrieren; das Ammeloer Venn müsse »noch im einzelnen darauf untersucht werden, ob es unter Landschaftsschutz oder Naturschutz gestellt werden soll.«[5] So blieb die Sache im Ministerium zunächst einmal liegen; nur der Naturschutzbeauftragte im Regierungsbezirk Münster kümmerte sich sporadisch um das Ammeloer Venn, jedoch ohne dass sich daraus zunächst etwas Verbindliches ergab.[6] Damit entsprach man freilich nur dem Tempo des Flurbereinigungsverfahrens, das seinerzeit in Ammeloe durchgeführt wurde. Dieses Verfahren hatte schon 1967 begonnen und umfasste die gesamte Gemeinde Vreden mit einer Fläche von 13 200 Hektar. 1972 wurden rund 5 000 Hektar aus dem laufenden Verfahren herausgenommen und in ein separates Flurbereinigungsverfahren überführt, ein sicheres Anzeichen dafür, dass man nicht so recht vorankam. Als der nordrhein-westfälische Landwirtschaftsminister Diether Deneke im Sommer 1974 einen Bericht über den Natur- und Landschaftsschutz im Rahmen des Flurbereinigungsverfahrens im Raum Vreden anforderte, konnte das zuständige Amt für Agrarordnung in Coesfeld zum Ammeloer Venn lediglich mitteilen, dass dort ein Naturschutzgebiet vorgesehen sei, »dessen genaue Abgrenzung von den hierfür zuständigen Stellen noch festgelegt werden muß«; die Vorlage des Flurbereinigungsplans stellten die Coesfelder Beamten für das

---

4 HStAD NW 453 Nr. 91, Ministerie van Landbouw en Visserij, Provinciaal Kantoor voor Overijssel, Staatsbosbeheer an das Ministerium für Ernährung, Landwirtschaft und Forsten, 22. Dezember 1972.

5 Ebd., Der Minister für Ernährung, Landwirtschaft und Forsten des Landes Nordrhein-Westfalen an das Ministerie van Landbouw en Visserij, Staatsbosbeheer, Zwolle, 29. Januar 1973.

6 Ebd., Landesamt für Agrarordnung Nordrhein-Westfalen an den Minister für Ernährung, Landwirtschaft und Forsten des Landes Nordrhein-Westfalen, 20. November 1978, S. 3.

Jahr 1977 in Aussicht.[7] Jenseits der Grenze wurde man unterdessen ungeduldig: »Im Zuge des Flurbereinigungsverfahren Ammeloe 2 besteht die letzte Möglichkeit, die in diesem Raum erforderlichen wasserwirtschaftlichen Massnahmen zu Gunsten dieses internationalen bedeutsamen Naturreservates durchzuführen«, erklärte der Naturschutzbeauftragte der Provinz Overijssel in einem Schreiben vom 20. Februar 1975. Für das Haaksberger Venn, fügte der Niederländer mahnend hinzu, seien »Entwässerungen und Enttorfungen tödlich.«[8]

Es ergab sich, dass just an diesem 20. Februar 1975 endlich Vertreter des Münsteraner Regierungspräsidenten und des Coesfelder Amts für Agrarordnung zusammentrafen, um die genaue Abgrenzung des geplanten Naturschutzgebiets zu besprechen. Dabei verständigte man sich nach offenbar nicht ganz unkontroversen Verhandlungen auf eine »großzügige Abgrenzung des geplanten Naturschutzgebietes«, so dass sich eine gewisse Pufferzone zu den eigentlichen Hochmoorflächen ergab. »Das geplante Naturschutzgebiet umfaßt neben den zersplitterten Resthochmoorflächen umfangreiche, z.T. stark vernäßte landwirtschaftliche Nutzflächen (vorwiegend Grünland), in einer Gesamtgröße von ca. 75 ha und einem möglichen Nutzwert von rd. 1,5 Mio. DM«, hieß es in einem Vermerk, den die Bezirksstelle für Naturschutz und Landschaftspflege in Münster dem Amt für Agrarordnung mit der Bitte um Zustimmung zuschickte; »der geplanten Abgrenzung wird grundsätzlich zugestimmt«, lautete die Antwort des Amts für Agrarordnung.[9] Im August 1975 bewilligte der nordrhein-westfälische Landwirtschaftsminister, bei dem der Naturschutz seit 1972 ressortierte[10], eine Abschlagszahlung in Höhe von 250 000 DM für den Kauf der erforderlichen Grundstücke.[11] Die Sache schien in trockenen Tüchern zu sein.

So wandten sich die Naturschützer einer anderen Problematik zu. Bei einem Ortstermin mit deutschen und niederländischen Experten im August 1975 wurde

7 Ebd., Landesamt für Agrarordnung Nordrhein-Westfalen an den Minister für Ernährung, Landwirtschaft und Forsten des Landes Nordrhein-Westfalen, 13. August 1974. Zitat S. 3.

8 Ebd., W. L. Jansen, Consulent Natuurbehoud van de Provincie Overijssel an den Minister für Ernährung, Landwirtschaft und Forsten des Landes Nordrhein-Westfalen, 20. Februar 1975.

9 Ebd., Regierungspräsident Münster an das Amt für Agrarordnung Coesfeld,, 11. März 1975 incl. Anlage und Antwort des Amts für Agrarordnung an die Bezirksstelle für Naturschutz und Landschaftspflege Münster, 16. Mai 1975. Vgl. auch ebd., Vermerk des Amts für Agrarordnung Coesfeld vom 14. April 1975.

10 Romeyk, *Verwaltungsgeschichte*, S. 234f.

11 HStAD NW 453 Nr. 91, Amt für Agrarordnung Coesfeld an den Regierungspräsidenten, Höhere Landschaftsbehörde, Münster, über das Landesamt für Agrarordnung, 21. Mai 1975, und Der Minister für Ernährung, Landwirtschaft und Forsten des Landes Nordrhein-Westfalen an den Regierungspräsidenten Münster, 15. August 1975.

nämlich festgestellt, dass im Ammeloer Venn »auf etwa knapp 2 ha Fläche umfangreicher Torfstich in durchgehenden Bahnen offenbar während dieses Sommers vorgenommen worden ist.« Die Teilnehmer stimmten darin überein, »daß der Torfabbau für das holländische Naturschutzgebiet Haaksberger Venn schwerwiegende Nachteile infolge Wasserentzuges mit sich bringt und daß deutscherseits geeignete rechtliche Schritte unternommen werden sollten, um den weiteren Abbau zu verhindern und nach Möglichkeit die ausgehobenen Gräben wieder verfüllen zu lassen.«[12] Das war freilich leichter gesagt als getan: Das Ehepaar, das den Torfabbau als Zwei-Personen-Unternehmen betrieb, wurde beim Amt für Agrarordnung vorstellig und drückte mächtig auf die Tränendrüse: Der Torfabbau sei für sie »schon seit 1961 Haupterwerbsquelle« und mithin »ihre Existenzgrundlage«.[13] So traf das Amt mit der Firma – nach dem männlichen Ehepartner trug die Firma, unglaublich aber wahr, den Namen Hermann Göring – die Vereinbarung, »daß während einer Übergangszeit von 3 Jahren der bereits zum Trocknen aufgestapelte Torf noch abgefahren werden und daß in einem bestimmten Abstand von der niederländischen Grenze noch weiter abgetorft werden darf«; außerdem versprach man, »den Eheleuten Göring bei der Suche nach einer neuen Abtorfungsfläche Hilfestellung zu leisten.«[14] Die Naturschutzstellen auf deutscher und niederländischer Seite wurden von diesem Kompromiss informiert und gaben ihr Plazet.[15] Auch diese Sache war somit abgehakt.

Es ist deshalb nur zu verständlich, dass sich die Naturschützer in der folgenden Zeit anderen Themen zuwandten. »In der Zeit vom Herbst 1975 bis zum Winter 1977 fanden wegen des vorgesehenen Naturschutzgebietes Ammeloe II keine behördlichen Kontakte mehr statt«, hieß es später in einem Bericht des Landesamts für Agrarordnung Nordrhein-Westfalen[16], und nach Lage der Akten schien das die Naturschützer auch gar nicht zu stören. Worüber hätte man auch reden sollen, nachdem man den erwähnten Kompromiss gefunden hatte? Allenfalls eine verschachtelte Formulierung des Amtes für Agrarordnung hätte Misstrauen erregen können: »Geringfügige Abänderungen müssen dem Flurbereinigungsplan vorbehalten bleiben, desgleichen die Frage, ob das gesamte Gebiet unter Schutz gestellt werden kann oder gegebenenfalls zur Zeit der landwirtschaftlichen Nutzung unterliegende Flächen ganz oder teilweise von der Unterschutzstellung ausgenommen werden«, hatten die Agrarbürokraten

---

12 Ebd., Vermerk von Dr. Hobbeling vom 15. August 1975, S. 1.

13 Ebd., Vermerk des Amtes für Agrarordnung vom 8. September 1975, S. 1.

14 Ebd., Amt für Agrarordnung Coesfeld an den Regierungspräsidenten Münster, 8. Oktober 1975, S. 2.

15 Ebd.

16 HStAD NW 453 Nr. 91, Landesamt für Agrarordnung Nordrhein-Westfalen an den Minister für Ernährung, Landwirtschaft und Forsten des Landes Nordrhein-Westfalen, 20. November 1978, S. 6.

erklärt, als sie sich mit dem Vermerk der Naturschützer »grundsätzlich« einverstanden erklärten.[17] Aber es hätte wohl schon eines manisch misstrauischen Naturschützers bedurft, um die wahre Brisanz dieser Klausel zu erkennen, zumal interadministrative Etikette es ja eigentlich geboten hätte, die beteiligten Behörden zu informieren, wenn sich bei der Umsetzung einer gemeinsamen Vereinbarung Probleme ergaben. Aber im Amt für Agrarordnung sah man das anscheinend weniger streng: Dort galt die Vereinbarung offenbar lediglich als unverbindliches Versprechen – oder man verhielt sich zumindest so. Das Ergebnis war jedenfalls eindeutig: Im Frühjahr 1978 stellte sich heraus, dass das Amt für Agrarordnung für das geplante Schutzgebiet nur noch 50 Hektar Fläche vorsah. Das Naturschutzgebiet »Ammeloer Venn« war kurzerhand um ein Drittel geschrumpft.[18]

Das Amt für Agrarordnung gab die Unschuld vom Lande, und das in durchaus wörtlichem Sinn. Man sei davon ausgegangen, dass mit der Ausweisung von 50 Hektar »die wesentliche Aufgabe erfüllt sei«, hieß es in einem Schreiben an das Landwirtschaftsministerium.[19] Kopfschmerzen über den Bruch der Vereinbarung hatten die Agrarbürokraten nicht: Man habe ja schließlich »immer darauf hingewiesen, daß damit noch keine Entscheidung darüber getroffen sei, ob die gesamten Flächen auch für das Land NW erworben werden könnten«.[20] Die Agrarbürokraten schafften es sogar, das Vertrauen der Naturschützer in die getroffene Vereinbarung gegen sie zu wenden: Die eigene Position sei »auch dadurch bestätigt worden, daß von Oktober 1975 bis Dezember 1977 von den Dienststellen des Natur- und Landschaftsschutzes, insbesondere den niederländischen Stellen, keine weiteren Schritte mehr unternommen wurden.«[21] Bei einem Treffen aller Beteiligten am 23. Juni 1978 präsentierten sich die Beamten regelrecht als Vorkämpfer des Naturschutzes: »Unter Einsatz der gegebenen Möglichkeiten habe man bei der Aufstellung des Flurbereinigungsplanes ca. 50 ha Land vorhalten können, die noch nicht an Landwirte verteilt seien«, erklärte ein Vertreter des Amts für Agrarordnung; darüber hinaus zeichneten sich »nach dem fortgeschrittenen Verfahrensstand […] z. Zt. keine weiteren Mög-

---

17 Ebd., Amt für Agrarordnung Coesfeld an die Bezirksstelle für Naturschutz und Landschaftspflege Münster, 16. Mai 1975.

18 Ebd., Vermerk zum gemeinsamen Ortstermin am 18. Oktober 1978, S. 1, Landesamt für Agrarordnung Nordrhein-Westfalen an den Minister für Ernährung, Landwirtschaft und Forsten des Landes Nordrhein-Westfalen, 20. November 1978, S. 8, Amt für Agrarordnung Coesfeld, Niederschrift über die Sitzung vom 23. Juni 1978, S. 7.

19 Ebd., Landesamt für Agrarordnung Nordrhein-Westfalen an den Minister für Ernährung, Landwirtschaft und Forsten des Landes Nordrhein-Westfalen, 20. November 1978, S. 8.

20 Ebd., S. 7.

21 Ebd., S. 8.

Abbildung 18: Das Ammeloer Venn auf der deutschen Seite der Grenze …

lichkeiten« ab.[22] »Man solle nehmen, was sich biete«, appellierte der Leiter der Sitzung, der Präsident des Landesamts für Agrarordnung Franz-Josef Lillotte, an die Naturschützer; im Übrigen bedürfe es »keiner Frage, daß das [Amt für Agrarordnung] sich weiter bemühen werde, um gegebenenfalls doch noch zusätzliche Erweiterungen zu ermöglichen.«[23] Den Elan, mit dem sich das Amt für Agrarordnung um die Einlösung dieses Versprechens bemühen würde, konnte man sich nach den bisherigen Ereignissen unschwer vorstellen.

Am Ende der Sitzung gab Lillotte den Vertretern des Natur- und Landschaftsschutzes den ungenierten Rat, »in neuen Flurbereinigungsverfahren frühzeitig ihre Vorstellungen anzumelden«.[24] Einen klaren Beschluss enthielt das vom Amt für Agrarordnung angefertigte Protokoll ebenso wenig wie der Vermerk der Düsseldorfer Ministerialbeamten.[25] Trotzdem behaupteten die Agrarbürokraten später, bei dem

22 HStAD NW 453 Nr. 91, Amt für Agrarordnung Coesfeld, Niederschrift über die Sitzung vom 23. Juni 1978, S. 7.

23 Ebd., S. 8.

24 Ebd.

25 Vgl. HStAD NW 453 Nr. 91, Vermerk vom 30. Juni 1978.

Abbildung 19: … und das niederländische Haaksberger Venn.

Treffen sei »eine Einigung dahingehend erzielt werden, daß es mit dem bisherigen Landerwerb sein Bewenden haben solle, das [Amt für Agrarordnung] Coesfeld sich aber weiter bemühen werde, noch mehr Land für Naturschutzzwecke zu erhalten.«[26] Spätestens hier wird offenkundig, dass die Agrarbürokraten eine skrupellose Politik der vollendeten Tatsachen verfolgten, wie sie in den geschilderten Fallstudien sonst eigentlich nur von Rheinbraun praktiziert worden ist. Und dabei hatten sie offenkundig noch nicht einmal ein schlechtes Gewissen, schließlich ging es um das Wohl einer bedrohten Spezies: »Angesichts der anhaltenden strukturbedingten wirtschaftlichen Schwächesituation ist die Bereitschaft der Landwirte, sich aus der Landwirtschaft zurückzuziehen, in den vergangenen Jahren deutlich zurückgegangen. Wegen der zunehmenden Schwierigkeit, außerhalb der Landwirtschaft neue Arbeitsplätze zu finden, sei es für die noch in der Landwirtschaftlichen Produktion Tätigen wieder zu einer Frage der Existenzsicherung geworden, auf möglichst großen landwirtschaftlichen Flächen möglichst hohen Ertrag zu gewinnen. Dieser Umstand geht naturgemäß zu Lasten der Bestrebung, aus Biotopschutzgründen größere Flächen aus der Melioration herauszuhalten oder zu Naturschutzzwecken aus der Betriebsfläche auszu-

26 Ebd., Landesamt für Agrarordnung Nordrhein-Westfalen an den Minister für Ernährung, Landwirtschaft und Forsten des Landes Nordrhein-Westfalen, 20. November 1978, S. 2.

scheiden«, erklärte Lillotte im Mai 1978 in einem Gespräch mit Ministerialbeamten und Vertretern der Landesanstalt für Ökologie, Landschaftsentwicklung und Forstplanung.[27] Treuherzige Beteuerungen der Landwirte, sie hätten »durchaus Verständnis für die Belange des Natur- und Landschaftsschutzes«[28], waren da für die Naturschützer nur noch Salz in offene Wunden.

120 Hektar forderte die Landesanstalt für Ökologie, 1975 als Nachfolger der Landesstelle für Naturschutz und Landschaftspflege eingerichtet[29], in der Besprechung vom 23. Juni 1978 für das Naturschutzgebiet Ammeloer Venn.[30] Auch die Westfälische Ornithologen-Gesellschaft, die sich ebenfalls in der Sitzung zu Wort meldete, hielt 120 Hektar für die »Mindestgröße«; eine »optimale Größe« war für die Vogelschützer »erst bei 150 ha erreicht.«[31] Das war aus deren Sicht nur zu verständlich, schließlich hatte die Westfälische Ornithologen-Gesellschaft ursprünglich unter Verweis auf die Ramsar-Konvention[32] gefordert, im Rahmen des Flurbereinigungsverfahrens rund 1000 Hektar landwirtschaftliche Nutzfläche von jeglicher Entwässerung freizuhalten.[33] Eine Realisierungschance hatten die Vorstellungen der Landesanstalt und des Ornithologenverbandes allerdings schon deshalb nicht, weil es für solche neuen Forderungen in der Tat zu spät war; im Flurbereinigungsverfahren lief bereits die Besitzeinweisung für die Landwirte.[34] Allenfalls gab es eine Chance, die einst versprochenen 70 Hektar doch noch zu reklamieren. Aber auch das konnte nur gegen heftigen Widerstand gelingen, schließlich gab es unter den Landwirten der Gegend sogar eine spezielle »Interessengemeinschaft zur Verhinderung unnötiger Ausweisung von Feuchtflächen und zum Schutz der landwirtschaftlichen Interessen

---

27 Ebd., Vermerk vom 5. Mai 1978, S. 2.

28 Ebd., Amt für Agrarordnung Coesfeld, Niederschrift über die Sitzung vom 23. Juni 1978, S. 4. Ähnlich ebd., S. 7.

29 Romeyk, *Verwaltungsgeschichte*, S. 240.

30 HStAD NW 453 Nr. 91, Vermerk vom 30. Juni 1978, S. 1 und Amt für Agrarordnung Coesfeld, Niederschrift über die Sitzung vom 23. Juni 1978, S. 4.

31 Ebd., Aktenvermerk der Westfälischen Ornithologen-Gesellschaft zum Besprechungstermin im Amt für Agrarordnung Coesfeld am 23. 6. 1978, 10.00 Uhr.

32 Die Ramsar-Konvention von 1971 war ein internationales »Übereinkommen über Feuchtgebiete, insbesondere als Lebensraum für Wasser- und Watvögel von internationaler Bedeutung«. Die Bundesrepublik trat der Konvention 1976 bei. Knut Haarmann, Probleme wandernder Tiere, in: Gerhard Olschowy (Hg.), *Natur- und Umweltschutz in der Bundesrepublik Deutschland*, Hamburg und Berlin 1978, S. 329–338; S. 335.

33 HStAD NW 453 Nr. 91, Amt für Agrarordnung Coesfeld, Niederschrift über die Sitzung vom 23. Juni 1978, S. 2. Diese Forderung bezog sich auf die gesamte Fläche des Flurbereinigungsverfahrens und nicht nur auf das Ammeloer Venn. Am Ende einigte man sich auf »zwei getrenntliegende Feuchtgebiete mit einer Gesamtgröße von 170 ha«. (Ebd.)

34 Ebd., Vermerk vom 30. Juni 1978, S. 2.

im Flurbereinigungsgebiet Vreden«.[35] Da musste man wohl die Daumenschrauben auspacken.

Am 13. Juli 1978 forderte die Landesanstalt für Ökologie, Landschaftsentwicklung und Forstplanung in einem Schreiben an das Landesamt für Agrarordnung die Erweiterung des Naturschutzgebiets auf 70 Hektar. Diese Fläche enthalte »die wertvollsten Brutgebiete für Watvögel«, außerdem seien die strittigen 20 Hektar »als Pufferzone und Moorbiotope« von Bedeutung.[36] Diese 70 Hektar sollten »selbstverständlich als Naturschutzgebiete ausgewiesen werden, brauchen jedoch meines Erachtens zur Erreichung des Schutzzieles nicht in Landeseigentum überführt zu werden«, erklärte die Landesanstalt.[37] Die scheinbar beiläufige Formulierung enthielt zumindest unterschwellig eine Drohung, denn nur für den Aufkauf der Flächen benötigte man die Hilfe des Amts für Agrarordnung; die Ausweisung als Naturschutzgebiet konnte man notfalls auch aus eigener Machtvollkommenheit verfügen. Den ersten Schritt in dieser Richtung unternahm der Münsteraner Regierungspräsident, als er im Oktober erklärte, er sehe sich »leider zur Wahrung der Belange des Naturschutzes und nicht zuletzt zur Wahrung der guten langjährigen, vertrauensvollen Zusammenarbeit mit den Holländern gezwungen [...], die Vorbereitungen zur einstweiligen Sicherstellung der strittigen Flächen gemäß § 22 LG [Landschaftsgesetz] zu treffen«[38]; eine solche »einstweilige Sicherstellung« ging gewöhnlich der Ausweisung als Naturschutzgebiet voraus. Ergänzend gab es einen Vermerk über eine Ortsbesichtigung deutscher und niederländischer Naturschutzbeamter – das Amt für Agrarordnung hatte man gar nicht erst eingeladen – im gleichen Monat, in dem das ganze Ausmaß der drohenden Folgen aufgezeigt wurde: Die um 30 Prozent verringerte Fläche stelle »die Gesamtkonzeption des geplanten grenzübergreifenden Naturschutzgebietes in Frage«, es bestehe »die Gefahr, daß in weiten Teilen des grenzüberschreitenden Gebietes der Grundwasserspiegel erheblich abgesenkt wird«, wodurch »ein irreparabeler Schaden im gesamten Moorgebiet entstehen« würde, und überhaupt würde sich »die vorgesehene intensive landwirtschaftliche Nutzung, verbunden mit umfangreichen Meliorationsmaßnahmen, [...] im gesamten grenzüber-

35 Ebd., Amt für Agrarordnung Coesfeld, Niederschrift über die Sitzung vom 23. Juni 1978, S. 5f.

36 Ebd., Landesanstalt für Ökologie, Landschaftsentwicklung und Forstplanung Nordrhein-Westfalen an das Landesamt für Agrarordnung, 13. Juli 1978, S. 1.

37 Ebd.

38 HStAD NW 453 Nr. 91, Regierungspräsident Münster an das Amt für Agrarordnung, 27. Oktober 1978, S. 2.

greifenden Reservat negativ aus[wirken]«. Außerdem stellte man die internationale Dimension der Angelegenheit heraus und verwies auf den Euregio-Gedanken.[39]

So war der Showdown vorprogrammiert, und er begann am 29. Januar 1979 in einem Gespräch mit den betroffenen Landwirten im Rathaus von Vreden. Von einer »teilweise erregt geführten Diskussion« berichtete später der Münsteraner Regierungspräsident, und das war in Anbetracht der Sache nur zu verständlich. »Mit allem Nachdruck« wiesen die Landwirte, die gerade erst in ihre Flächen eingewiesen worden waren, darauf hin, »daß ihre viehstarken Betriebe keinesfalls Nutzungseinschränkungen in dem Umfange akzeptieren könnten, wie sie der Verordnungsentwurf enthalte.«[40] Da war es schon ein erster Erfolg, dass die Landwirte versprachen, auf den in Frage stehenden Flächen »bis zum 1. April 1979 keine verändernden Maßnahmen« vorzunehmen; im Gegenzug stellte der Regierungspräsident die Sicherstellungsverordnung bis zum gleichen Termin zurück.[41] Am 15. März wurde ein neuer Abgrenzungsvorschlag des Amts für Agrarordnung diskutiert, der ein Naturschutzgebiet von 70 Hektar Größe und den Aufkauf der fraglichen Grundstücke durch das Land vorsah. Der Vorsitzende der Teilnehmergemeinschaft der Flurbereinigung Ammeloe verweigerte jedoch eine abschließende Erklärung, da er sich vorher mit seinem Vorstand beraten wollte; das »Stillhalteabkommen« vom Januar wurde über den 1. April hinaus verlängert. Am 30. April 1979 meldete sich schließlich das Amt für Agrarordnung telefonisch beim Regierungspräsidenten: »Nach weiteren zähen Verhandlungen« habe »der Vorstand der Teilnehmergemeinschaft nunmehr dem neuen Abgrenzungsvorschlag zugestimmt«.[42] Die folgenden Verhandlungen drehten sich nur noch um »Nutzungsausfallentschädigungsfragen«, außerdem erhielten die betroffenen Landwirte eine Entschädigung für die von ihnen auf den Grundstücken errichteten Zäune.[43] So konnten die – laut Regierungspräsident Münster – »verunsicherten Landwirte« zusätzlich zum Preis der Flächen noch Einnahmen in Höhe von knapp 50 000 DM verbuchen.[44]

Die Erleichterung der Naturschützer war förmlich mit Händen zu greifen. Die Vertreter der oberen Naturschutzbehörde, die zu dem Treffen am 15. März wohl der Sicherheit halber gleich im Doppelpack erschienen waren, »gaben die verbindliche

---

39 Ebd., Vermerk zum Gemeinsamen Ortstermin am 18. Oktober 1978. Zur Euregio im deutsch-niederländischen Grenzgebiet vgl. Hendrik Greven, Bernhard Meyer, Jens-Dieter Gabbe, *Euregio. Modell grenzüberwindender Zusammenarbeit*, Hannover 1980.

40 HStAD NW 453 Nr. 91, Der Regierungspräsident Münster an den Minister für Ernährung, Landwirtschaft und Forsten des Landes Nordrhein-Westfalen, 27. Juni 1979, S. 2.

41 Ebd.

42 Ebd.

43 Ebd., S. 3.

44 Ebd., S. 3f. Zitat S. 3.

Erklärung ab, daß sie dem Kompromißvorschlag uneingeschränkt zustimmten«, und auch der Vertreter des niederländischen Naturschutzes meinte, »daß er die Schutzinteressen für das Naturschutzgebiet Haaksbergener Venn voll ausreichend berücksichtigt sieht.«[45] Das misstrauische Ministerium veranlasste noch eine Überprüfung der Vereinbarung durch die Landesanstalt für Ökologie, die jedoch keine dramatischen Befunde ergab. Die Landwirte hatten offenbar tatsächlich gemäß der Absprache auf eine Grunddüngung verzichtet, allerdings lag die im Vertrag angenommene Ertragsminderung um 10 bis 20 Prozent über den von der Landesanstalt per Versuch ermittelten Werten. Trotzdem plädierte die Landesanstalt für Ökologie dafür, den Kompromiss nicht noch einmal neu zu verhandeln: Die vorgeschlagene Entschädigung liege zwar »sicherlich an der oberen Grenze«, könne aber »noch akzeptiert werden, zumal wenn man auch dem Gedanken des Regierungspräsidenten Rechnung trägt, die Landwirte für eine vertrauensvolle Zusammenarbeit für die spätere Nutzung und Pflege der Naturschutzflächen zu gewinnen.«[46] Am 19. Juli 1979 meldete der Regierungspräsident Münster an das Ministerium, dass die erforderlichen 70 Hektar nunmehr gänzlich Eigentum des Landes Nordrhein-Westfalen waren; da es für das Ammeloer Venn noch keinen Pflegeplan gab, schloss man mit verschiedenen Landwirten »Pachterträge auf jederzeitigem Widerruf«.[47] In einer konzertierten Aktion hatte der behördliche Naturschutz seine Belange unter Einsatz aller verfügbaren Instrumente am Ende also doch noch geltend machen können. Wer freilich heute das Naturschutzgebiet Ammeloer Venn besucht, dem drängt sich der Eindruck auf, dass es sich hier letztlich eher um einen Pyrrhussieg handelte.

Postskriptum

In der aktuellen Debatte über das Verhältnis von Naturschutz und Landwirtschaft gibt es grob gesprochen drei Positionen: die Forderung, Naturschutz solle sich auf bestimmte geschützte Flächen zurückziehen, den Wunsch nach einer flächendeckenden Extensivierung der gesamten Landwirtschaft sowie das Konzept der differenzierten Landnutzung, das je nach den naturräumlichen Gegebenheiten unterschied-

---

45 HStAD NW 453 Nr. 91, Amt für Agrarordnung Coesfeld, Niederschrift über den Termin am 15. März 1979, S. 3.

46 Ebd., Landesanstalt für Ökologie, Landschaftsentwicklung und Forstplanung Nordrhein-Westfalen an den Minister für Ernährung, Landwirtschaft und Forsten, 30. Juli 1979. Zitat S. 4.

47 Ebd., Der Regierungspräsident Münster an den Minister für Ernährung, Landwirtschaft und Forsten des Landes Nordrhein-Westfalen, 19. Juli 1979.

liche Nutzungsintensitäten vorsieht.[48] Beim Ammeloer Venn folgte man, den rechtlichen Möglichkeiten entsprechend, dem ersten dieser drei Modelle: Eine genau abgegrenzte Fläche wurde für den Naturschutz zur Verfügung gestellt, die übrigen Parzellen konnten die Bauern hingegen nach Belieben nutzen. Das Resultat eines solchen Reservatsdenkens lässt sich heute an der deutsch-niederländischen Grenze besichtigen: ein schroffes Nebeneinander von Naturschutzgebiet und Intensivlandwirtschaft. Das Ammeloer bzw. Haaksberger Venn hat zweifellos seinen ökologischen und ästhetischen Reiz – aber dieser vermindert sich doch beträchtlich, wenn man auch das Umland mit in den Blick nimmt. Gewiss hatte es schon deshalb einen Sinn, das Ammeloer Venn unter Naturschutz zu stellen, weil es mit dem Haaksberger Venn eine naturräumliche Einheit bildete. Aber zugleich drängt sich bei einem Besuch der Eindruck auf, dass das hartnäckige Gefeilsche um jeden Hektar, so wichtig es im geschilderten Kontext auch war, an den wahren Problemen vorbeiging.

Auf der deutschen Seite des Naturschutzgebiets waren wir als Besucher allein auf weiter Flur. Auf niederländischer Seite fand sich hingegen ein Parkplatz, der mit mehreren Rundwanderwegen durch das Haaksberger Venn verbunden war, die offenkundig zumindest an Sonntagen auch rege benutzt wurden. Dafür gibt es in Deutschland heute eine Fahrradroute, die das Ammeloer Venn mit einigen weiteren Naturschutzgebieten verbindet. Unbestrittenes Highlight der Tour ist dabei das Zwillbrocker Venn, etwa zehn Kilometer südwestlich des Ammeloer Venns und ebenfalls unmittelbar an der Grenze zu den Niederlanden gelegen; Moore sind eben typische Grenzgebietsbiotope. Das Zwillbrocker Venn beherbergt nicht nur eine Möwenkolonie, sondern auch einige Flamingos, die vor ein paar Jahren aus einem Tierpark entwischten und hier seither in freier Natur überleben; das Zwillbrocker Venn ist laut Biologischer Station Zwillbrock der nördlichste natürliche Lebensraum für Flamingos weltweit. Dementsprechend wurde die Fahrradroute, die das Ammeloer mit dem Zwillbrocker Venn verbindet, auch »Flamingoroute« getauft. Diese Flamingoroute ist bequem an einem Tag zu bewältigen und üppig beschildert, ja vielleicht sogar *zu* üppig: In Ammeloe steht neben der Karte mit touristischen Hinweisen zur Flamingoroute ein musealer Lorenwagen, der offenkundig zum Torfabbau diente – ein durchaus spannungsreiches Ensemble. Und gegenüber lagert ein Stapel gelber Plastiksäcke: je 250 Liter »Qualitätstorf aus dem Börgermoor«.

---

48 Wolfgang Schumacher, Naturschutz in agrarisch geprägten Landschaften, in: Karl-Heinz Erdmann, Lutz Spandau (Hg.), *Naturschutz in Deutschland. Strategien, Lösungen, Perspektiven*, Stuttgart 1997, S. 95–122; S. 98f.

8. Grün als Tarnfarbe: Der Kampf gegen den Bau des Zentralkrankenhauses für den Strafvollzug in Bochum-Querenburg

Im Oktober 1974 gingen beim Ministerpräsidenten von Nordrhein-Westfalen und sechs Ressortministern, bei der Landesbaubehörde Ruhr, beim Siedlungsverband Ruhrkohlenbezirk und beim Oberbürgermeister, dem Oberstadtdirektor und den Fraktionsvorsitzenden der Ratsparteien der Stadt Bochum gleichlautende Protestschreiben ein. Absender war der Gemeinnützige Grünflächenverein »pro grün«, der damit »Bedenken und Anregungen« zum Bebauungsplan der Stadt Bochum Nr. 281a bekannt geben wollte.[1] Es waren eine ganze Reihe von Einwänden, die pro grün gegen das Projekt formulierte. »Die geplante Baumaßnahme würde eine völlig untragbare bauliche Verdichtung in einem Gebiet bewirken, wo sich bereits jetzt der größte Universitätskomplex der Bundesrepublik (20 000 Studenten, mehrere tausend Bedienstete), das stark verdichtete Universitäts-Center und die auf engstem Raum erbaute Hustadt mit über 10 000 Einwohnern zusammendrängen«, lautete die erste Kritik. Auch die folgenden Punkte prägte ein empörter Tonfall und eine deutliche Präferenz für das Adverb »völlig«: »Völlig unzureichend« sei das bestehende Grünflächenangebot, vorhandene Waldflächen würden in ihrer Erholungsfunktion »durch die Massierung der Baukörper in unmittelbarer Nachbarschaft völlig entwertet«, und außerdem stünden die Planungen im Widerspruch zu zahlreichen öffentlichen Beteuerungen der lokalen Autoritäten, »daß eine weiträumige Naherholungsfläche unangetastet« bleiben würde. Schließlich würde mit dem Bebauungsplan auch der »Feierabendblick von zehntausend Bochumer Neubürgern« aufs Spiel gesetzt: »Die geplante Baumaßnahme widerspricht allen Grundsätzen ordnungsgemäßer und sachgerechter Landschaftsgestaltung: der 40 m hohe Baukomplex mit seinen riesigen Umfassungsmauern ist an einer landschaftlich herausragenden Stelle (Kalwes,

1 HStAD NW 453 Nr. 252, Gemeinnütziger Grünflächenverein »pro grün« e.V., Bezirksgruppe Bochum an den Oberstadtdirektor der Stadt Bochum sowie alle im Planungs- und Genehmigungsverfahren beteiligten Landesminister und Behörden, 4. November 1974. Kurioserweise hatte pro grün ausgerechnet die Naturschützer im Landwirtschaftsministerium in seinem Adressverteiler zunächst vergessen. (Ebd., Gemeinnütziger Grünflächenverein »pro grün« e.V., Bezirksgruppe Bochum an den Minister für Ernährung, Landwirtschaft und Forsten des Landes Nordrhein-Westfalen, 18. November 1978.)

Höhenrücken) geplant; die Bauten wirken dort, weil völlig unorganisch, als Provokation.« Die geplanten Gebäude sollten daher »an einem anderen Platz errichtet werden, wo die Nah- und Feierabenderholung der Bevölkerung nicht zerstört wird.«[2]

Wer wollte einem Protest gegen eine derart brutale Maßnahme die Zustimmung verweigern? Pro grün fiel es offenbar nicht allzu schwer, Unterstützung für seine Position zu finden: Exakt 6228 Unterschriften zählte ein Bochumer Rechtsanwalt, dem pro grün die gesammelten Listen zwecks notarieller Beglaubigung vorlegte.[3] Außerdem engagierte sich pro grün nicht zum ersten Mal für den Schutz der Natur. So protestierte der Verein zum Beispiel 1974 gegen einen Bebauungsplan in Gelsenkirchen, für den ein Waldstück gerodet werden musste.[4] Pro grün erhob auch Einspruch, als in einem Naturschutzgebiet in Dortmund-Hostedde eine Bergehalde mit angeschlossener Müllkippe geplant wurde: »Wir fordern einen Lebensraum ohne Bergehalde und ohne Müllgroßdeponie«, hieß es in einem Schreiben an den Landwirtschaftsminister als oberste Naturschutzbehörde; man postulierte »ein menschenwürdiges Dasein für die Bewohner«.[5] Als die Ruhrkohle AG 1976 die Abholzung von 11,9 Hektar Waldfläche betrieb, sprach pro grün von »Waldmord in Altenessen«.[6] So konnte grundsätzlich kein Zweifel herrschen, dass sich pro grün ernsthaft um den Zustand der Umwelt im Ruhrgebiet sorgte. Und doch erschien der Protest von pro grün in einem anderen Licht, wenn man wusste, was da in Bochum-Querenburg gebaut werden sollte: ein Zentralkrankenhaus für den Strafvollzug und eine sozialtherapeutische Anstalt.

In der amerikanischen Umweltbewegung gibt es für solchen Protest einen stehenden Begriff: »NIMBY protest«. NIMBY ist das Akronym für »Not In My Backyard« und bezeichnet Umweltinitiativen, deren Ziele sich in der Reinhaltung des unmittelbaren persönlichen Lebensumfeldes erschöpfen. Unverkennbar kommt NIMBY dabei eine pejorative Bedeutung zu: Das Akronym suggeriert nicht nur eine lokale, sondern auch eine ideelle Verengung, Beschränktheit nicht nur im geographischen Aktionsradius, sondern auch im intellektuellen Horizont. Oft wird auch eine Nähe zu dem unterstellt, was in Deutschland »St.-Florians-Prinzip« heißt: »NIMBY protest«, so die Annahme, ziele oft auf die bloße Verlagerung einer Belastung an einen anderen, weiter entfernten Ort. Letztlich bezeichnet NIMBY eine Art des Pro-

---

2 Ebd., Gemeinnütziger Grünflächenverein »pro grün« e.V., Bezirksgruppe Bochum an den Oberstadtdirektor von Bochum, 17. Oktober 1974.

3 Ebd., Urkundenrolle Nr. 103 aus 1974, 4. November 1974.

4 HStAD NW 453 Nr. 254, Vorlage für Herrn Minister vom 1. Juli 1974, S. 1.

5 Ebd., Gemeinnütziger Grünflächenverein »pro grün« e.V., Geschäftsstelle Dortmund an den Minister für Ernährung, Landwirtschaft und Forsten des Landes Nordrhein-Westfalen, 10. Oktober 1974, S. 3.

6 HStAD NW 453 Nr. 256, WAZ vom 26. Mai 1976.

tests, der allenfalls am Rande zur Umweltbewegung gerechnet werden könne. Der amerikanische Umwelthistoriker Raymond Dominick trifft in seinem Buch über die Geschichte der deutschen Umweltbewegung die bezeichnende Unterscheidung zwischen kurzlebigen »NIMBY protests« und dem längerfristigen Protest organisierter Verbände wie dem Isartalverein oder dem Deutschen Bund für Vogelschutz.[7]

Es fällt nicht schwer, Argumente gegen eine solche Sichtweise zu finden. So ist zum Beispiel lokale Verwurzelung nicht die unwichtigste Voraussetzung für persönliche Betroffenheit über die Vernichtung von Natur. Das gilt es nicht zuletzt in einer Zeit zu betonen, in der der Umweltschutz längst zum Bestandteil des internationalen Konferenz-Jet-Sets geworden ist: Wer regelmäßig nach Rio, Kyoto und Johannesburg fliegt, dem dürfte es schwer fallen, echte Empathie für die bedrohte Natur in Wanne-Eickel zu empfinden. Zudem lassen sich NIMBY-Protest und allgemeines Problembewusstsein nicht immer eindeutig trennen, auch lokale Proteste können aus einem generellen Umweltbewusstsein Impulse beziehen. Bisweilen ist lokal orientierter Protest sogar die Initialzündung für eine generelle Bewegung; der legendäre Anti-Atom-Protest von Wyhl ist dafür das wohl bekannteste Beispiel.[8] Und überhaupt: Wäre es denn besser, wenn sich die Anwohner beispielsweise eines Atomkraftwerks *nicht* wehren würden? So gibt es gute Gründe, dem NIMBY-Phänomen ohne die übliche Herablassung zu begegnen, und der Protest pro grüns war so gesehen durchaus legitim. Nur eines wird man bei diesem Protest stets verlangen müssen: argumentative Hygiene. Und daran mangelte es in Bochum-Querenburg.

Mustergültig zeigte sich das in dem Gutachten, das pro grün mit dem erwähnten Rundschreiben verschickte. Diese »landschaftsanalytische Stellungnahme zum Erschließungsbereich Ruhr-Universität Bochum«, erstellt im Auftrag von pro grün, begann mit einer »historisch-genetischen Landschaftsanalyse«. Dort war dann etwa zu lesen, dass im Untersuchungsgebiet, naturräumlich gelegen am »Übergang vom bergisch-märkischen Hügelland zum nördlich vorgelagerten Hellwegsaum«, der Ursprung der Kohlenförderung im Ruhrgebiet zu finden war.[9] Obwohl zeitweise eine »ungeregelte Wohnbebauung« Platz gegriffen habe, wurde das Bild einer im Allgemeinen schonenden Entwicklung bis in die jüngste Vergangenheit gezeichnet: Insgesamt gesehen habe man »den überwiegend agraren Charakter des Untersuchungsgebietes mit weiten Offenflächen und zahlreichen Restwäldern noch bewahrt.« Erst mit

7 Raymond H. Dominick III, *The Environmental Movement in Germany. Prophets and Pioneers, 1871–1971*, Bloomington und Indianapolis 1992, S. 42.

8 Dazu als Übersicht Bernd-A. Rusinek, Wyhl, in: Etienne François, Hagen Schulze (Hg.), *Deutsche Erinnerungsorte II*, München 2001, S. 652–666.

9 HStAD NW 453 Nr. 252, Landschaftsanalytische Stellungnahme zum Erschließungsbereich Ruhr-Universität Bochum, vorgelegt im Auftrage des Gemeinnützigen Grünflächenvereins »pro grün« e.V., Bezirksgruppe Bochum, Oktober 1974, S. 2.

dem Bau der Ruhr-Universität sei ein fundamentaler Wandel eingetreten: »Sowohl der eigentliche Universitätsbereich wie auch die dazugehörigen neu errichteten Wohngebiete überlagerten massiv die alte Siedlungsstruktur, ohne eine landschaftsästhetische und funktionale Beziehung zwischen alt und neu herzustellen.« Noch aber gebe es »Restbereiche der alten Siedlungslandschaft«, die nur bislang in ihrem Wert für die Naherholung nicht erkannt worden seien.[10] Nun aber seien »diese letzten Restflächen in der Gefahr, durch die verschiedensten Bauvorhaben endgültig vernichtet zu werden.«[11]

»Im dicht besiedelten Ballungsraum Ruhr muß die planerische Verwendung selbst kleiner räumlicher Einheiten immer im größeren Zusammenhang des Lebensraumes gesehen werden«, meinten die Gutachter und wiesen vielfältige Wechselbeziehungen auf. So seien »Grünräume« für die »strukturschwache Stadtlandschaft Ruhrgebiet« von großer Bedeutung mit Blick auf »die Attraktivität für die neue Ansiedlung insbesondere ›sauberer und intelligenter Industrien‹.«[12] Weiter kamen die Gutachten auf den geplanten Stausee an der Ruhr, den heutigen Kemnader See, zu sprechen: Die dadurch »überstauten Flächen« würden »Grünland kosten und Wege, die bisher von Spaziergängern, Radfahrern, Reitern und Anglern gern benutzt worden sind«, so dass man in der Umgebung für Ersatz sorgen müsse, um den »Besucherstrom aus Bochum und Witten« zu bewältigen.[13] Auch aus Gründen der Verkehrssicherheit sei die Ablehnung des Plans geboten: Dadurch würde eine Autobahnausfahrt eingespart, und »für eine Autobahn sind so viele Auffahrten auf kurzer Strecke wie zwischen Ruhrpark und Ausfahrt Herbede verkehrsgefährdend«.[14] Geowissenschaftler und Biologen der Universität seien überdies »an der Erhaltung grüner Freiflächen in Universitätsnähe für Demonstrationen, Übungen und kostensparende Eintagsexkursionen interessiert.«[15] Weiter wiesen die Gutachter durch einen Vergleich mit anderen Ruhrgebietsstädten nach, dass Bochum statistisch gesehen nur wenig Wald besaß, woraus sie folgerten, »daß in Bochum schon mit jedem qm gegeizt werden muß.«[16] Mit drastischen Worten wurde außerdem der drohende Verlust an Lebensqualität angeprangert: »Die Wohnstädte (Hustadt, Unicenter, Laerheide) sind oder werden menschenunfreundliche ›Betonwüsten‹. Viele Grünflächen verschwanden dort unnötigerweise unter Pflastersteinen oder Betonplatten. Das Wohlbefinden der hier wohnenden Menschen erfordert ausgiebig begrünte Umgebung zur

---

10 Ebd.

11 Ebd., S. 3.

12 Ebd., S. 5.

13 Ebd., S. 8.

14 Ebd., S. 22.

15 Ebd., S. 20.

16 Ebd., S. 7.

Naherholung und Freizeitbetätigung«.[17] Man wünschte einen landschaftlichen Gestaltungsplan, »der die Abschirmung von den bisherigen Straßenbauten regelt und einen direkten Fußzugang zum Grünbereich von der Universität, dem Uni-Center und der Hustadt aufweist.«[18]

Die Gutachter waren offenkundig bemüht, jedes nur erdenkliche Argument für den Kampf gegen das Zentralkrankenhaus für den Strafvollzug zu rekrutieren. So kamen sie am Ende auch auf die lufthygienische Brisanz des Projekts zu sprechen. Munter konstruierten sie dabei ein »Worst-Case-Szenario«. Zwar würden die Filteranlagen der im Ölbachtal geplanten Kläranlage – die nicht Bestandteil des Bebauungsplans 281a war und als »notwendige Entsorgungseinrichtung« klaglos akzeptiert wurde – »kaum Schadgase in hoher Konzentration entlassen«, doch könne man Betriebsstörungen »nie ausschließen, so daß gelegentlich mit Geruchsbelästigung gerechnet werden muß.«[19] Da das mit der Kläranlage verbundene Kraftwerk in jedem Fall Wasserdampf ausstoßen würde, prophezeiten die Gutachter »zunehmende Bodennebel im Ölbachtal« mit weiteren Konsequenzen: »Das aber beeinträchtigt den Verkehr auf der Uni-Tangente und macht die geplante Autobahnauffahrt bei Heven zu einem besonderen Unfallschwerpunkt.«[20] Geruchsstoffe der Schlammdeponie, Schwefeldioxide und Stickoxide des Klärwerks und des Heizkraftwerks sowie Blei und Kohlenmonoxid des Straßenverkehrs würden sich so zu einem regelrechten Giftcocktail vermengen, der bei Windstille in unmittelbarer Nähe der Emittenten verbleiben müsse: »Insofern ist der Standort in einer Mulde zwischen Heizwerk und Klärwerk im Ölbachtal von der Lufthygiene her der ungesündeste.«[21] Schon aus lufthygienischen Gründen sei deshalb eine Ablehnung des Projekts zwingend geboten: »Für Bewohner und Bedienstete ist der Standort wegen Lage zwischen Klärwerk und Heizwerk in unmittelbarer Nähe der Schlammdeponie und der Verkehrstrassen unzumutbar, weil gerade diese kranken Menschen anfällig sind gegen Schadgase, Nebel, Geruch und Lärm.«[22]

Spätestens an dieser Stelle wird deutlich, wie sehr das ganze Gutachten auf ein offenbar von vornherein feststehendes Ergebnis hin verfasst worden war. Zwar waren gewisse lokale Immissionsprobleme durchaus denkbar – aber das Ruhrgebiet hatte in dieser Beziehung ja noch ganz andere Problemlagen zu bieten. Selbst das, was die Gutachter hier für eine Extremsituation konstruierten, musste verblassen neben dem, was so mancher Bewohner der Emscherzone tagtäglich erleben durfte. Und dass die

17 Ebd., S. 14.

18 Ebd., S. 12.

19 Ebd., S. 17.

20 Ebd., S. 19.

21 Ebd., S. 19f. Zitat S. 20.

22 Ebd., S. 22.

Autoren just beim Thema Luftverschmutzung ihr Herz für die Bewohner der vorgesehenen Anstalt entdeckten, kann man wohl letztlich nicht anders als zynisch nennen – nachdem sie ansonsten stets so argumentiert hatten, als täte die Art der Einrichtung überhaupt nichts zur Sache. Durchgängig waren die Gutachter bemüht, den Eindruck zu erwecken, dass jedes andere Bauvorhaben auf dem Kalwes mit gleicher Vehemenz abgelehnt worden wäre. So wurden die Argumente des Gutachtens zum Alibi für einen Protest, der gewiss auch, aber eben nicht nur ökologisch motiviert war. Das Grün, das pro grün im Namen führte, war zur Tarnfarbe verkommen.

In einer Beziehung hatte das Gutachten freilich recht: Man musste die Sache tatsächlich »im größeren Zusammenhang« betrachten. So kann man den Konflikt etwa vor dem Hintergrund des ruhrgebietstypischen Kontrasts zwischen Emscherzone und Hellwegzone betrachten: Jeder Bewohner des Ruhrgebiets weiß, dass gerade der Süden der Hellwegstädte besonders privilegierte (und auch besonders teure) Wohngebiete enthält. So verwundert es dann auch nicht allzu sehr, dass der Unterzeichner des eingangs erwähnten Rundschreibens genauso einen Professorentitel trug wie der Erstunterzeichner der Unterschriftsliste.[23] Womöglich waren auch die Verfasser des Gutachtens persönlich betroffen: Einer der drei Autoren war wissenschaftlicher Rat und Professor für die Lehrgebiete Klima- und Hydrogeographie am Geographischen Institut der Ruhr-Universität Bochum, seine Koautoren waren ein Professor der Abteilung Raumplanung der Universität Dortmund und ein Geograph, der als Akademischer Rat an der Universität-Gesamthochschule Essen lehrte.[24] Aber auch wenn die Verfasser andernorts gewohnt haben, so ließ doch allein schon die Tatsache, dass sich pro grün ein solches Gutachten beschaffen konnte, die stark bildungsbürgerliche Prägung des Vereins erkennen. Das war zwar seit dem Kaiserreich typisch für die Naturschutzbewegung, aber eben nicht für die Bevölkerung des Ruhrgebiets. Hier fiel das soziale Ungleichgewicht dieser Bewegung zwangsläufig besonders krass ins Auge: Pro grün war sozial privilegiert.

So ist es dann auch nicht sehr verwunderlich, dass pro grün mit seinem Rundschreiben bei den beteiligten Behörden keinen allzu nachhaltigen Eindruck hinterließ. Die Landesbaubehörde Ruhr wies in ihrer Stellungnahme darauf hin, dass der Bezirksbeauftragte für Naturschutz und Landschaftspflege zwar ursprünglich Einwände gegen das Projekt erhoben habe, diese aber »durch Aufstellung eines geän-

23 Vgl. HStAD NW 453 Nr. 252, Gemeinnütziger Grünflächenverein »pro grün« e.V., Bezirksgruppe Bochum an den Oberstadtdirektor der Stadt Bochum sowie alle im Planungs- und Genehmigungsverfahren beteiligten Landesminister und Behörden, 4. November 1974, nebst Anlagen.

24 Ebd., Landschaftsanalytische Stellungnahme zum Erschließungsbereich Ruhr-Universität Bochum, vorgelegt im Auftrage des Gemeinnützigen Grünflächenvereins »pro grün« e.V., Bezirksgruppe Bochum, Oktober 1974, S. 1.

derten Bebauungsplanentwurfs ausgeräumt werden konnten.« Deshalb gebe es »aus der Sicht der höheren Naturschutzbehörde gegen die geänderte Fassung des Bebauungsplanentwurfs Nr. 281a [...] keine Bedenken«.[25] Zudem sei der größte Teil des strittigen Geländes schon jetzt als Bauland ausgewiesen und nur noch nicht für Bauzwecke in Anspruch genommen worden. Und überhaupt: Die Stadt Bochum habe »zahlreiche Alternativstandorte für die geplante Baumaßnahme untersucht mit dem Ergebnis, daß auch da erhebliche Widerstände aus der Bevölkerung aufkamen und letztlich nach Abwägung der bei der Planung zu berücksichtigenden öffentlichen und privaten Belange der Standort Querenburg als der geeignetste erschien.«[26] Auch von den Naturschützern im Landwirtschaftsministerium erhielt pro grün lediglich einen lauwarmen Brief, in dem der »Gemeinnützige Grünflächenverein« auf das laufende Verfahren verwiesen wurde.[27] Und die lokalen Autoritäten blieben sowieso unbeeindruckt: Am 19. Dezember 1974 stellte der Rat der Stadt Bochum die Weichen für das Zentralkrankenhaus auf dem Kalwes und beschloss die nötigen Änderungen des Flächennutzungsplans und des Bebauungsplans.[28] Aber das sollte nicht das letzte Wort in der Sache sein.

Postskriptum

»Nun besteht kein Zweifel mehr. 1981 wird mit dem Bau des Zentral-Krankenhauses für den Strafvollzug in Nordrhein-Westfalen auf dem Gelände ostwärts der Ruhr-Universität begonnen«, stand im August 1979 in der Bochumer Ausgabe der *Ruhr-Nachrichten*.[29] Das war allerdings ein wenig voreilig, denn vor Baubeginn hatte der Bebauungsplan 281a noch eine letzte juristische Bewährungsprobe zu bestehen. Am 10. Oktober 1980 kam der Normenkontrollsenat des Oberverwaltungsgerichts Münster zu einem Ortstermin nach Bochum, um über die Klage des Leitenden Bau-

25 HStAD NW 453 Nr. 255, Landesbaubehörde Ruhr an den Minister für Ernährung, Landwirtschaft und Forsten des Landes Nordrhein-Westfalen, 27. Januar 1975, S. 3.

26 Ebd., S. 3f.

27 HStAD NW 453 Nr. 255, Der Minister für Ernährung, Landwirtschaft und Forsten des Landes Nordrhein-Westfalen an die Bezirksgruppe Bochum des Gemeinnützigen Grünflächenvereins »pro grün« e.V., 18. Februar 1975.

28 Ebd., Landesbaubehörde Ruhr an den Minister für Ernährung, Landwirtschaft und Forsten des Landes Nordrhein-Westfalen, 27. Januar 1975, S. 2.

29 Stadtarchiv Bochum ZA II C 2, *Ruhr-Nachrichten*, Ausgabe Bochum Nr. 177 vom 2. August 1979.

Abbildung 20: Der Kalwes im Süden Bochums heute: Eine Landschaft ohne rechte Idee, die irgendwie an ein seit längerer Zeit brach liegendes Baugrundstück erinnert.

direktors Karl Gerhards, Mitarbeiter des Arnsberger Regierungspräsidenten, zu entscheiden; die Bezirksgruppe Querenburg von pro grün wies per Flugblatt auf die Sitzung hin.[30] Dort verkündeten die Verwaltungsrichter die Sensation: Sie gaben dem Antrag Gerhards statt, der die »verfehlte, Lebensqualitäten der Umwohner zerstörende« Stadtplanung angefochten hatte. Zuvor hatten die Richter eine ausgiebige Wanderung durch das fragliche Gebiet absolviert – »gediegene, bürgernahe Arbeit«, kommentierte die *Westdeutsche Allgemeine Zeitung*.[31] Der Bürger Gerhards habe »rechtlich beachtliche, auch schutzwürdige Argumente« vorgebracht, die die Stadt bei der Aufstellung des Bebauungsplans nicht hinreichend berücksichtigt habe, meinten die Verwaltungsrichter. Außerdem fanden sie einen Formfehler: Es fehlte ein »Beitretungsbeschluß« des Stadtparlaments, nachdem der Regierungspräsident die sozialtherapeutische Anstalt aus dem Plan gestrichen hatte. Lakonischer Kommentar der Richter: »Ein rechtlich nicht heilbarer Fehler, der zur Nichtigkeit des Bebauungsplanes führt.«[32]

30 Ebd., *Westdeutsche Allgemeine Zeitung* Nr. 236 vom 10. Oktober 1980.

31 *Westdeutsche Allgemeine Zeitung*, Ausgabe Bochum Nr. 237 vom 11. Oktober 1980.

32 Ebd.

Abbildung 21: Trampelpfad mit Blick auf die Ruhr-Universität. Wer bei Spaziergängen auf dem Kalwes kein Aufsehen erregen will, sollte einen Hund mitbringen.

Der Schock in Düsseldorf und Bochum hätte größer kaum sein können. Es bedurfte einer besonderen Presseerklärung des Münsteraner Oberverwaltungsgerichts, um allen Beteiligten klarzumachen, dass dies tatsächlich einen sofortigen Baustopp bedeutete.[33] »Sechs Wochen früher – und wir bauten bereits«, gaben die betroffenen Architekten zu Protokoll.[34] Trotzdem wollten die zuständigen Politiker den Bau des Zentralkrankenhauses nicht sofort abschreiben, und so führte das Projekt noch einige Zeit lang eine geisterhafte Existenz. Detailliert beschrieb die Landesregierung in einer Presseerklärung vom November 1980, dass in Bochum »spätestens 1982 mit dem Bau eines zentralen Krankenhauses für akut kranke Justizgefangene begonnen werden soll« – was selbst die *Westdeutsche Allgemeine Zeitung*, sonst nicht für spitze Kommentare zur Landespolitik bekannt, »fast ein wenig blauäugig« fand.[35] Im Februar 1981 bekannte sich auch die Bochumer Stadtspitze noch einmal zu dem Projekt: Es gebe eine »moralische Verpflichtung […], nicht stets Forderungen an das Land zu

33 *Westdeutsche Allgemeine Zeitung*, Ausgabe Bochum Nr. 240 vom 15. Oktober 1980.

34 *Westdeutsche Allgemeine Zeitung*, Ausgabe Bochum Nr. 239 vom 14. Oktober 1980.

35 Stadtarchiv Bochum ZA II C 2, *Westdeutsche Allgemeine Zeitung*, Ausgabe Bochum Nr. 260 vom 7. November 1980.

stellen, sondern auch einmal unbequeme Einrichtungen, vor denen sich manche gerne drücken möchten, zu übernehmen.«[36] Aber es grenzte an Realitätsverweigerung, wenn Bochumer Lokalpolitiker noch zu diesem Zeitpunkt eine Korrektur des Urteils forderten.[37] Eine Berufung gegen das Urteil war schließlich nicht möglich.[38] So gab es nur zwei Optionen: Das Projekt noch einmal ganz von vorn aufzurollen – oder es zu begraben. Man entschloss sich am Ende für Letzteres.

So gibt es heute eben kein Zentralkrankenhaus für den Strafvollzug, das den Bewohnern von Querenburg bei eventuellen Spaziergängen auf dem Kalwes den Blick versperrt. Zwischen dem Campus der Ruhr-Universität im Westen, bekanntlich eines der hässlichsten Bauensembles der europäischen Universitätsgeschichte, und der Bundesautobahn im Osten liegt eine Landschaft ohne rechte Idee: ein hübscher, aber nicht allzu großer Wald, ein paar Wiesen und Felder, einige Häuser und Straßen – eine Landschaft, weder schön noch hässlich, die irgendwie an ein seit längerer Zeit brach liegendes Baugrundstück erinnert. Anscheinend hat die Stadt Bochum beschlossen, nach der Havarie des Bebauungsplans 281a bis auf weiteres keine neuen Planungen für das Gebiet anzustrengen. Nur in der Nähe der U-Bahn-Station Hustadt findet sich ein modernes »Technologiequartier«, das junge innovative Unternehmen mit Adressen wie Leonardo-da-Vinci-Platz und Konrad-Zuse-Straße versorgt. Außerdem befindet sich auf dem Kalwes ein bischöfliches Priesterseminar, was man durchaus passend finden kann. Auch Jesus hat ja schließlich 40 Tage in der Wüste verbracht.

Wie viele Umweltverbände genießt pro grün bis heute einen hervorragenden Ruf. Im August 1981 schrieben die *Ruhr-Nachrichten*, der pro grün-Vorsitzende Hermann Schweihs sei »bundesweit als oberster Naturschützer dieses gemeinnützigen Grünflächen-Vereins bekannt«.[39] Als pro grün 1990 sein 20-jähriges Bestehen feierte, zählte der Verein 70 000 Mitglieder bundesweit, und sein Engagement für den Naturschutz im Ruhrgebiet war längst über jeden Zweifel erhaben.[40] Da könnte man versucht sein, den Protest gegen das Zentralkrankenhaus auf dem Kalwes als zwar peinlichen, aber letztlich belanglosen Betriebsunfall der Naturschutzgeschichte zu verbuchen. Aber das wäre wohl zu einfach, denn das geschilderte Engagement von pro grün war in gewisser Weise durchaus konsequent: Es war vielleicht nicht zwingendes, aber doch logisches Resultat der eigenen Sozialstruktur. Man darf schließlich vermuten, dass pro grün den Kampf gegen das Zentralkrankenhaus wohl nur deshalb

36 Ebd., *Ruhr-Nachrichten* Nr. 38 vom 14. Februar 1981.

37 Vgl. ebd., *Westdeutsche Allgemeine Zeitung*, Ausgabe Bochum Nr. 27 vom 2. Februar 1981.

38 *Ruhr-Nachrichten*, Ausgabe Bochum Nr. 237 vom 11. Oktober 1980.

39 Stadtarchiv Bochum ZA III F, *Ruhr-Nachrichten* Nr. 195 vom 24. August 1981.

40 Ebd., *Westdeutsche Allgemeine Zeitung* Nr. 85 vom 10. April 1990.

so hartnäckig verfolgte, weil sich unter den Querenburger Neubürgern ein erheblicher Teil der Vereinsmitglieder befand. Die bürgerliche, speziell bildungsbürgerliche Klientel prägte den Protest von dem zitierten Gutachten bis zu den Aktionsformen – und so hätte der Protest wohl deutlich anders ausgesehen, wenn das bedrohte Stück Natur in einem anderen Stadtteil Bochums gelegen hätte; außerdem hätte dort womöglich kein Leitender Baudirektor gewohnt, der wusste, an welchen Stellen man juristisch anzusetzen hatte. So dokumentiert sich in dem Querenburger Konflikt ein nach wie vor gültiger Sachverhalt: Die Mitglieder der Naturschutzbewegung bilden in aller Regel keinen repräsentativen Querschnitt der Bevölkerung. Es könnte nicht schaden, sich bei Gelegenheit daran zu erinnern.

Zusammenfassung: Naturschutz in Nordrhein-Westfalen – eine Erfolgsgeschichte?

Es dürfte nicht wenige Leser überraschen, dass sich der nordrhein-westfälische Naturschutz in dieser Arbeit als ziemlich erfolgreich präsentiert. Insgesamt gesehen ergibt sich jedenfalls eine bemerkenswert positive Bilanz. Die Balver Höhle wurde nicht gesprengt und ist bis heute aus dem Leben der Stadt Balve nicht wegzudenken. Das Wiehengebirge bestimmt nach wie vor das Landschaftsbild im Kreis Minden-Lübbecke, und manche meinen sogar, dass das Wiehengebirge durch die stillgelegten Steinbrüche an Reiz gewonnen habe. Der Sauerlandring wurde nie gebaut, das Haaksberger Venn blieb erhalten, und auch das Projekt eines Zentralkrankenhauses für den Strafvollzug in Bochum-Querenburg kam letztlich zu Fall. Selbst im Konflikt mit den machtbewussten Herren von Rheinbraun konnte der Naturschutz zumindest einen Teilsieg erzielen. Nur bei der Außenreklame ist die Diskrepanz zwischen dem derzeitigen Zustand und den Idealen eines Wilhelm Münker unverkennbar – aber das sagt wohl mehr über Münker als über den nordrhein-westfälischen Naturschutz aus.

Ist die Geschichte des Naturschutzes in Nordrhein-Westfalen also im Grunde genommen eine Erfolgsgeschichte? Es lohnt sich, auf eine solche Frage zunächst einmal indirekt zu antworten: Eine *Miss*erfolgsgeschichte war es in jedem Fall nicht. Das sollte auch deshalb nicht zu wenig betont werden, weil Naturschützer traditionell gerne mit diesem Verdikt hantieren: Die Naturschutzbewegung ist der seltene Fall einer sozialen Bewegung, die großen Wert darauf legt, ihre Erfolglosigkeit zu betonen. Aber auch wenn man deshalb das Erreichte offen und ohne falsche Zurückhaltung benennen sollte, so gibt es doch zugleich in dreifacher Beziehung gute Gründe, mit dem Etikett »Erfolgsgeschichte« ein wenig vorsichtig zu sein. Zum ersten waren die Erfolge keineswegs immer so durchschlagend wie bei der Balver Höhle oder dem Sauerlandring. Das Naturschutzgebiet Ammeloer Venn, das auf deutscher Seite an das niederländische Haaksberger Venn anschließt, fiel deutlich kleiner aus als von den Naturschützern gewünscht. Auch im Wiehengebirge gab es Beschädigungen der Landschaft einschließlich des Kamms, die man keineswegs unter Verweis auf den letztlichen Erfolg marginalisieren sollte. Und im Falle des Königsdorfer Waldes waren die notwendigen Konzessionen sogar so groß, dass die betroffene Bevölkerung heftig protestierte. Erfolg ist eben in aller Regel ein relativer Begriff, und an schmerzlichen Kompromissen fehlte es in den geschilderten Fallstudien zweifellos nicht.

Zum zweiten gilt es, an die in der Einleitung erörterte Beschränktheit jeder Naturschutzgeschichte als Kampagnengeschichte zu erinnern. In gewisser Weise ist jede Kampagne für den Naturschutz auch eine Niederlage für denselben, denn sie beweist, dass das Problem nicht durch weitsichtige Planung und akzeptable Kompromisse rechtzeitig aus der Welt geschaffen worden war. Am deutlichsten zeigte sich dies wohl in der Geschichte der Steinbruchbetriebe im Wiehengebirge, denn die beeindruckende Kampagne der Naturschutzbeauftragten Helmerding und Korfsmeier spielte sich schließlich vor dem Hintergrund langjähriger Versäumnisse in der Genehmigungspraxis ab. Auch im Falle des Ammeloer Venns kam es nur deshalb zu einer konzertierten Aktion des Münsteraner Regierungspräsidenten, der Landesanstalt für Ökologie, Landschaftsentwicklung und Forstplanung und der niederländischen Naturschützer, weil das Coesfelder Amt für Agrarordnung den ausgehandelten Kompromiss stillschweigend hintertrieben hatte. Der Kampf gegen die Kippe Glessen geschah vor dem Hintergrund des allgemeinen Scheiterns einer Gesamtplanung im rheinischen Braunkohlenrevier, deren Gelingen landschaftliche Sünden wie die Kippe Glessen hätte minimieren können[1], und natürlich hätte die Heimwacht Balve ohne den Wahnsinnsplan der Besatzungsmacht nie gegen die Sprengung der örtlichen Höhle mobil machen können. So gilt es bei einer Betrachtung des Verlaufs der Kampagnen stets auch im Blick zu behalten, dass bereits die bloße Notwendigkeit derselben etwas über die Gesamtbilanz aussagt. Solange Kampagnen der hier geschilderten Art notwendig sind, um in Nordrhein-Westfalen die Belange des Naturschutzes zu verteidigen, wird man dem Naturschutz in diesem Bundesland nur eine begrenzte Effektivität zuschreiben können.

Überhaupt haben Kampagnen die unvermeidliche Tendenz, bestimmte Aspekte eines Themas ins Zentrum zu rücken und andere zu marginalisieren. Den Postskripta kam in dieser Arbeit deshalb oft auch die Aufgabe zu, den Gesamteindruck geradezurücken. Der Streit um die Abmessungen des Naturschutzgebiets Ammeloer Venn war vor dem Hintergrund der geschilderten Fallgeschichte sowie der begrenzten rechtlichen Möglichkeiten des Flurbereinigungsgesetzes gewiss verständlich, aber zugleich zeigten sich hier die Grenzen des Reservatnaturschutzes. Mit Blick auf die Gesamtbeziehung zwischen Landwirtschaft und Naturschutz drängt sich der Eindruck auf, dass man laufend die falschen Fragen stellte; der eigentlich zukunftsweisende Vorschlag der Westfälischen Ornithologen-Gesellschaft, rund 1000 Hektar Land nicht zu entwässern, wurde im Flurbereinigungsverfahren lakonisch als »völlig überzogen«

1 So die Bewertung bei Reiners, *Landschaft im Wandel*, S. 24.

verworfen.[2] Der Streit um die Steinbrüche des Wiehengebirges basierte vorwiegend auf landschaftsästhetischen Bewertungsmustern, während ökologische Aspekte keine Rolle spielten; Steinbruchbetreiber wie Naturschützer setzten aus diametralen Gründen gemeinsam auf just jene Rekultivierungen, die aus heutiger Sicht am meisten Anlass zum Stirnrunzeln bieten. Das Scheitern des Querenburger Zentralkrankenhauses bedeutete zugleich, dass nicht – wie von pro grün gefordert – ein »landschaftlicher Gestaltungsplan« aufgestellt wurde, so dass die Entwicklung eines attraktiven Naherholungsgebiets im Ansatz stecken blieb.[3] Und auch die Rettung der Balver Höhle durch massiven Bürgerprotest verhinderte nicht, dass sie durch die Nutzung als Veranstaltungsort eine Banalisierung erfuhr. Naturschutzgeschichte als Kampagnengeschichte darf nicht zur Ausblendung schleichender Wandlungsprozesse führen.

Der dritte Einwand gegen das Etikett »Erfolgsgeschichte« bezieht sich nicht auf die Bewertung der Fallstudien, sondern auf die Zuschreibung: Auch wenn man mit den notwendigen Einschränkungen und Differenzierungen von Erfolgen spricht – handelt es sich um Erfolge für den Naturschutz *als organisierte Bewegung?* Eine solche Frage lenkt den Blick auf die Trägergruppen des Protests, die die geschilderten Resultate erst möglich gemacht haben. Denn wenn man diese Trägergruppen zusammenfassend betrachtet, ergibt sich ein bemerkenswerter Befund: Erstaunlich häufig waren die zentralen Akteure in den geschilderten Fallstudien keine Naturschützer im Sinne der Einleitung. Im Falle der Balver Höhle war deren Fehlen vielleicht noch entschuldbar, da Wilhelm Lienenkämper als Naturschutzbeauftragter im Regierungsbezirk Arnsberg aufgrund der Verzögerungen in seinem Entnazifizierungsverfahren erst im November 1947 wieder in sein Amt eingeführt wurde. Wesentlich merkwürdiger war die Abstinenz des ehrenamtlichen Naturschutzes im Falle der Kippe Glessen: Während eine ganze Region gegen die Vernichtung des Königsdorfer Waldes protestierte, kamen die Naturschutzbeauftragten über einige nicht allzu elanvolle Bemerkungen in den einschlägigen Planungszirkeln nicht hinaus. Auch beim Kampf gegen den Sauerlandring standen die Naturschützer im Abseits, und das lag nicht zum geringsten an ihrer Argumentationsweise. Und im Falle des Füssenicher Sees wurde die Ausweisung eines Vogelschutzgebiets sogar vom obersten Naturschutzbeamten des Landes Nordrhein-Westfalen torpediert.

Nur in zwei Fallgeschichten kam dem behördlichen und ehrenamtlichen Naturschutz eine Schlüsselrolle zu: bei der Rettung des Wiehengebirges und beim Streit

2 HStAD NW 453 Nr. 91, Amt für Agrarordnung Coesfeld, Niederschrift über die Sitzung vom 23. Juni 1978, S. 2.

3 HStAD NW 453 Nr. 252, Landschaftsanalytische Stellungnahme zum Erschließungsbereich Ruhr-Universität Bochum, vorgelegt im Auftrage des Gemeinnützigen Grünflächenvereins »pro grün« e.V., Bezirksgruppe Bochum, Oktober 1974, S. 12.

um das Naturschutzgebiet Ammeloer Venn. Es zeigte sich, dass der amtliche Naturschutz durchaus in der Lage war, etwas zu bewegen und im Falle des Wiehengebirges auch öffentliche Unterstützung einzuwerben vermochte – was jedoch die Frage, warum dies in den übrigen Fällen nicht geschah, nur umso drängender macht. Es war eben kein agiler, tatendurstiger Naturschutz, der in den ersten Nachkriegsjahrzehnten in Nordrhein-Westfalen dominierte, sondern eher ein zaghafter, schüchterner Naturschutz, der gar nicht daran interessiert zu sein schien, die Grenzen der eigenen Möglichkeiten auszutesten – die stille Macht im Sinne der Einleitung. Ganz offenkundig war das ehrenamtliche Beauftragtenwesen keine Brücke zwischen Bürokratie und Öffentlichkeit, sondern eher Teil einer Nische, in die sich die Naturschützer verkrochen hatten. Man verstand sich als kleine, exklusive Minderheit, die im Unterschied zur breiten Masse die Gebote der heimatlichen Natur verstanden hatte und zu beachten suchte: Mangelnde Popularität war da kein Makel, mangelnde Standhaftigkeit hingegen sehr wohl. Gewiss fehlt es in den Akten der Naturschutzverwaltung nicht an Klagen über die »Naturschutzfremdheit weitester Kreise«.[4] Aber zugleich hatten sich die Naturschützer auf einen Standpunkt gestellt, von dem aus Widerstand geradezu willkommen sein musste, denn nur dann gab es schließlich die Chance zu mannhafter Bewährung. Und wohin das letztlich führen konnte, zeigte ein Tätigkeitsbericht des erwähnten Wilhelm Lienenkämper vom Januar 1949, der mit der stolzen Erklärung schloss: »Es wurde bei vielen Behörden- und Dienststellenleitern eine zunehmende Furcht vor der Unbeliebtheit im Volke festgestellt. Solche Rückgratschwäche dient nicht zur Stärkung der Einsatzbereitschaft der Gutwilligen und ist den Erfolgen unserer Arbeit abträglich. Die Oberste Naturschutzbehörde muß gebeten werden, den Hilfsbremsern den Rücken mit Franzbranntwein einzureiben.«[5]

Gewiss war die vorherrschende Mentalität der nordrhein-westfälischen Naturschützer zum Teil auch eine Reaktion auf die Haltung einiger ihrer Gegner. Wer regelmäßig mit so charmanten Verhandlungspartnern wie dem Landesamt für Agrarordnung oder der Rheinischen Braunkohlenwerke AG verkehrt, der muss schon sehr aufpassen, dass er sich im Laufe der Zeit nicht den Charakter verdirbt. Aber die Mentalität der Naturschützer war insgesamt gesehen doch weit mehr als ein Spiegelbild: Sie war Ausdruck einer Weltanschauung, die um Konzepte wie Heimat, unberührte Natur und das Schöne, Wahre, Echte kreiste, die Naturschutzgebiete als »unantastbare Heiligtümer des deutschen Volkes« feierte und überhaupt »als Gegengewicht zur Technisierung des Lebens frische Blutzufuhr aus dem Ursprünglich-

4 HStAD NW 260 Nr. 75 Bl. 165.

5 HStAD NW 60 Nr. 711 Bl. 35R.

keitserlebnis, aus dem Erlebnis in der Landschaft« ersehnte.[6] Ein solcher Wertekanon und die entsprechende Rhetorik bedeuteten in der Gesellschaft der Nachkriegszeit immer mehr und immer deutlicher ein selbstgewähltes Gefängnis, in dem es sich die Naturschützer allerdings bequem eingerichtet hatten. Gewiss war dieser Wertekanon nicht obligatorisch oder exklusiv, zumal in den späteren Fallstudien deutliche Anzeichen einer Emanzipation von diesen Vorstellungen zu erkennen sind; aber wer diesen Vorstellungen nicht zumindest teilweise etwas abgewinnen konnte, der musste mit dem nordrhein-westfälischen Naturschutz der Nachkriegsjahrzehnte auf Dauer Probleme bekommen. Zu welch merkwürdigen Situationen das bisweilen führen konnte, zeigt der Fall des Zülpicher Vogelschützers Carl Friedrich Jacobs, der sich in der paradoxen Situation wiederfand, einen Kampf für den Naturschutz gegen die Naturschützer kämpfen zu müssen, da er zwar ein Vogelparadies, aber keine »Natur in ihrer Ganzheit« vorzuweisen hatte.

Besonders seltsam wirkt diese vorherrschende Naturschutzmentalität, wenn man sie mit der Entwicklung des öffentlichen Bewusstseins vergleicht, die sich in den geschilderten Fallstudien spiegelt. Nur beim Kampf gegen die Sprengung der Balver Höhle gab es eine breite Bewegung, die ohne erkennbare Probleme wissenschaftliche, naturschützerische und heimatschützerische Argumente miteinander kombinierte. Im Folgenden zeigte sich jedoch immer deutlicher eine wachsende Entfremdung zwischen dem Naturschutz als organisierter Bewegung und seiner Gesellschaft. In zunehmendem Maße gab es in der breiten Öffentlichkeit Interesse an einem Schutz der Natur, oft eng gepaart mit dem Wunsch nach attraktiven Naherholungsgebieten. »Ziel des Natur- und Landschaftsschutzes ist es, jedermann Erholung und Anteil der Naturschönheit zu sichern«, hieß es in einem Schreiben der Unteren Naturschutzbehörde im Landkreis Minden von 1968, eine Formulierung, die zumindest in dieser Absolutheit neuartig war.[7] Eine frühere Generation von Naturschützern hatte Naherholung jedenfalls nicht so eng mit Naturschutz, sondern eher mit »Rummel« assoziiert; es war vielleicht kein Zufall, dass das tourismusorientierte Naturpark-Konzept von außen in den amtlichen Naturschutz hineingetragen werden musste.[8] In jedem Fall war das Naturbewusstsein der breiten Öffentlichkeit – wie wohl überhaupt das Umweltbewusstsein der 50er und 60er Jahre – noch kein Gegenentwurf zur Konsumgesellschaft, sondern deren Komplementärphänomen: Vieles deutet darauf hin, dass erst die faktische und mentale Überwindung der Nachkriegs-

---

6 HStAD NW 260 Nr. 81, Landesamt für Naturschutz und Landespflege Baden an die Kreisbeauftragten für Naturschutz, 24. Dezember 1949; HStAD NW 260 Nr. 75 Bl. 201.

7 Staatsarchiv Detmold D 1 Nr. 17382, Landkreis Minden, Der Oberkreisdirektor, Untere Naturschutzbehörde an das von dem Busche – Hühnefeld'sche Stammlagat, 3. Mai 1968, S. 2.

8 Vgl. Runge, *Entwicklungstendenzen*, S. 139.

not das neue Interesse an freier Natur ermöglichte. »Wer aufmerksam hinhört, spürt, wie sich in unserer Gesellschaft die Wertvorstellungen wandeln, wie die rein ökonomisch rationalen Wertvorstellungen abgelöst oder doch ergänzt werden«, erklärte der nordrhein-westfälische Landwirtschaftsminister Diether Deneke 1973 in einer Rede zum zehnjährigen Jubiläum des Naturparks Rothaargebirge; man müsse »bedenken, daß in der Zeit, in der wir leben, Wohn- und Freizeitwert auch für die hier lebenden Menschen ein immer größeres Gewicht erhalten gegenüber dem Lohn- und Einkommenswert eines Gebietes, einer Gemeinde, einer Landschaft.«[9] Und dass dieses neuartige Bewusstsein nicht ohne politische Virulenz war, ist in den geschilderten Fallgeschichten wohl hinreichend deutlich geworden. Eine öffentliche Meinung, die selbst den Bossen von Rheinbraun Konzessionen abzutrotzen vermochte, konnte so ohnmächtig nicht sein.

Von einer »Latenz-Phase« im Erz'schen Sinne wird man deshalb für die Nachkriegszeit nicht mehr sprechen können. Dafür ist das Bild zu uneinheitlich: Da gab es Anzeichen für eine Rückwärtsgewandtheit des Naturschutzes, die in Wilhelm Münkers reaktionärer Kampagne ihren deutlichsten Ausdruck fand. Da gab es auch desinteressierte Behördenchefs, die einen neuen Kreisbeauftragten etwa mit der launigen Bemerkung begrüßten: »Kaufen Sie sich ein Lodenmäntelchen, ein Paar Rändelshosen sowie ein Paar derbe Schuhe und dann wandern Sie mit«.[10] Aber zugleich gab es eben auch zukunftsweisende Tendenzen, insbesondere die Entstehung einer starken öffentlichen Lobby für Belange des Naturschutzes, die vom behördlichen und ehrenamtlichen Naturschutz viel zu wenig für die eigenen Ziele genutzt wurde; der unverkennbare Niedergang des klassischen, noch aus der Zeit der Jahrhundertwende stammenden Naturschutzverständnisses koinzidierte mit dem Aufstieg eines neuen Naturschutzverständnisses, wobei beides offenbar auf vielfältige Weise miteinander verknüpft war. Es ist wohl nicht unbillig zu vermuten, dass diese komplexe Gemengelage, diese »Gleichzeitigkeit des Ungleichzeitigen« im Naturschutz der Nachkriegszeit ein spannendes Thema für die künftige Umweltgeschichtsforschung darstellen könnte – umso mehr, als eine nähere Untersuchung dieses spannungsvollen Amalgams nicht nur von geschichtswissenschaftlichem, sondern auch von politischem Interesse ist. Denn aus dieser Studie ergeben sich offenkundig auch Zweifel an der landläufigen Vorstellung, es habe in den 70er Jahren einen revolutionären Wandel gegeben, der mit dem Aufstieg der ökologischen Bewegung einherging. Gewiss hat sich in der Naturschutzarbeit in den 70er und 80er Jahren eine Menge

9 HStAD NW 453 Nr. 404, Rede des Ministers für Ernährung, Landwirtschaft und Forsten, Herrn Diether Deneke, anläßlich der Feierstunde zum zehnjährigen Jubiläum des Naturparks Rothaargebirge am 5. Oktober 1973, S. 4.

10 HStAD Regierung Köln Nr. 13529 Bl. 159.

verändert – aber dieser Wandel bedeutete eben keinen Ausstieg aus der eigenen Geschichte. Immer noch gibt es in weiten Teilen des Naturschutzes ein letztlich ahistorisches Selbstverständnis, in dem der Bezug auf die eigene Geschichte allenfalls in Form einer radikalen Abgrenzung vorkommt. Aber das Haltbarkeitsdatum einer solchen Einstellung ist, so es je eines gab, längst abgelaufen; mit einer weiterhin boomenden Naturschutzgeschichtsforschung wird die Konfrontation mit der eigenen Vergangenheit auf Dauer unvermeidbar sein. Und damit stellt sich zwangsläufig auch die Frage nach Kontinuitäten.

Im Juli 2002 freute sich der Präsident des Bundesamtes für Naturschutz Hartmut Vogtmann bei einem Besuch im Gebiet des geplanten Nationalparks Eifel, dass dieses Projekt von den Naturschutzverbänden »nicht mit Partisanenmentalität« angegangen wurde.[11] Für Außenstehende dürfte eine solche Bemerkung unverständlich, ja geradezu befremdlich wirken, nicht zuletzt angesichts der Tatsache, dass die Bundesrepublik im Laufe ihrer Geschichte eigentlich eher geringe Probleme mit Partisanen gehabt hat. Nach wie vor pflegt der Naturschutz ein schwieriges Verhältnis zu seiner sozialen Umwelt, das der in dieser Arbeit geschilderten Divergenz von Naturschutz und Öffentlichkeit vielleicht nicht von den Inhalten her, aber doch in seiner Struktur auffallend ähnelt. Dabei sind die Gemeinsamkeiten bei Lichte betrachtet viel größer, als so mancher Naturschützer wahrhaben will: In einem Zeitalter, das einer gängigen Lesart zufolge am Ende aller Illusionen angelangt ist, bleibt die Vision einer Menschheit, die im Einklang mit der Natur lebt, eine der letzten populären Utopien. Eine solche Bemerkung versteht sich gewiss nicht als konformistischer Appell an den Naturschutz, zur Vermeidung öffentlichen Aufsehens bitteschön »normal« zu werden: Es ist schließlich eine Binsenweisheit, dass eine soziale Bewegung sich von der Gesellschaft, auf die sie einwirken will, unterscheiden muss. Nur würde es den Belangen des Naturschutzes nicht schaden, wenn ihre Vorkämpfer in der Hitze des Gefechts gelegentlich auch einmal in den Spiegel schauten. Wenn diese Arbeit in dieser Beziehung einige Anregungen geben könnte, dann wäre das gewiss nicht ihr geringstes Verdienst.

11 *Kölner Stadt-Anzeiger*, Internetausgabe, 16. Juli 2002.

Quellen- und Literaturverzeichnis

1. Archive und Bestände

Bundesarchiv Berlin-Lichterfelde

R 36	Deutscher Gemeindetag

Landesarchiv Berlin

Rep. 142/9	Deutscher Städtetag

Hauptstaatsarchiv Düsseldorf (HStAD)

NW 60	Kultusministerium, Abt. III: Kunst- und Kulturpflege
NW 260	Landesanstalt für Ökologie, Landschaftsentwicklung und Forstplanung
NW 310	Ministerpräsident / Staatskanzlei, Landesplanung
NW 452	Ministerium für Umwelt, Raumordnung und Landwirtschaft, Abt. VI: Forst- und Holzwirtschaft
NW 453	Ministerium für Umwelt, Raumordnung und Landwirtschaft, Gruppe IV B: Naturschutz und Landschaftspflege
BR 1167	Bergamt Köln
RW 248	Nachlass Diether Deneke
Regierung Köln	

Staatsarchiv Detmold

D 1	Regierung Detmold
D 41	Bezirksstelle für Naturschutz und Landschaftspflege
D 72	Nachlass Dr. Karl Korfsmeier

Westfälisches Archivamt Münster (WAA)
Bestand 906 Landesplanungsgemeinschaft Westfalen
Archiv Gevelinghausen, Privatakten Karl v. Wendt

Kreisarchiv des Märkischen Kreises, Altena (KMK)
A Ba Amt Balve

Stadtarchiv Bochum
Zeitungsausschnittsammlung

Stadtarchiv Zülpich
Privatarchiv Carl Friedrich Jacobs (PCFJ)

Westfälisches Wirtschaftsarchiv Dortmund (WWA)
F 142 Fort Fun, Bestwig

2. Literatur

Abelshauser, Werner, *Wirtschaftsgeschichte der Bundesrepublik Deutschland 1945–1980*, Frankfurt a.M. 1983.

Andersen, Arne, Heimatschutz: Die bürgerliche Naturschutzbewegung, in: Franz-Josef Brüggemeier, Thomas Rommelspacher (Hg.), *Besiegte Natur. Geschichte der Umwelt im 19. und 20. Jahrhundert*, 2. Aufl. München 1989, S. 143–157.

Andersen, Arne, *Der Traum vom guten Leben. Alltags- und Konsumgeschichte vom Wirtschaftswunder bis heute*, Frankfurt a.M. 1997.

Andersen, Arne, Das 50er-Jahre-Syndrom – Umweltfragen in der Demokratisierung des Technikkonsums, in: *Technikgeschichte* 65 (1998), S. 329–344.

Andree, Christian, *Rudolf Virchow als Prähistoriker*. Bd. 1: *Virchow als Begründer der Neueren Deutschen Ur- und Frühgeschichtswissenschaft*, Köln und Wien 1976.

Bahnschulte, B., Die Geschichte der Ausgrabungen, in: Klaus Günther, *Die altsteinzeitlichen Funde der Balver Höhle*, Münster 1964, S. 5–10.

Bergmann, Klaus, *Agrarromantik und Großstadtfeindschaft*, Meisenheim 1970.

Bergmeier, Monika, *Umweltgeschichte der Boomjahre 1949–1973. Das Beispiel Bayern*, Münster u.a. 2002.

Blackbourn, David, *A Sense of Place. New Directions in German History. The 1998 Annual Lecture of the German Historical Institute* London, London 1999.

Borscheid, Peter; Wischermann, Clemens (Hg.), *Bilderwelt des Alltags. Werbung in der Konsumgesellschaft des 19. und 20. Jahrhunderts. Festschrift für Hans Jürgen Teuteberg*, Stuttgart 1995.

Braudel, Fernand, *La Méditerranée et le monde Méditerranéen a l'Époque de Philippe II*, Bd. 1, 5. Aufl. Paris 1982 (1. Aufl. 1949). Dt.: *Das Mittelmeer und die mediterrane Welt in der Epoche Philipps II.*, Bd. 1, 2. Aufl. Frankfurt a.M. 2001.

Braudel, Fernand, Histoire et Sciences sociales. La longue durée, in: *Annales* 13 (1958), S. 725–753.

Brüggemeier, Franz-Josef; Rommelspacher, Thomas (Hg.), *Besiegte Natur. Geschichte der Umwelt im 19. und 20. Jahrhundert*, 2. Aufl. München 1989.

Brüggemeier, Franz-Josef, *Tschernobyl, 26. April 1986. Die ökologische Herausforderung*, München 1998.

Brüggemeier, Franz-Josef; Engels, Jens Ivo (Hg.), *Natur und Umwelt in Deutschland nach 1945. Probleme, Wahrnehmungen, Bewegungen und Politik* (im Erscheinen).

Brunn, Gerhard; Reulecke, Jürgen, *Kleine Geschichte von Nordrhein-Westfalen 1946–1996*, Köln u.a. 1996.

Christmann, Gabriela B., Wissenschaftlichkeit und Religion. Über die Janusköpfigkeit der Sinnwelt von Umwelt- und Naturschützern, in: *Zeitschrift für Soziologie* 21 (1992), S. 200–211.

Confino, Alon, »This lovely country you will never forget«. Kriegserinnerungen und Heimatkonzepte in der westdeutschen Nachkriegszeit, in: Habbo Knoch (Hg.), *Das Erbe der Provinz. Heimatkultur und Geschichtspolitik nach 1945*, Göttingen 2001, S. 235–251.

Conwentz, Hugo, *Die Gefährdung der Naturdenkmäler und Vorschläge zu ihrer Erhaltung. Denkschrift, dem Herrn Minister der geistlichen, Unterrichts- und Medizinal-Angelegenheiten überreicht*, Berlin 1904.

Cronon, William (Hg.), *Uncommon Ground. Rethinking the Human Place in Nature*, New York und London 1996.

Demandt, Alexander, *Über allen Wipfeln. Der Baum in der Kulturgeschichte*, Köln und Weimar 2002.

Deutsches Jugendherbergswerk (Hg.), *Weg-Weiser und Wanderer. Wilhelm Münker. Ein Leben für Heimat, Umwelt und Jugend*, Detmold 1989.

Dircksen, Rolf, *Landschaftsführer des Westfälischen Heimatbundes*. Heft 2: *Weser- und Wiehengebirge*, Münster 1939.

Ditt, Karl, Naturschutz zwischen Zivilisationskritik, Tourismusförderung und Umweltschutz. USA, England und Deutschland 1860–1970, in: Matthias Frese, Michael Prinz (Hg.), *Politische Zäsuren und gesellschaftlicher Wandel im*

20. Jahrhundert. Regionale und vergleichende Perspektiven, Paderborn 1996, S. 499–533.

Dominick, Raymond H. III, *The Environmental Movement in Germany. Prophets and Pioneers, 1871–1971*, Bloomington und Indianapolis 1992.

Dubiel, Helmut, *Niemand ist frei von der Geschichte. Die nationalsozialistische Herrschaft in den Debatten des Deutschen Bundestages*, München und Wien 1999.

Ebert, Arnold; Bauer, Erwin, Einführung, in: *Naturschutzrecht*, 8. Aufl. München 2000, S. IX–XXXVIII.

Engels, Jens Ivo, »Hohe Zeit« und »dicker Strich«. Vergangenheitsdeutung und -bewahrung im westdeutschen Naturschutz nach dem Zweiten Weltkrieg, in: Joachim Radkau, Frank Uekötter (Hg.), *Naturschutz und Nationalsozialismus*, Frankfurt a.M., S. 363–404.

Engels, Jens Ivo, Von der Sorge um die Tiere zur Sorge um die Umwelt. Tiersendungen als Umweltpolitik in Westdeutschland zwischen 1950 und 1980, in: *Archiv für Sozialgeschichte* 43 (2003), S. 297–323.

Erdmann, Karl-Heinz; Spandau, Lutz (Hg.), *Naturschutz in Deutschland. Strategien, Lösungen, Perspektiven*, Stuttgart 1997.

Erz, Wolfgang, Naturschutz im Wandel der Zeit. Eine Bewertung, in: *Geographische Rundschau* 39 (1987), S. 307–315.

Falk, Susanne, *Der Sauerländische Gebirgsverein. »Vielleicht sind wir die Modernen von Übermorgen«*, Bonn 1990.

Falk, Susanne, »Eine Notwendigkeit, uns innerlich umzustellen, liege nicht vor«. Kontinuitäten und Diskontinuitäten in der Auseinandersetzung des Sauerländischen Gebirgsvereins mit Heimat und Moderne 1918–1960, in: Matthias Frese, Michael Prinz (Hg.), *Politische Zäsuren und gesellschaftlicher Wandel im 20. Jahrhundert. Regionale und vergleichende Perspektiven*, Paderborn 1996, S. 401–417.

Falter, Jürgen W.; Klein, Markus, *Der lange Weg der Grünen. Eine Partei zwischen Protest und Regierung*, München 2003.

Flade, Martina, *Nutzeranalyse des Freizeitparks Fort Fun. Ein Beitrag zur Geographie des Freizeitverhaltens* (Schriftliche Hausarbeit im Rahmen der Ersten Staatsprüfung für das Lehramt für die Sekundarstufe II), Bochum, Juli 1982.

Frei, Norbert, *Vergangenheitspolitik. Die Anfänge der Bundesrepublik und die NS-Vergangenheit*, München 1996.

Frese, Matthias; Prinz, Michael (Hg.), *Politische Zäsuren und gesellschaftlicher Wandel im 20. Jahrhundert. Regionale und vergleichende Perspektiven*, Paderborn 1996.

Führer, Karl Christian; Hickethier, Knut; Schildt, Axel, Öffentlichkeit – Medien – Geschichte. Konzepte der modernen Öffentlichkeit und Zugänge zu ihrer Erforschung, in: *Archiv für Sozialgeschichte* 41 (2001), S. 1–38.

Galbraith, John Kenneth, *Gesellschaft im Überfluß*, München und Zürich 1959 (engl. Originalausgabe 1958).

Garbe, Detlef, Äußerliche Abkehr, Erinnerungsverweigerung und »Vergangenheitsbewältigung«: Der Umgang mit dem Nationalsozialismus in der frühen Bundesrepublik, in: Axel Schildt, Arnold Sywottek (Hg), *Modernisierung im Wiederaufbau. Die westdeutsche Gesellschaft der 50er Jahre*, Bonn 1993, S. 693–716.

Görtemaker, Manfred, *Geschichte der Bundesrepublik Deutschland. Von der Gründung bis zur Gegenwart*, München 1999.

Goschler, Constantin, *Rudolf Virchow. Mediziner – Anthropologe – Politiker*, Köln u.a. 2002.

Grandjot, Werner, Wald, Sand und Steine, in: *Naturschutz- und Naturparke. Mitteilungen des Vereins Naturschutzpark e.V.* Heft 51 (1968), S. 11–14.

Graßl, Anton, Seiner Zeit weit voraus, in: Deutsches Jugendherbergswerk (Hg.), *Weg-Weiser und Wanderer. Wilhelm Münker. Ein Leben für Heimat, Umwelt und Jugend*, Detmold 1989, S. 6.

Grebe, Reinhard, Sicherung und Entwicklung der Landschaft, in: Gerhard Olschowy (Hg.), *Natur- und Umweltschutz in der Bundesrepublik Deutschland*, Hamburg und Berlin 1978, S. 855–869.

Greven, Hendrik; Meyer, Bernhard; Gabbe, Jens-Dieter, *Euregio. Modell grenzüberwindender Zusammenarbeit*, Hannover 1980.

Gribl, Dorle, *»Für das Isartal«. Chronik des Isartalvereins*, München 2002.

Günther, Klaus, *Die altsteinzeitlichen Funde der Balver Höhle*, Münster 1964.

Haarmann, Knut, Probleme wandernder Tiere, in: Gerhard Olschowy (Hg.), *Natur- und Umweltschutz in der Bundesrepublik Deutschland*, Hamburg und Berlin 1978, S. 329–338.

Haarmann, Knut; Korneck, Dieter, Gebietsschutz, in: Gerhard Olschowy (Hg.), *Natur- und Umweltschutz in der Bundesrepublik Deutschland*, Hamburg und Berlin 1978, S. 761–771.

Halle, Uta, *»Die Externsteine sind bis auf weiteres germanisch!« Prähistorische Archäologie im Dritten Reich*, Bielefeld 2002.

Handbuch der historischen Stätten Deutschlands. Dritter Band: *Nordrhein-Westfalen*, 2. Aufl. Stuttgart 1970.

Heimwacht Balve (Hg.), *Heimwacht Balve 60 Jahre. Festschrift*, Balve o.J. (1981).

Hellweg, Werner, *Die Außenreklame in Stadt und Land*, Hamburg 1919.

Helmerding, Fritz, *Landschaftsschäden im Wiehen-Wesergebirge. Ein Gutachten* (Mitteilungen der Landesstelle für Naturschutz und Landschaftspflege in Nordrhein-Westfalen Jg. 6 Neue Folge 9 [Mai 1968]).

Henning, Friedrich-Wilhelm, *Landwirtschaft und ländliche Gesellschaft in Deutschland.* Band 2: *1750 bis 1986*, 2. Aufl. Paderborn 1988.

Hentschel, Hermann, *Naturschutz in Ostwestfalen-Lippe. Von den Anfängen bis zum Landschaftsgesetz*, Horn-Bad Meinberg 1987.

Hermand, Jost, *Grüne Utopien in Deutschland. Zur Geschichte des ökologischen Bewußtseins*, Frankfurt a.M. 1991.

Hoplitschek, Ernst, *Der Bund Naturschutz in Bayern. Traditioneller Naturschutzverband oder Teil der neuen sozialen Bewegungen?*, Berlin 1984.

Hostert, Walter, *Geschichte des Sauerländischen Gebirgsvereins. Idee und Tat. Gestern – Heute – Morgen*, Lüdenscheid 1966.

Hünemörder, Kai F., *Die Frühwahrnehmung der globalen Umweltkrise und die Formierung der deutschen Umweltpolitik*, Stuttgart 2004.

Hundhausen, Carl, *Werben oder Beherrschen. Über Wesen und Bedeutung der Wirtschaftswerbung*, Essen 1950.

Inglehart, Ronald, *The Silent Revolution. Changing Values and Political Styles Among Western Publics*, Princeton 1977.

Jacobs, Carl Friedrich, *Feuchtgebiete und Biotopverbund in der Zülpicher Börde.* Herausgegeben vom Amt für Agrarordnung Euskirchen (o.O. o.J.).

Jacobs, Carl Friedrich, Bestandserfassung der rastenden, mausernden und überwinternden Wasservögel im Naturschutzgebiet »Neffelsee«, Stadt Zülpich, Kreis Euskirchen, in der Zeit vom 01.09.1999 bis 30.04.2000.

Kerbs, Diethart, Reulecke, Jürgen (Hg.), *Handbuch der deutschen Reformbewegungen 1880–1933*, Wuppertal 1998.

Klein, Naomi, *No Logo! Der Kampf der Global Players um Marktmacht. Ein Spiel mit vielen Verlierern und wenigen Gewinnern*, München 2001.

Kleinebeckel, Arno, *Unternehmen Braunkohle. Geschichte eines Rohstoffs, eines Reviers, einer Industrie im Rheinland*, Köln 1986.

Klenke, Dietmar, *Bundesdeutsche Verkehrspolitik und Motorisierung. Konfliktträchtige Weichenstellungen in den Jahren des Wiederaufstiegs*, Stuttgart 1993.

Kloepfer, Michael, *Zur Geschichte des deutschen Umweltrechts*, Berlin 1994.

Kloepfer, Michael, Umweltrechtsentwicklungen in Deutschland nach 1945, in: ders. (Hg.), *Schübe des Umweltbewußtseins und der Umweltrechtsentwicklung*, Bonn 1995, S. 91–131.

Klose, Hans, *Fünfzig Jahre Staatlicher Naturschutz*, Gießen 1957.

Klueting, Edeltraud (Hg.), *Antimodernismus und Reform. Beiträge zur Geschichte der deutschen Heimatbewegung*, Darmstadt 1991.

Knaut, Andreas, *Zurück zur Natur! Die Wurzeln der Ökologiebewegung* (Supplement 1 [1993] zum *Jahrbuch für Naturschutz und Landschaftspflege*), Greven 1993.

Knoch, Habbo (Hg.), *Das Erbe der Provinz. Heimatkultur und Geschichtspolitik nach 1945*, Göttingen 2001.

Koeppel, Hans-Dietmar; Mrass, Walter, Natur- und Nationalparke, in: Gerhard Olschowy (Hg.), *Natur- und Umweltschutz in der Bundesrepublik Deutschland*, Hamburg und Berlin 1978, S. 802–812.

Körner, Stefan, *Theorie und Methodologie der Landschaftsplanung, Landschaftsarchitektur und Sozialwissenschaftlichen Freiraumplanung vom Nationalsozialismus bis zur Gegenwart* (Landschaftsentwicklung und Umweltforschung. Schriftenreihe der Fakultät Architektur Umwelt Gesellschaft der TU Berlin Nr. 118), Berlin 2001.

Körner, Stefan, Kontinuum und Bruch: Die Transformation des naturschützerischen Aufgabenverständnisses nach dem Zweiten Weltkrieg, in: Joachim Radkau, Frank Uekötter (Hg.), *Naturschutz und Nationalsozialismus*, Frankfurt a.M. 2003, S. 405–434.

Korfsmeier, Karl, Vorwort, in: Fritz Helmerding, *Landschaftsschäden im Wiehen-Wesergebirge. Ein Gutachten* (Mitteilungen der Landesstelle für Naturschutz und Landschaftspflege in Nordrhein-Westfalen Jg. 6 Neue Folge 9 [Mai 1968]), S. 2.

Kraus, Otto, *Zerstörung der Natur. Unser Schicksal von morgen? Der Naturschutz in dem Streit der Interessen*, Nürnberg 1966.

Kraus, Theodor, Der Braunkohlenbergbau und die niederrheinische Landschaft, in: *Westdeutsche Wirtschafts-Monographien*, Folge 2: Braunkohle, Köln 1962, S. 17–26.

Kretschmer, Kerstin, *Braunkohle und Umwelt. Zur Geschichte des nordwestsächsischen Kohlenreviers (1900–1945)*, Frankfurt a.M. 1998.

Küster, Hansjörg, *Geschichte der Landschaft in Mitteleuropa. Von der Eiszeit bis zur Gegenwart*, München 1995.

Küster, Hansjörg, *Geschichte des Waldes. Von der Urzeit bis zur Gegenwart*, München 1998.

Leggewie, Claus, Kampagnenpolitik – eine nicht ganz neue Form politischer Mobilisierung, in: Ulrike Röttger (Hg.), *PR-Kampagnen. Über die Inszenierung von Öffentlichkeit*, 2. Aufl. Wiesbaden 2001, S. 145–163.

Lekan, Thomas, *Imagining the Nation in Nature. Landscape Preservation and German Identity, 1885–1945*, Cambridge 2004.

Lienenkämper, Wilhelm, Der Naturschutz vom Nationalsozialismus her gesehen, in: *Sauerländischer Gebirgsbote* 46 (1938), S. 26–28.

Lienenkämper, Wilhelm, Balver Höhle: Naturschutzgebiet, in: *Naturschutz und Landschaftspflege* 27 (1952), S. 18–19.

Lienenkämper, Wilhelm, *Schützt die Natur – Pflegt die Landschaft*, Hiltrup bei Münster 1956.

Lienenkämper, Wilhelm, *Grüne Welt zu treuen Händen. Naturschutz und Landschaftspflege im Industriezeitalter*, Stuttgart 1963.

Linse, Ulrich, *Ökopax und Anarchie. Eine Geschichte der ökologischen Bewegungen in Deutschland*, München 1986.

Linse, Ulrich; Falter, Reinhard; Rucht, Dieter; Kretschmer, Winfried, *Von der Bittschrift zur Platzbesetzung. Konflikte um technische Großprojekte*, Berlin und Bonn 1988.

Lorz, Albert, *Naturschutz-, Tierschutz- und Jagdrecht*, 2. Aufl. München 1967.

Margedant, Udo, Entwicklung des Umweltbewußtseins in der Bundesrepublik Deutschland, in: *Aus Politik und Zeitgeschichte* B 29 (1987), S. 15–28.

McChesney Sait, Edward, Campaign, Political, in: *Encyclopaedia of the Social Sciences* Bd. 3, New York 1962 (1. Aufl. 1930), S. 162–166.

McNeill, John, *Something New under the Sun. An Environmental History of the Twentieth-Century World*, New York 2000. Dt.: *Blue Planet. Die Umweltgeschichte des 20. Jahrhunderts*, Frankfurt a.M. 2003.

Mrass, Walter, *Die Organisation des staatlichen Naturschutzes und der Landschaftspflege im Deutschen Reich und in der Bundesrepublik Deutschland seit 1935, gemessen an der Aufgabenstellung in einer modernen Industriegesellschaft* (= Beiheft 1 zu *Landschaft + Stadt*), Stuttgart 1970.

Müller, Edda, *Innenwelt der Umweltpolitik: Sozial-liberale Umweltpolitik – (Ohn)macht durch Organisation?*, Opladen 1986.

Müller-Müsen, Wilhelm, Wilhelm Münkers Lebensweg und Lebenswerk, in: Deutsches Jugendherbergswerk (Hg.), *Weg-Weiser und Wanderer. Wilhelm Münker. Ein Leben für Heimat, Umwelt und Jugend*, Detmold 1989, S. 14–23.

Müller-Müsen, Wilhelm, Der Kampf gegen die Auswüchse der Reklame, in: Deutsches Jugendherbergswerk (Hg.), *Weg-Weiser und Wanderer. Wilhelm Münker. Ein Leben für Heimat, Umwelt und Jugend*, Detmold 1989, S. 88–94.

Münker, Wilhelm, *Reklame-Kultur? Heimatpflege oder Verkrämerung des öffentlichen Raumes*, Hilchenbach 1950.

Münker, Wilhelm, Landschaft und Außenreklame, in: *Naturschutz und Landschaftspflege* 26 (1951), S. 35–36.

Münker, Wilhelm, *Noch mehr Aussenreklame?*, 3. erw. Aufl. Hilchenbach 1952.

Oberkrome, Willi, Heimatschutz und Naturschutz in Lippe und Thüringen 1930–1960. Strukturen und Entwicklungen, in: Matthias Frese, Michael Prinz (Hg.), *Politische Zäsuren und gesellschaftlicher Wandel im 20. Jahrhundert. Regionale und vergleichende Perspektiven*, Paderborn 1996, S. 419–438.

Oberkrome, Willi, Suffert und Koch. Zum Tätigkeitsprofil deutscher Naturschutzbeauftragter im politischen Systemwechsel der 1920er bis 1950er Jahre, in: *Westfälische Forschungen* 51 (2001), S. 443–462.

Olschowy, Gerhard, *Landschaft und Technik. Landespflege in der Industriegesellschaft*, Hannover u.a. 1970.

Olschowy, Gerhard (Hg.), *Natur- und Umweltschutz in der Bundesrepublik Deutschland*, Hamburg und Berlin 1978.

Ott, Konrad; Potthast, Thomas; Gorke, Martin; Nevers, Patricia, Über die Anfänge des Naturschutzgedankens in Deutschland und den USA im 19. Jahrhundert, in: Erk Volkmar Heyen (Hg.), *Naturnutzung und Naturschutz in der Europäischen Rechts- und Verwaltungsgeschichte*, Baden-Baden 1999, S. 1–55.

Packard, Vance, *Die geheimen Verführer. Der Griff nach dem Unbewussten in Jedermann*, Düsseldorf und Wien 1958 (engl. Originalausgabe 1957).

Patel, Kiran Klaus, Neuerfindung des Westens – Aufbruch nach Osten. Naturschutz und Landschaftsgestaltung in den Vereinigten Staaten von Amerika und in Deutschland, 1900–1945, in: *Archiv für Sozialgeschichte* 43 (2003), S. 191–223.

Paul, Johann, Die nordrhein-westfälische Braunkohlenpolitik und der Übergang zum Tieftagebau in den 1950er Jahren, in: *Geschichte im Westen* 12 (1997), S. 61–78.

Paul, Johann, Risikodebatten über den Tieftagebau im rheinischen Braunkohlenrevier seit den 1950er Jahren, in: *Technikgeschichte* 65 (1998), S. 141–161.

Pfister, Christian (Hg.), *Das 1950er Syndrom. Der Weg in die Konsumgesellschaft*, Bern u.a. 1995.

Pieper, H.; Raack, W., Deutsche Braunkohle – Rheinische Braunkohle, in: *Westdeutsche Wirtschafts-Monographien*, Folge 2: Braunkohle, Köln 1962, S. 6–15.

Plachter, Harald, *Naturschutz*, Stuttgart 1991.

Polenz, Harald, *Zur Geschichte des ehemaligen Amtes und der Stadt Balve*, Balve 1980.

Radkau, Joachim, *Technik in Deutschland. Vom 18. Jahrhundert bis zur Gegenwart*, Frankfurt a.M. 1989.

Radkau, Joachim, *Das Zeitalter der Nervosität. Deutschland zwischen Bismarck und Hitler*, München und Wien 1998.

Radkau, Joachim, *Natur und Macht. Eine Weltgeschichte der Umwelt*, München 2000.

Radkau, Joachim; Uekötter, Frank (Hg.), *Naturschutz und Nationalsozialismus*, Frankfurt a.M. 2003.

Raschke, Joachim, *Soziale Bewegungen. Ein historisch-systematischer Grundriß*, Frankfurt a.M. 1988.

Raschke, Joachim (Hg.), *Die Grünen. Wie sie wurden, was sie sind*, Köln 1993.

Reichel, Peter, *Vergangenheitsbewältigung in Deutschland. Die Auseinandersetzung mit der NS-Diktatur von 1945 bis heute*, München 2001.

Reiners, Herbert, *Landschaft im Wandel. Braunkohlenbergbau im Rheinland.* Teil 1: *Rechtsgrundlagen des Braunkohlenbergbaus in Nordrhein-Westfalen*, Hannover 1979.

Reinhardt, Dirk, *Von der Reklame zum Marketing. Geschichte der Wirtschaftswerbung in Deutschland*, Berlin 1993.

Rheinischer Verein für Denkmalpflege und Heimatschutz, *Das Rheinische Braunkohlengebiet – eine Landschaft in Not! Denkschrift des Rheinischen Vereins für Denkmalpflege und Heimatschutz*, Neuß 1953.

Röttger, Ulrike (Hg.), *PR-Kampagnen. Über die Inszenierung von Öffentlichkeit*, 2. Aufl. Wiesbaden 2001.

Romeyk, Horst, *Kleine Verwaltungsgeschichte Nordrhein-Westfalens*, Siegburg 1988.

Rucht, Dieter, *Modernisierung und neue soziale Bewegungen. Deutschland, Frankreich und USA im Vergleich*, Frankfurt a.M. 1994.

Rudorff, Ernst, Ueber das Verhältniß des modernen Lebens zur Natur, in: *Preußische Jahrbücher* 45 (1880), S. 261–276.

Runge, Karsten, *Entwicklungstendenzen der Landschaftsplanung. Vom frühen Naturschutz bis zur ökologisch nachhaltigen Flächennutzung*, Berlin u.a. 1998.

Rusinek, Bernd-A., Wyhl, in: Etienne François, Hagen Schulze (Hg.), *Deutsche Erinnerungsorte II*, München 2001, S. 652–666.

Scheerer, Werner, *Im Strom der Zeit. Werden und Wirken des Ministeriums für Ernährung, Landwirtschaft und Forsten des Landes Nordrhein-Westfalen*, Hiltrup 1970.

Schildt, Axel, *Moderne Zeiten. Freizeit, Massenmedien und »Zeitgeist« in der Bundesrepublik der 50er Jahre*, Hamburg 1995.

Schildt, Axel, *Ankunft im Westen. Ein Essay zur Erfolgsgeschichte der Bundesrepublik*, Frankfurt a.M. 1999.

Schildt, Axel; Sywottek, Arnold (Hg), *Modernisierung im Wiederaufbau. Die westdeutsche Gesellschaft der 50er Jahre*, Bonn 1993.

Schmidt-Tophoff, Alfons, *Die Rechtsgrundlagen für die Überwachung und die Regelung der Außenwerbung*, Hilchenbach 1958.

Schmoll, Friedemann, Bewahrung und Vernichtung. Über Beziehungen zwischen Naturschutz und Antisemitismus in Deutschland, in: Freddy Raphaël (Hg.), *»... das Flüstern eines leisen Wehens ...« Beiträge zu Kultur und Lebenswelt europäischer Juden*, Konstanz 2001, S. 345–367.

Schmoll, Friedemann, *Erinnerung an die Natur. Die Geschichte des Naturschutzes im deutschen Kaiserreich*, Frankfurt a.M. 2004.

Schoenichen, Walther, Die Verrummelung der Natur, in: *Naturschutz* 11 (1929/30), S. 132–139, 157–165.

Schoenichen, Walther, *Naturschutz, Heimatschutz. Ihre Begründung durch Ernst Rudorff, Hugo Conwentz und ihre Vorläufer*, Stuttgart 1954.

Schumacher, Wolfgang, Naturschutz in agrarisch geprägten Landschaften, in: Karl-Heinz Erdmann, Lutz Spandau (Hg.), *Naturschutz in Deutschland. Strategien, Lösungen, Perspektiven*, Stuttgart 1997, S. 95–122.

Schwab, Günther, *Der Tanz mit dem Teufel. Ein abenteuerliches Interview*, Hannover 1958.

See, Karl von, *Geologische Untersuchungen im Weser-Wiehengebirge bei der Porta Westfalica*, Göttingen 1910.

Seifert, Alwin, Gutachten über die Wiederherstellung einer gesunden Kulturlandschaft in den vom Braunkohlentagebau umgestürzten Gebieten zwischen Köln und Aachen, in: *Das Rheinische Braunkohlengebiet – eine Landschaft in Not! Denkschrift des Rheinischen Vereins für Denkmalpflege und Heimatschutz*, Neuß 1953, S. 86–104.

Sieferle, Rolf Peter, *Fortschrittsfeinde? Opposition gegen Technik und Industrie von der Romantik bis zur Gegenwart*, München 1984.

Siegfried, Paul, Pleistozäne Säugetiere in westfälischen Höhlen, in: *Jahreshefte für Karst- und Höhlenkunde* 2 (1961), S. 177–191.

Siemann, Wolfram; Freytag, Nils, Umwelt – eine geschichtswissenschaftliche Grundkategorie, in: Wolfram Siemann in Zusammenarbeit mit Nils Freytag (Hg.), *Umweltgeschichte. Themen und Perspektiven*, München 2003, S. 7–20.

Spiekermann, Uwe, Elitenkampf um die Werbung. Staat, Heimatschutz und Reklameindustrie im frühen 20. Jahrhundert, in: Peter Borscheid, Clemens Wischermann (Hg.), *Bilderwelt des Alltags. Werbung in der Konsumgesellschaft des 19. und 20. Jahrhunderts. Festschrift für Hans Jürgen Teuteberg*, Stuttgart 1995, S. 126–149.

Stiftung Naturschutzgeschichte (Hg.), *Der Neubeginn im Naturschutz nach 1945. Zeitzeugenberichte von Naturschutzbeauftragten aus Nordrhein-Westfalen und Brandenburg*, Landau 1999.

Stiftung Naturschutzgeschichte (Hg.), *Naturschutz hat Geschichte*, Essen 2003.

Stiftung Naturschutzgeschichte (Hg.), *»Keine Berufsprotestierer oder Schornsteinkletterer«. Die Geschichte des BUND in Nordrhein-Westfalen*, Essen 2003.

Trepl, Ludwig, *Geschichte der Ökologie. Vom 17. Jahrhundert bis zur Gegenwart*, Frankfurt a.M. 1987.

Uekötter, Frank, Umweltbewegung zwischen dem Ende der nationalsozialistischen Herrschaft und der »ökologischen Wende«: Ein Literaturbericht, in: *Historical Social Research* 28 (2003), S. 270–289.

Uekötter, Frank, *Von der Rauchplage zur ökologischen Revolution. Eine Geschichte der Luftverschmutzung in Deutschland und den USA 1880–1970*, Essen 2003.

Uekötter, Frank, Sieger der Geschichte? Historisches über das merkwürdige Verhältnis des Naturschutzes zu seinem eigenen Erfolg, in: *Schriftenreihe des Deutschen Rates für Landespflege* Heft 75 (2003).

Verheizte Heimat. Der Braunkohlentagebau und seine Folgen, Aachen 1985.

Vierhaus, Hans-Peter, *Umweltbewußtsein von oben. Zum Verfassungsgebot demokratischer Willensbildung*, Berlin 1994.

Weibel, Ewald R.; Pfister, Christian, Vorwort und Einführung, in: Christian Pfister (Hg.), *Das 1950er Syndrom. Der Weg in die Konsumgesellschaft*, Bern u.a. 1995, S. 13–15.

Wettengel, Michael, Staat und Naturschutz 1906–1945. Zur Geschichte der Staatlichen Stelle für Naturdenkmalpflege in Preußen und der Reichsstelle für Naturschutz, in: *Historische Zeitschrift* 257 (1993), S. 355–399.

Wey, Klaus-Georg, *Umweltpolitik in Deutschland. Kurze Geschichte des Umweltschutzes in Deutschland seit 1900*, Opladen 1982.

Williams, John Alexander, »The Chords of the German Soul are Tuned to Nature«: The Movement to Preserve the Natural *Heimat* from the Kaiserreich to the Third Reich, in: *Central European History* 29 (1996), S. 339–384.

Worster, Donald, Appendix: Doing Environmental History, in: ders. (Hg.), *The Ends of the Earth. Perspectives on Modern Environmental History*, Cambridge u.a. 1988, S. 289–307.

Zeller, Thomas, *Straße, Bahn, Panorama. Verkehrswege und Landschaftsveränderung in Deutschland von 1930 bis 1990*, Frankfurt a.M. 2002.

Abbildungsnachweis

Bild 1: Denkschrift der Heimwacht Balve. Abdruck mit freundlicher Genehmigung der Heimwacht Balve. • Bilder 2, 4 und 14: Bildarchiv des Westfälischen Heimatbundes. Abdruck mit freundlicher Genehmigung. • Bilder 5 und 6: Aufnahmen aus Münker, Noch mehr Aussenreklame, Bilderanhang S. VIII und XII. Abdruck mit freundlicher Genehmigung der Wilhelm-Münker-Stiftung. • Bild 7: Aufnahme aus der Akte NW 310 Nr. 295 des Hauptstaatsarchivs Düsseldorf. • Bild 8: Ausschnitt aus der Topographischen Karte 5006 Frechen des Landesvermessungsamts Nordrhein-Westfalen. Abdruck mit freundlicher Genehmigung. • Bild 10: Vereinszeitschrift der Internationalen Gesellschaft zur Förderung des Automobilsports, ca. Dezember 1966. Westfälisches Archivamt Münster, Archiv Gevelinghausen, Privatakten Karl v. Wendt, Karton 556, Ordner »Presse I«. • Bild 13: Mitteilungen der Landesstelle für Naturschutz und Landschaftspflege in Nordrhein-Westfalen Jg. 6 Neue Folge 9 (Mai 1968). • Alle übrigen Bilder Aufnahmen des Verfassers.

Register